WIR IM BESTEN ALTER

Silvia Jelincic:
Wir im besten Alter

Cover: Simone Scheutz & Vesna Baranovic
Illustrationen: Rika Vestjens
Satz: Bastian Welzer

Gesetzt in der Benne
Gedruckt in Europa

1 2 3 4 5 — 27 26 25 24

ISBN: 978-3-99001-779-1

Silvia Jelincic

Wir im besten Alter

edition a

*Für meine Freundinnen und alle
wunderbaren Frauen dieser Welt.*

*Auf Basis vieler wahrer Geschichten.
Weil es nicht so ist, wie es uns erzählt wird.*

Vorbemerkung der Autorin

Dieser Roman erzählt eine fiktive Geschichte. Die fünf Frauen Greta, Burglind, Ximena, Lilly und Nadine sind frei erfunden, doch ihre Erlebnisse sind es nicht. Ich habe über Jahrzehnte hinweg die wahren Geschichten meiner Freundinnen gesammelt und daraus einen Roman gemacht.

Neben den fünf fiktiven Figuren treten im Buch echte Menschen mit ihren echten Namen auf, zum Beispiel der Wiener Dompfarrer Toni Faber, der Kabarettist Michael Buchinger, die Psychotherapeutin Gerti Senger, der Psychiater Raphael Bonelli und der Dragqueen-Künstler Mario Soldo. Ich habe sie alle getroffen und die Szenen mit ihnen besprochen.

»Ein ungewöhnliches Konzept, bei dem ich gerne dabei war. Ich habe der fiktiven Heldin des Romans dieselben Ratschläge gegeben, als wäre sie im echten Leben meine Patientin.«

- Psychiater DDr. Raphael Bonelli

»Das Buch hat meinen Segen.«

- Dompfarrer Anton Faber

Greta: Ihr Mann kämpft mit seiner Arbeit und Greta mit dem Älterwerden. Für den gemeinsamen Sohn bleibt wenig Zeit. Greta zieht am liebsten pinke Strümpfe und enge Tops an, doch das macht sie auch nicht jünger. Also startet sie ihr ganz privates Kopfkino. Ob das eine gute Idee ist?

Ximena: Ihr seriöses Auftreten passt nicht zu ihrer Wildheit. Eigentlich will Ximena Abenteuer und Affäre. Aber auch ihren tollen Mann Willi nicht verlieren. Mit Cartierbrille und Leopardenschal verdreht sie vielen Männern den Kopf. Was passiert, wenn ihr selbst der Kopf verdreht wird?

Lilly: Mit Mann und den Zwillingen führt sie ein Bilderbuchleben, doch nicht einmal ihr katholischer Glaube vermag gegen die gähnende Langeweile anzukommen. Lilly will endlich sexuelle Erfüllung! Wird es ihr gelingen, aus ihrem biederen Alltag zu entkommen, um sich selbst zu spüren?

Nadine: Bei ihrem beruflichen Erfolg und dem vielen Geld vergisst Nadine gern, dass ihre Ehe nicht so ist, wie sie sein sollte. War es klug, für ihren Mann auf Kinder zu verzichten? Nadine wird sich immer unsicherer. Sie entdeckt düstere Geheimnisse und eine Seite an sich, die sogar ihren Freundinnen Unbehagen bereitet.

Burglind: Als unabhängige Frau braucht sie keine fixe Partnerschaft in ihrem Leben. Sie lebt allein mit ihren beiden Kindern und nimmt sich die Männer zwischendurch nach Lust und Laune. Aber mit den Jahren bröckelt ihre Fassade immer mehr und die sonst so lustige Burglind leidet, weil sie den, den sie schon immer geliebt hat, nicht haben kann.

I

Ich, Oma Greta

Wie bitte? Sprachlos stand ich vor der Verkäuferin des kleinen Fleischladens am Wiener Naschmarkt. Neben mir hüpfte mein elfjähriger Sohn von einem Bein auf das andere. Als leidenschaftlicher Basketballspieler machte Elias seine Sprungübungen, wo und sooft er nur konnte. Gut, er sah jünger aus. Viele schätzten ihn auf neun, aber mein Enkelsohn? Eine leise Panik stieg in mir auf.

»Sind Sie die Oma?«, hatte mich die Frau hinter der Theke doch glatt gefragt. Die dumme Kuh! Hätte sie ihren Blick gesenkt und meine schlanken Beine in den pinken Strumpfhosen und die schwarzen High Heels bemerkt, wäre ihr das nicht passiert. »Er ist mein Sohn«, sagte ich in einem Ton, als müsste ich mich dafür entschuldigen, was mich nur noch wütender machte.

In dem Laden roch es säuerlich, wie oft in Fleischereien. Bisher hatte mich das nie gestört, jetzt ertrug ich es kaum. Ihren Anblick auch nicht. Die Frau wirkte auf den ersten Blick alterslos, irgendetwas zwischen 45 und 55, aber bei genauem Hinsehen war sie wohl auch nicht viel älter als ich. Sie tat, als wäre nichts gewesen. Aber vermutlich wusste sie ganz genau, dass sie einen wunden Punkt getroffen hatte, und genoss jetzt still ihren Triumph.

Wäre mir wenigstens ein gewitzter Konter eingefallen, wie es sonst meine Art war. Aber sie hatte sich schon mit einem kaum merklichen Lächeln der nächsten Kundin zugewandt. »Mama, du hast das Hühnerfleisch vergessen«, sagte Elias, als ich bereits auf dem halben Weg zur Tür war. Auch das noch.

Draußen bemühte ich mich mit aller Kraft, mich vor meinem Sohn zusammenzureißen. Die Verkäuferin war nur frustriert und kam wahrscheinlich selbst nicht mit dem Älterwerden klar. Ich dagegen war vierzig und in der Blüte meines Lebens. Viele schätzten mich auf 35 oder höchstens 37. Eine Oma? Lächerlich! Ich sah fast so gut aus wie Jane Fonda in ihren besten Jahren, mit langen aschblonden Haaren, einer sportlichen, zarten Figur und einem gut geschnittenen Gesicht.

Oder etwa nicht? Sah ich im Spiegel nur eine einigermaßen junge Frau, weil ich daran gewöhnt war, dort eine zu sehen? Weil ich mein Gesicht gewandt zurechtrückte, bis es meinem Wunschbild von mir am nächsten kam? Vielleicht ging alles bergab, und ich wollte es einfach nicht sehen. Ich schob die bangen Gedanken beiseite. Wenn ich mir jetzt den Tag versauen lassen würde, hätte diese fiese Frau endgültig gewonnen.

Es war gegen 15 Uhr, und am Naschmarkt war wenig los. Vermutlich würden sich die Gänge zwischen den bunten Ständen, duftenden Käsevitrinen, Asia-Läden, kleinen Cafés und Restaurants erst kurz nach Büroschluss füllen. Als erste, warme Regentropfen sanft auf meine Nase fielen, kam mir das Wort Altweibersommer in den Sinn. Ein altes Weib war ich jedenfalls noch lange nicht. »Mama, es ist egal, dass sie dich für meine Oma gehalten hat«, unterbrach Elias meine Gedanken, als er mich hüpfend eingeholt hatte.

Meine enge Jeans zwickte am Bauch. Hatte ich zugenommen? War dieser Tag überhaupt noch zu retten? Ich merkte, wie stolz mein Sohn seine neuen Michael-Jordan-Basketballschuhe trug. Immer wieder sah er auf seine Füße und strahlte dabei. Sie waren weiß-rot-grau gestreift und hatten seine vermeintliche Oma stolze 190 Euro gekostet. »Sie wollte mich nur ärgern«, sagte ich. »Wenn Menschen einen schlechten Tag haben, ärgern sie gerne andere, und manche haben immer einen schlechten Tag.« Ich merkte, dass mir Elias nicht glaubte. Diese blöde Gans! Das Leben war ja wohl kompliziert genug, Frauen sollten sich nicht auch noch gegenseitig fertigmachen. Zum Glück waren nicht alle so. Ich musste an meine besten Freundinnen denken und fühlte eine tröstende Wärme. Wenn wir schon altern mussten, dann wenigstens gemeinsam.

Der Himmel verdunkelte sich und der Regen wurde stärker. Gut, dass wir fast zu Hause waren. »Es ist egal, dass sie dich Oma genannt hat«, sagte Elias nach einer kurzen Weile wieder. »Bei uns in der Klasse hat einer eine ganz junge Oma. Sie holt ihn manchmal mit einem knallgrünen Jeep ab.«

Frauen in der Midlife-Crisis zu trösten, hatte Elias noch nicht drauf, aber er meinte es gut. Und so ganz abwegig war die Oma-Sache leider nicht. Großmutter mit vierzig, das ginge. Elias hätte zwanzig sein und ein Kind haben können. Dann wäre ich wirklich Großmutter gewesen. Ich, Greta, die Oma. Ich, Oma Greta. All die Jahre, wo waren sie nur geblieben? Dabei fühlte es sich an wie gestern, dass ich in meiner Studienzeit mit dem Rucksack halb Europa durchquert hatte.

Bedrückt wartete ich an der Ampel vor unserem Haus auf Grün, während die Autos mit winkenden Scheibenwischern an uns vorbeifuhren und das Geräusch der Räder auf der nassen Fahrbahn die Motorengeräusche übertönte. Mehr denn je spürte ich, dass meine Haut nicht mehr so frisch und straff war wie früher. Bald würde auch das gewandteste Zurechtrücken vor dem Spiegel nichts mehr nützen. Die Falten in meinem schmalen Gesicht waren jetzt schon kleine Kerben. Also versuchte ich, sie täglich mit Makeup zu verdecken. Was nicht funktionierte. Auch konnte ich nicht mehr so viel essen wie früher, ohne gleich zuzunehmen, und war ich krank, brauchte ich länger, um zu genesen.

Was so ein dummer Kommentar alles auslösen konnte! Während ich auf die rote Ampel starrte, fragte ich mich, ob es tatsächlich eine Midlife-Crisis war, die mich so quälte, oder doch meine Vergangenheit. In meiner Kindheit hatten mir meine Eltern eingetrichtert, dass die Nachbarskinder braver, klüger, schöner, fleißiger und talentierter waren als ich, was sie heute niemals zugeben würden. Meine Mutter hatte sogar geschmacklose Witze über meine dünnen Beine und mein blasses Gesicht gemacht.

Nie war ich gut genug gewesen, egal worin. Heimito von Doderer, der berühmte österreichische Schriftsteller aus dem 20. Jahrhundert, hatte recht. Jeder bekommt seine Kindheit über den Kopf gestülpt wie einen Eimer. Später erst zeigt sich, was darin war, und dann rinnt es an uns herunter, da können wir noch so oft die Kleider wechseln. Und genau das spürte ich in diesem Augenblick. Ich fühlte mich nass, besudelt und frustriert. In meinen Zwanzigern und Dreißigern hatten mich Studium, Reisen, Partys, Beruf, Beziehungen und schließlich mein Kind von diesen Erinnerungen abgelenkt. Aber jetzt, im mittleren Alter, holte mich die Vergangenheit mit voller Wucht ein.

Genervt verdrehte ich die Augen. Warum nur schaltete die Ampel nicht um? Dicht neben mir hopste mein Sohn wieder hin und her. Das lange Warten schien ihn nicht zu stören. Er war ganz bei sich und zufrieden. Und ich? War gar nicht bei mir, sondern irgendwo anders und total frustriert. Ich atmete tief durch. Ruhig bleiben, Greta, ruhig bleiben. Das Leben ist gut. Das Leben ist schön. Das Leben ist ein Geschenk. Warum nur spürte ich all das in diesem Augenblick nicht?

Endlich Grün. Ein Mann um die fünfzig kam uns entgegen. Verdammt, sah der gut aus! Groß, sportlich, markantes Gesicht, Dreitagebart, lässige Bomber-Jacke. Warum nur spielte das Alter bei Männern eine andere Rolle als bei Frauen? Männer werden zwischen 35 und sechszig erst so richtig sexy, oder etwa nicht?

Der Typ beachtete mich nicht. Hatte er meine schönen Beine nicht bemerkt? Werden Frauen ab vierzig wirklich unsichtbar, wie es immer überall heißt? Ich hatte mich anscheinend von einem Tag auf den anderen in Luft aufgelöst. Zumindest für diesen heißen, mittelalten Kerl. Vielleicht lag es auch an der Brünetten, die ihn begleitete. Bestimmt war sie keine dreißig. Sie ging wenige Schritte hinter ihm, und als sie ihn einholte, legte sie besitzergreifend ihren Arm um ihn. Hätte ihn die Verkäuferin im Fleischladen gefragt, ob sie seine Tochter war? Sicher nicht. Sie hätte wahrscheinlich von ihm zu träumen begonnen, während sie ihm seine Steaks einpackte.

Als wir heimkamen, schloss ich im Vorbeigehen die Badezimmertür. Heute keine Spiegel mehr. Mir war zum Heulen.

Wenn das Altern schon nicht aufhörte, wollte ich zumindest eine Pause davon haben. »Handy weg«, rief ich in die Richtung, in die Elias verschwunden war. Es herrschte verdächtige Stille. Er hatte mich gestern ausgetrickst und seine tägliche Bildschirmzeit überzogen. Dafür hatte er sich mein Handy geschnappt und in unserer Familien-App seine Spielzeit verlängert, was ich erst nach fast zwei Stunden bemerkt hatte. Deshalb war heute Handypause angesagt.

Später, wenn Elias schlief, würde ich mir Models auf Instagram ansehen und versuchen, mich in ihnen wiederzuentdecken. Aber nicht in Kendall Jenner oder Gigi Hadid, in keinem dieser jüngeren Püppchen. Nein, ich würde mich auf Schönheiten aus den 1990er Jahren wie Claudia Schiffer, Helena Christensen oder Cindy Crawford konzentrieren, die nach wie vor fantastisch aussahen. Ein besseres Mittel gegen das unvermeidliche Schicksal als Oma fiel mir im Moment nicht ein. Verdammt. Vielleicht war es an der Zeit, meinem Leben einen tieferen Sinn zu geben! Vielleicht sollte ich hungernde Kinder in Afrika besuchen, dort eine Schule aufbauen, mich für Tierrechte einsetzen und Mal- und Philosophiekurse absolvieren? Ich wusste es nicht, aber ich wusste, dass sich etwas ändern musste.

Die Frau aus dem Fleischladen hatte es tatsächlich geschafft, mir den Tag zu vermiesen. Irgendetwas würde ich mir einfallen lassen.

2

Ximena und das Feuer der Jugend

»Ich vermisse euch«, schrieb Ximena in die Freundinnengruppe auf Whatsapp. »Hat jemand Zeit für ein spontanes Treffen?«

Sie saß auf einer grünen Bank im Wiener Stadtpark und trug ein klassisches Business-Outfit mit schwarzem Blazer und langer brauner Stoffhose. Richtig wohl fühlte sie sich nicht in den Klamotten. Nicht in dieser Umgebung. Die goldene Johann-Strauß-Statue glänzte in der Sonne, und Touristen posierten davor für Selfies. Ximena band ihre krausen dunklen Haare mit einem Gummiband zusammen. Endlich wieder gutes Wetter, dachte sie, so sollte der September immer sein. Sie putzte ihre Cartier-Brille, eine Maßanfertigung.

Eine Weile sah sie Jugendlichen bei ihren Skateboard-Kunststücken zu, obwohl sie keine Ahnung von diesem Sport hatte. Sie wusste nur, was ein Ollie war. Ein Arbeitskollege, der noch mit 45 Skateboard fuhr, hatte ihr einmal erklärt, der Ollie sei der erste Trick, den Kinder beim Skaten lernen sollten. Ein einfacher Sprung, die Grundlage für alles weitere. Um das Board in die Luft zu bekommen, mussten Skater leicht in die Hocke gehen und mit einem Fuß das Tail, also das hintere Ende des

Skateboards, nach unten drücken. Könnte sie das auch? Früher war sie eine Sportskanone gewesen, aber heute?

Ximena atmete tief durch. Das Telefon klingelte. Sie drückte den Anruf weg. Sie konnte sich nicht erinnern, wann sie so etwas das letzte Mal getan hatte. Nicht erreichbar sein. Ein Leben außerhalb des Jobs zu haben. Versunken blickte sie auf die Skateboarder und beneidete sie. Für sie gab es vielleicht nichts Schlimmeres, als ein aufgeschürftes Knie oder eine geprellte Hand. Sie hatten nicht viel zu verlieren. Anders als Ximena.

Vor einer Stunde war sie nach einer Präsentation, auf die sie monatelang hingearbeitet hatte, erschöpft in ihren Sessel gesunken. Die Bilanzen, die Marktanalyse, die Prognosen, die Werbemaßnahmen, alles war bis ins letzte Detail durchdacht. Doch mit einer Sache hatte sie nicht gerechnet: Der Kunde war gar nicht mehr daran interessiert, mit Ximena ins Geschäft zu kommen. Er hatte sie bloß aus Höflichkeit angehört. Das war ihr nach seinen ersten zwei Sätzen klar gewesen, und dennoch hatte sie sich zwanzig weitere Minuten zu einem höflichen Lächeln zwingen müssen, während der Kunde eine Reihe an Entschuldigungen und halbseidene Begründungen vorbrachte. Die ganze Arbeit, der Stress, die nächtlichen Überstunden, alles umsonst. Viele Millionen Euro auf einen Schlag weg. Die Leere, die sie hinterließen, war abstrakt, groß, beängstigend. Ximena konnte fühlen, wie sich diese Leere in ihr ausbreitete. Kaum hatte sie dem Mann und dessen Anwälten die Hand geschüttelt, war sie reflexartig aus dem Firmengebäude und in den Stadtpark geflüchtet.

Jeden Tag saß sie mehr als zehn Stunden im Büro, vor acht Uhr abends kam sie selten raus. Zu Hause ging es dann meistens weiter. Mails beantworten. Kundenakquise, Kundenbetreuung. Sparmaßnahmen, neue Geschäftsfelder prüfen.

Während sie auf Antworten aus der Whatsapp-Gruppe wartete, betrachtete sie ihre Hände. Sie mochte sie. Die weiche Haut. Den dunklen Teint. Die schmalen, langgliedrigen Finger. Aber so wie früher sahen sie nicht mehr aus. Vor allem die beiden Zeigefinger hatten viele feine Falten an den Außenseiten. Vielleicht würde eine Anti-Aging-Creme helfen?

Sie nahm sich nicht oft Zeit, einfach so ein paar Minuten in einem Park zu sitzen, obwohl sie gelesen hatte, dass sich Pausen positiv auf die Leistungsfähigkeit auswirken würden. Doch statt Energie zu tanken, gingen ihr jetzt seltsame Gedanken durch den Kopf. Gedanken, die sie in ihrem sonst pausenlosen Berufsleben verdrängte.

War es das, was sie wollte? Arbeiten, immer nur arbeiten? Mit zwanzig wollte sie die Welt erobern, mit dreißig irgendwann mal Kinder haben, und mit vierzig hatte sie in einer Psychotherapie festgestellt, dass sie die Familiengründung nicht zufällig immer weiter aufgeschoben hatte. Denn in Wirklichkeit wollte sie keinen Nachwuchs. Aber nur arbeiten? Jetzt war Ximena Mitte vierzig und fragte sich, ob sie das Leben führte, das sie wirklich führen wollte. Sie spürte eine merkwürdige Leere in sich, die sich in der wenigen freien Zeit, die sie hatte, immer größer und unangenehmer anfühlte.

Ximena war rund um die Uhr erreichbar. Für wen lebte sie eigentlich? Für sich oder ihre Firma? Was würde bleiben? Erinnerungen an erfolgreiche Meetings? An das Abklatschen mit ihrem Chef nach einem geglückten Deal? »Zuerst der Mensch. Dann die Arbeit«, lautete der Werbeslogan einer österreichischen Linkspartei. Ximena fragte sich, ob diese Reihenfolge nicht tatsächlich die bessere wäre. »Die mittleren Jahre sind die Jahre der Abrechnung«, flüsterte sie verbittert. »Sie zeigen, ob du alles richtig gemacht hast. Oder nicht.« Ximena zuckte mit den Schultern und betrachtete traurig ihre alternden Hände. Über ein paar Zeilen von Nadine hätte sie sich besonders gefreut, aber seit Wochen war ihre beste Freundin wie verschollen. Sie beantwortete keine Nachrichten und ging nicht mehr ans Telefon. Nur ein einziges Mal schrieb Nadine kurz angebunden, sie sei erkältet und brauche Ruhe.

Endlich kam eine Message: »Hallo, ihr jungen Hühner! Ich vermisse euch auch.« Greta. Sie war es, die vor einigen Jahren die Whatsapp-Gruppe »Die jungen Hühner« gegründet hatte.

»Kommst du?«, schrieb Ximena zurück. »Ich bin in der City, muss aber bald zurück ins Büro.«

»Muss leider arbeiten.«

»Ich muss auch arbeiten«, meldete sich Burglind zu Wort. Was ihr Ximena nicht abnahm. Burglind war faul, und es war nach 17 Uhr. Vermutlich lag sie schon auf ihrer Couch und aß Schokolade-Haselnuss-Eiscreme, ihre Lieblingssorte.

Ximena blieb noch eine Weile sitzen, während der Schatten des hoch aufragenden Hotels Intercontinental immer näher auf ihre Bank zuschlich. Sie zupfte ihren schwarzen Blazer zurecht, als sie ein nussiger Duft anwehte. Ganz in der Nähe breitete ein Walnussbaum seine Äste aus. Er erinnerte Ximena an den Baum im Garten ihrer geliebten Großmutter. Wo waren all die Jahre nur hin? Sie spürte, dass es das kleine Mädchen von damals noch immer gab, irgendwo tief in ihrem Innersten.

Vielleicht war es an der Zeit, wieder mehr auf dieses kleine, lebensfrohe Mädchen zu hören.

Unter den jungen Leuten, die wild die Rampe hinauf und hinunter fuhren, fiel einer Ximena besonders auf. Seine Freunde riefen ihn Tommy. Er schien etwas älter zu sein als die anderen, vielleicht war er schon zwanzig oder 22. Tommy hatte lange zerzauste Haare und tätowierte Unterschenkel. Er trug weite, abgeschnittene Jeans, und sein weißes T-Shirt hatte Löcher. Ximena stellte sich vor, wie sie noch größere Löcher in sein T-Shirt riss und es vor den Augen seiner Freunde mit ihm trieb. Sie gestattete sich die kleine spontane Phantasie, denn diese fühlte sich wahnsinnig gut an. Ihr kleines privates Kopfkino. Ihre letzte Affäre war schon viel zu lange her, bevor ihr Willi einen Heiratsantrag gemacht und sie beschlossen hatte, wilde Abenteuer für eine Weile bleiben zu lassen. Doch jetzt sehnte sie sich nach damals, nach einem Fremden, mit dem sie dem Alltag entfliehen konnte. Für Ximena war Sex immer mehr als Spaß gewesen. Er funktionierte stets auch als Stressabbau und war damit etwas, was sie gerade jetzt mehr denn je brauchte.

Der Schatten des Intercontinentals hatte ihre Bank jetzt vollends erfasst. Ximena stand auf und ging auf den Parkausgang zu. Sie warf Tommy einen sehnsüchtigen Blick zu. Die Wahrscheinlichkeit, dass ihre Hände eines Tages wieder auf einem so jungen, athletischen Körper liegen würden, schwanden mit jedem Sommer. Als sie zur Ringstraße hinaustrat, roch es nach dem Rindenmulch, den die Wiener Stadtgärtner zwischen die Alleebäume streuten. Für Ximena gehörte der Duft zum Herbst, der sich langsam und unvermeidlich in der Stadt bemerkbar machte. Der goldene Glanz der Johann-Strauß-Statue würde sich im kommenden Frühling neu aufpolieren lassen, ihr eigener aber nicht, dachte sie bang. War sie mit ihren Freundinnen beisammen, waren sie alle noch jung, die jungen Hühner eben. Aber heute fühlte sich Ximena mit ihrer Midlife-Crisis allein gelassen.

Nanu. Was war das denn? Tommy war gerade mit seinem Skateboard und wehenden Haaren an ihr vorbeigesaust. Am liebsten wäre sie ihm nachgerannt, der Jugend hinterher. Sie, Ximena, die Sexbombe, lief jungen Männern hinterher, die sie nicht beachteten. Wie erbärmlich!

3

Lillys Lüge

Das neue Bettlaken fühlte sich seidig und luxuriös an. Lilly überlegte, eines derselben Marke für ihre Mutter zu kaufen.

»Ist es gut so?«, fragte Stefan.

Er lag stöhnend und nur in Socken auf ihr und drückte sanft sein Gesicht gegen ihre rechte Wange.

»Ja, mach weiter.« Jetzt stöhnte auch Lilly. Sie glaubte, dass es Stefan so wollte und hoffte, dass er dann schneller fertig würde.

»Soll ich dich unten küssen?«

»Ich komme gleich!«

Lilly war müde und wollte schlafen. Routiniert täuschte sie einen Orgasmus vor, und wenige Sekunden später kam Stefan. Es war vorbei.

»Ich liebe dich, Baby. Ich werde dich immer lieben«, sagte er glückselig, nachdem er wieder zu Atem gekommen war. »Unser Sex ist der Beweis, wie gut unsere Beziehung nach all den Jahren noch funktioniert. Was glaubst du, wie neidisch alle meine Freunde wären, wenn sie wüssten, dass ich dich noch immer zum Höhepunkt bringe!«

Zärtlich küsste er sie auf den Mund, rollte von ihr herunter, drehte sich zur Seite und schlief kurz darauf ein.

Lillys blonde Locken waren ihr ins Gesicht gefallen und kitzelten ihre Stupsnase. Sie zog ihr weißes, knöchellanges Nachthemd nach unten und blickte auf die kleine Marienstatue, die gegenüber auf dem hölzernen Schreibtisch stand. Lilly war erleichtert. Heute hatte es keine zehn Minuten gedauert.

Stefan war ihre erste und einzige große Liebe. Sie hatte nichts dagegen, mit ihm zu schlafen. Sie tat es gerne, irgendwie, aber dann auch wieder nicht. Lilly mochte seine Küsse, meistens zumindest. Sie erregten sie, für kurze Zeit, aber dann nicht mehr, was vielleicht gar nicht wichtig war. Sex gehörte zu einer christlichen Ehe nun einmal dazu. Schon der Apostel Paulus schrieb in seinem Brief an die Korinther: »Entzieht euch einander nicht!« Wobei wahrscheinlich niemand so genau wusste, wie er das tatsächlich gemeint hatte.

Normalerweise dämmerte sie, nachdem sie den obligatorischen Akt vollzogen hatten, langsam in den Schlaf. Doch heute war etwas anders. Stefans Worte gingen ihr nicht mehr aus dem Kopf. Wie konnte er denken, dass der Sex für Lilly gut war? Sie gab sich nicht mal sonderlich Mühe, einen Orgasmus vorzutäuschen. Fast wäre sie beleidigt gewesen, dass Stefan sie so schlecht kannte. Würde er etwas merken, müsste sie allerdings wohl weitere Versuche über sich ergehen lassen, seine Manneskraft unter Beweis zu stellen. Und darauf konnte sie verzichten.

Aber stimmte, was er sagte? Hatten Menschen in glücklichen Beziehungen guten Sex? War das eine untrennbar mit dem anderen verbunden? Denn wenn dem so war, dann hatte Lilly allen Grund für schlaflose Nächte ...

Als Lilly ein Mädchen gewesen war, hörte sie ihre Mutter immer wieder abwertend über Sex reden. Ihr Vater sei zu begierig, zu wild, zu lüstern. Lillys Mutter hatte ihm öfter Schokolade gegeben, weil damals die Frauen einander erzählten, sie würde Männer ruhiger machen. Was auch stimmte, wie Lilly inzwischen gelesen hatte. Schokolade senkt den Testosteronspiegel. Allerdings nur, wenn sie in größeren Mengen konsumiert wird. In kleineren Mengen steigert sie die Lust, denn dann setzt der darin enthaltene Kakao das körpereigene Hormon Phenylethylamin frei, das eine anregende Wirkung auf das Zentralnervensystem hat und für das Glücksempfinden mitverantwortlich ist.

Wie viel Gramm Schokolade Stefan wohl verdrücken könnte?

Bei Lillys Vater hatte die viele Schokolade nicht geholfen, aber eine brave, gottesfürchtige Ehefrau müsse ihrem Mann ohnehin mindestens ein- oder zweimal im Monat zur Verfügung stehen, hatte ihre Mutter stets gemeint. Schon seit geraumer Zeit fragte sich Lilly, ob sie das wollte. Zur Verfügung stehen, wenn Stefan sein eheliches Recht einforderte? Wollte sie wirklich für immer so leben? Bis dass der Tod uns scheidet?

Lilly hörte die Straßenbahn draußen auf der Nußdorfer Straße. Es musste eine alte Garnitur sein. Sie quietschte und knarrte wie ein Relikt aus dem 19. Jahrhundert. Höchste Zeit für schallisolierte Fenster.

Lilly hatte es nie mit Schokolade versucht. Auch nicht mit anderem, was die männliche Libido senkt, wie Popcorn aus der Mikrowelle, Käse oder Softdrinks. Oder so wie die Japanerinnen, die ihren übereifrigen Männern regelmäßig Tofu-Gerichte und den Faulenzern Natto, ein Gericht aus fermentierten Bohnen, servierten. Das wäre ihr dann doch wie Verrat an ihrer Liebe und ihren ehelichen Pflichten vorgekommen.

Stefan jedenfalls schien der Sex mit Lilly zu erfüllen. Warum ging es ihr nur so anders? Warum bekam sie keine Orgasmen? Lag es an ihm? Oder an ihr? Gott würfelte nicht. Das sagte schon Albert Einstein, der große Physiker. Es gab keinen Zufall, alles hatte einen tieferen Sinn, vielleicht auch, dass sie im Sex mit Stefan keine Erfüllung fand.

Noah und Laura klopften an die Tür. »Mama, dürfen wir zu euch? Wir hatten einen Alptraum!«

Vermutlich hatte der Herbstwind die beiden aus dem Tiefschlaf gerissen. Lilly öffnete ihnen verschlafen. Schnurstracks liefen sie zum Bett und hüpften hinein. Wenn Lilly und Stefan Sex hatten, sperrte sie vorsorglich immer ab. Schließlich waren die Zwillinge erst sieben. Lilly sah die beiden leicht genervt an. Im Bett war es eng geworden. Aber auch das ertrug sie schweigend. Leiden war Teil des Lebens, Jesus hatte es vorgezeigt. Im Schlaf hatte Lilly ständig Noahs Arme im Gesicht. Für die Familie leben, war das ihr einziger Lebensinhalt?

Am Morgen war Stefan schon weg, als sie fast zeitgleich mit den Kindern aufwachte. Ein frühes Meeting in der Bank. Lilly zog sich ihr hochgeschlossenes langes Kleid an. Es war grau mit schwarzen Ärmeln und einem schwarzen Kragen. Ihre Freundin Burglind verglich ihren Stil mit den Amish People in den USA, was Lilly nicht gern hörte. Schließlich waren die Amischen eine täuferisch-protestantische Glaubensgemeinschaft, die Fortschritt und Weltoffenheit ablehnte. Lilly hingegen stammte aus einer adeligen Familie, die christliche Werte pflegte. Die Altenburgs waren direkte Nachkommen des Erzherzogs Clemens Salvator von Österreich-Toskana und damit des österreichischen Kaiserhauses Habsburg-Lothringen, aber fast niemand aus ihrer Familie prahlte damit. Sie lebten bescheiden und unauffällig, gottergeben, daraus schöpften sie ihre Kraft. Auch ihren Vornamen mochte Lilly gern. Der Name Elisabeth stammte aus dem Hebräischen und bedeutete »mein Gott ist Fülle«. Eine berühmte Trägerin war die Mutter von Johannes dem Täufer. An die Kurzform Lilly, wie sie vor allem ihre Freundinnen nannten, hatte sie sich längst gewöhnt.

Nachdenklich machte sie ihren Kindern Frühstück. Cornflakes mit Milch und Früchten. Für beide exakt gleich große Portionen, um Streit zu vermeiden. Danach brachen sie zur Schule auf.

»Mama, ist alles okay?«, fragte Laura im Auto.

War alles okay?

Seit mehr als zwanzig Jahren schob sie das Problem beiseite. Welches Leben war schon makellos? Stefan war ein guter Mann, und sie führten eine solide Beziehung. Nur die sexuelle Erfüllung fehlte eben, darüber konnte eine Frau doch hinwegsehen. Das hatte sich Lilly jedenfalls immer eingeredet. Aber heute war es anders. Die Fassade schien zu bröckeln. Auf einmal war ihr das Leben, so wie es bisher war, nicht mehr genug.

Vielleicht lag es am Herbstwind, der seit Tagen über der Stadt sein Spiel mit den Wolken trieb. Nachdenklich fuhr Lilly in ihrem Volvo XC60 die Währinger Straße hinauf. Bis zur Volksschule in der Krottenbachstraße waren es nur zehn Minuten. Lilly hoffte, dass der Gürtel ausnahmsweise halbwegs frei sein würde. »Ja, klar, alles okay. Warum?«

»Du sagst nichts.«

»Entschuldige, mein Schatz, ich bin nur müde.«

Aber das war eine Lüge. Auf einmal erschien es ihr unerträglich, weiterhin brav ihre Orgasmen vorzutäuschen. Früher, als sie und Stefan jünger waren, konnte sie ganz gut damit leben. Doch nun fühlte sie, dass mit ihrer Jugend kostbare Zeit verlorengegangen war. Lilly seufzte. Wenn es doch nur einen Weg gäbe, sich diese Zeit zurückzuholen.

4

Der Freundinnen-Pakt

Weiches Ei, ein Korb mit duftenden Semmeln und zarten Croissants, Nougatcreme und Marmelade, beides hausgemacht. Dazu ein bisschen exquisites Drumherum. Ich, Oma Greta, liebte es, jeden Montag mit meinen drei besten Freundinnen im *Motto am Fluss*, einem schicken Café am Donaukanal, unserem Stammlokal, zu frühstücken. Heute entschied ich mich unter den Frühstücksvarianten für den »Heimathafen«, vor allem wegen des weichen, handgemachten Gebäcks. Während ich das Frühstück genoss, ging bei meinen Freundinnen die Bombe hoch.

»Was, du hattest noch nie einen Orgasmus in deiner Ehe?«, kreischte Burglind und drehte sich grinsend zu mir. »Kannst du dir das vorstellen, Greta? Eine Beziehung ohne Orgasmus? Wie armselig!« Lilly hatte eindeutig einen Fehler gemacht. Spontan hatte sie ihr Herz geöffnet, was sonst gar nicht ihre Art war. Nun fiel Burglind in ihrer lauten, rustikalen Art über sie her, wie der Mann am Nebentisch über seine Eier mit Speck.

»Oh mein Gott, noch nie?«, fuhr sie gnadenlos fort. »Wie kann das sein? Wie viele Jahre bist du jetzt mit Stefan zusammen?« Burglind strahlte. Auf ihren Schneidezähnen leuchteten knallrote Lippenstiftspuren. Burglind bekam es einfach nicht besser hin. Perfektionismus war nicht ihr Problem, dafür hatte sie von uns allen vermutlich am meisten Spaß. Und am meisten Sex.

Der Typ am Nebentisch, ein zierlicher Mann mit schmalem Gesicht, hob den Blick von seinem Tablet und sah staunend zu uns herüber. Ich lächelte verlegen. Burglind war ein Trampeltier. Sie hatte wahrscheinlich gar nicht bemerkt, wie rot die verklemmte Lilly geworden war.

Burglind war an Montagen fast immer schlecht gelaunt. Hätte sie nicht mit ihrem Chef gevögelt, hätte sie womöglich schon längst den Job gewechselt. Sie hatte noch nie gerne gearbeitet, zu Wochenbeginn schon gar nicht, und schien ihren Frust nun lautstark an Lilly auszulassen. Und am Kellner. »Bringen Sie mir noch ein Glas Sekt«, schnaubte sie ihn an. »Die Semmeln sind viel zu trocken!«

Burglind war zu Kellnern genauso unfreundlich wie zu Taxifahrern und Kassierern. Sie konnte es nicht ertragen, wenn sich nicht alles um sie drehte.

»Burglind, um Himmels Willen, sei nicht so hart zu Lilly«, kam ich meiner Freundin zu Hilfe. »Sie schüttet uns ihr Herz aus, und du trampelst auf ihr herum.«

Burglind rollte ihre rundlichen Schultern wie ein Boxer, der in den Ring steigt. »Was ist mit dir, Greta? Zu seinen besten Freundinnen darf man ja wohl noch ehrlich sein, oder etwa nicht?«

Ich zog meinen weißen Strickpullover aus, als wollte ich mich ebenfalls für den Kampf bereitmachen. Darunter trug ich ein pinkes Top, passend zu meinen knalligen Fingernägeln und den pinken Strumpfhosen. Noch ehe ich wieder zu Wort kam, schaltete sich Ximena ein. »Nicht alle Frauen kommen wie du immer und überall, Burglind«, sagte sie ruhig. Ihre türkisfarbenen Augen blitzten. Ich merkte, wie Lilly erleichtert aufatmete, froh, nicht mehr im Mittelpunkt zu stehen.

Der Kellner brachte Burglind das zweite Glas Sekt. Er hatte kluge, dunkle Augen und ein breites, freundliches Lächeln. Ein Perser oder Syrer wahrscheinlich, der sich vorerst von Burglinds schroffer Art nicht provozieren ließ. Die kam jetzt erst so richtig in Fahrt. »Mein Gott, da habe ich wohl einen Nerv getroffen. Kommst du etwa auch nicht, Ximena? Ich dachte, du liebst Sex?«

Ich streifte den Typ am Nebentisch mit einem Blick. Hörte er uns noch immer zu? Er musste uns für verrückt halten. »Ein bisschen leiser, bitte«, ermahnte ich meine Freundinnen. Ximena rückte ihre Cartier-Brille zurecht und gleich danach ihr Leoparden-Halstuch. »Außer dir kommt keine Frau immer«, wiederholte sie ihre Botschaft und sah Burglind dabei herausfordernd an. »Dir könnte es auch eine Mücke besorgen, schnell und effizient. Denk nur an Brač.«

Ich wusste, was Ximena meinte. Bei einem gemeinsamen Urlaub auf der kroatischen Insel Brač hatte ich Burglind auf einem Nacktbadestrand mit Olivenöl eingecremt. Ihre Beine hatten vor Erregung gezittert.

»Lilly ist nicht die Einzige, die ihr Leben hinterfragt«, sagte Ximena nachdenklich. »Ich vermisse unsere aufregenden Jahre. Die viele Arbeit, der Stress, ich ertrage all das nicht mehr. Manchmal wünsche ich mir, es wäre wieder wie früher.« Sie machte eine kleine Pause. »Ich würde mich gerne wieder jung und begehrenswert fühlen. Ich möchte frei sein, Spaß haben, lange Partynächte und Abenteuer erleben und ohne Verpflichtungen sein. Ich frage mich immer öfter, ob es sinnvoll ist, so viel zu arbeiten. Soll so mein Leben aussehen? Bis zur Pension? Und dann?«

»Mein Gott, es läuft doch alles gut bei dir, Ximena«, sagte Burglind und zupfte an ihrem knielangen, schwarzen Lederrock. »Du verdienst viel Geld, dein Typ ist okay und dein Job auch. Sei dankbar dafür.«

Vielleicht hatte Burglind recht, vielleicht würden lange Partynächte und Abenteuer alles nur schlimmer machen. Vielleicht sind wir Menschen verflucht. Vielleicht wollen wir immer das haben, was wir gerade nicht haben, und je älter wir werden, umso schlimmer wird dieses sinnlose Streben. Ich blickte mich verunsichert um. Im Lokal war alles wie zuvor, das Geklapper des Geschirrs, der Duft nach heißem Kaffee, frischen Semmeln, Toasts und Eiern mit Speck, doch an unserem Tisch hatte sich die Stimmung verändert.

»Machen wir uns nichts vor«, sagte Lilly mit ernster Miene. »Richtig glücklich sind wir alle nicht. Unsere Jugend ist vorbei. Unsere Haut wird immer schlaffer. Die aufregende Zeit kommt nicht wieder. Das sollten wir einsehen. Und offenbar leben wir nicht das Leben, das wir leben wollen. Sonst hätten wir auch kein Problem mit dem Altern. Mädels, wir stecken alle tief in der Midlife-Crisis.«

So kannte ich Lilly gar nicht. Ich hatte sie noch nie unangenehme Dinge aussprechen hören, derart hässliche Wahrheiten schon gar nicht. Sorgfältig richtete sie den weißen Kragen ihrer Bluse zurecht und sah mich verzweifelt an.

Burglind verdrehte die Augen. Sie zog ein Taschentuch aus ihrer Coccinelle-Tasche und wischte sich damit routiniert den Lippenstift ab. Vermutlich hatte sie bemerkt, dass wir immer wieder auf ihre Zähne gestarrt hatten.

»Wer von euch fängt als Erste zu heulen an?«, fragte sie genervt. »Von wegen aus und vorbei! Ich hatte vergangene Woche Sex mit einem gutaussehenden Fremden, in einer öffentlichen Sauna. Klar, wir führen heute ein anderes Leben, aber ich habe alles, was ich möchte, einen guten Job, wunderbare Kinder, und gesund bin ich auch. Warum sollte ich herumjammern?«

Sex in einer öffentlichen Sauna? Hatte sie das gerade eben wirklich gesagt? Mit einem Fremden? Ich dachte an Geschlechtskrankheiten und fragte mich, ob Burglind bei so einer schnellen Nummer Kondome parat hatte. Sex mit einem Fremden in einer Sauna zu haben, egal wie gut er aussah, war jedenfalls nicht, wonach ich mich sehnte. Oder etwa doch? Ich sah verunsichert in die Runde. Ximenas Blick war wie eingefroren. Lilly rümpfte die Nase. Burglinds Sauna-Abenteuer hatte Wirkung gezeigt.

»Das mit den Frauen ab vierzig ist nur das Geschwätz von Frustrierten«, fuhr Burglind fort. »Wir können immer aufregende Jahre haben, egal in welchem Alter. Es liegt nur an uns!«

»Aus dir spricht der Sekt, meine Liebe.« Ximena zeigte auf Burglinds zweites Glas, das fast leer war.

»Ein aufregendes Leben ist immer eine Entscheidung, Schätzchen«, sagte Burglind belehrend, während sie den letzten Schluck nahm. »Deshalb schließen wir jetzt einen Pakt.

Wir genießen von jetzt an unsere besten Jahre, und zwar jede auf ihre Weise. Lilly holt sich einen Orgasmus, und zwar wie, wo und mit wem auch immer! Ximena, du angelst dir einen Lover und fühlst dich mit ihm wieder jung und begehrenswert. Das bedeutet natürlich, dass du weniger arbeiten wirst. Tut dir sicher gut. Und auch Greta und ich stürzen uns voll ins Leben und drehen so die Uhren zurück. Was haltet ihr davon?«

Burglind hob die Hand zum Abklatschen, aber keine von uns schlug ein. Auch ich nicht. Was sollte das? Lilly spielte mit dem kleinen Kreuzanhänger an ihrer Goldkette. Das tat sie immer, wenn sie nervös war. In Lillys Welt gab es nichts Schlimmeres als sexuelle Eskapaden und Ehebruch.

Ich spürte eine unausgesprochene Trauer inmitten unserer sonst so fröhlichen Runde. Da war dieses Problem mit dem Älterwerden. Es lag wie ein düsterer, unausweichlicher Schatten über uns allen, egal, wie sehr wir unsere Freundschaft, unsere Begegnungen und das Leben feierten. Die Kunst, glücklich zu altern, beherrschte keine von uns, ganz gleich, wie sehr wir versuchten, nach außen hin sorglos und zufrieden zu wirken. Die Dinge sind nicht immer so, wie sie scheinen, pflegte meine Mutter stets zu sagen.

»Mein Gott, was seid ihr bloß für trübe Tassen«, schimpfte Burglind jetzt. »Lasst es mich noch einmal anders formulieren. Wir sind vier Frauen im besten Alter, und wir kriegen unser Leben ab jetzt so hin, dass uns alle anderen darum beneiden. Wenn wir so denken und es auch wirklich fühlen, wird es Wirklichkeit.«

Ximena lächelte. Sie nahm Burglind offenbar genauso wenig ernst wie ich. Auch Lilly wirkte noch immer unschlüssig.

Immerhin war es schön, mit meinen Sorgen nicht allein zu sein.

»Die Welt könnte uns gehören«, führte Burglind ihre Motivationsrede unnachgiebig fort. »Also holen wir sie uns! Wer sollte das schaffen, wenn nicht wir?«

Sie unternahm einen neuen Abklatsch-Versuch und stellte dabei den Ellbogen auf den Tisch. Burglind wackelte mit der offenen Hand, als spiele sie mit Kindern Armdrücken. Auch das noch. Burglind würde nicht aufgeben, bevor wir nicht alle einschlugen.

Ximena musste lachen. Sie sah heute besonders gut aus, ihre violette Bluse betonte ihre außergewöhnlichen Katzenaugen. »Also wirklich, Burglind, manchmal hätte ich gerne deine Power.«

Im Stillen musste ich Ximena beipflichten. Burglind war zwar nicht gerade ein Workaholic, aber privat konnte sie inspirierend und motivierend sein. Dabei hatte sie es teils schwer gehabt in ihrem Leben, schon wegen ihres eigenartigen Namens. Er war eine Idee ihrer Mutter gewesen. Die führte ein unstetes Leben, war in Las Vegas Stripperin gewesen und hatte sich für ihre Töchter ein bürgerliches Leben gewünscht. Bei der Wahl eines dazu passenden Namens hatte sie allerdings übertrieben. Burglinds Schwester, Charlotta, hatte es eine Spur besser erwischt. Burglind schien jedenfalls die Gabe zu haben, alles Missliche von sich abperlen zu lassen und immer weiter nach vorne zu stürmen, wo ihrer Meinung nach nur das Beste auf sie wartete.

»Was ist mit euch, Lilly und Greta?«, fragte sie, nachdem Ximena zögerlich eingeschlagen hatte. »Seid ihr dabei? Rocken wir das Leben? Zeigen wir der Welt, wie schön die besten Jahre einer Frau sind?«

»Meinst du das ernst?«, fragte Lilly leise.

Burglind nickte. »Komm schon, Lilly. Du hast es drauf.«

Nun schlug auch die fromme Lilly ein. Ich konnte es nicht fassen. Was sollte das werden? Wir waren doch keine Teenies. Fehlte nur noch, den Pakt mit Blut zu besiegeln.

»Wo ist eigentlich Nadine?«, fragte Burglind euphorisch, während sie darauf wartete, dass auch ich einschlug. »Sie kommt schon seit Wochen nicht mehr zum Jour fixe.« Nadine war die Fünfte in unserer Runde, wobei wir sie in letzter Zeit wenig gesehen hatten. »Sie ist immer noch erkältet«, sagte Ximena, die ihr am nächsten stand. »Nichts Schlimmes.«

Auf einmal hielt Burglind inne. »Hört ihr das?«, fragte sie.

Ich hörte es. Obwohl im *Motto am Fluss* sonst entspannende Hintergrundmusik lief, drang ein altes Chanson aus den Boxen. Wie für uns bestellt, war es Hildegard Knefs »Für mich soll's rote Rosen regnen«.

Ich liebte das Lied. Knef hatte den Text als hochaggressiv bezeichnet, weil er von einer Frau handelte, die um jeden Preis ein wunderbares Leben wollte, egal, wie es den Menschen um sie herum dabei erging. Knef hatte recht, für uns sollte es rote Rosen regnen!

Ich sah mich um, der staunende Typ am Nachbartisch war gegangen, auf seinem Teller lag eine einsame Semmel. Vermutlich hatte er unser Gejammer nicht mehr ertragen.

»Letzte Chance, Greta«, sagte Burglind. »Jetzt oder nie!«

Wieder wedelte sie mit der Hand. Ich lachte und konnte nicht anders, als ebenfalls einzuschlagen. Es war mir lächerlich vorgekommen, und ich hatte nur mitgemacht, um Burglind nicht zu enttäuschen. Aber in dem Moment, in dem sich unsere Handflächen berührten, passierte etwas mit mir. Ihre Energie erfasste mich. Auch die anderen schienen die Funken zu spüren, die zwischen uns sprühten. Wir waren seit Jahrzehnten auf besondere Weise verbunden, und wir spürten jetzt alle ganz deutlich diese Kraft. Sie würde uns aus unseren langweiligen Routinen und unserer Frustration reißen und in ein neues, besseres, aufregenderes Leben katapultieren. Zumindest wollte ich das glauben.

»Darauf stoßen wir an«, sagte Burglind gebieterisch. Sie hielt mittlerweile ihr drittes Glas Sekt in der Hand.

Kling, machte es, als unsere Gläser einander berührten. Kling. Kling. Kling. Wir hatten unseren Pakt besiegelt. Alles würde sich ändern. Ich spürte eine kraftvolle Erregung in meinem sexy, mittelalten Körper. Von wegen Oma!

5

Der Radfahrer

Draußen am stark befahrenen Franz-Josefs-Kai roch es nach Regen. Lilly mochte den Frühherbst. Es gefiel ihr, wenn die Tage kürzer, stürmischer und kälter wurden.

Vor zwei Monaten, im Hochsommer, war die Hotelkette, bei der sie als Personalmanagerin gearbeitet hatte, pleitegegangen, und sie war ihren gut bezahlten Job los gewesen. Sollte sie sich einen neuen suchen? Stefan verdiente gut. Wäre es nicht besser, ihr Leben umzukrempeln? In jeder Hinsicht? Auch privat? Wäre es nicht besser hinzusehen, statt in einer Lüge zu leben? War das nicht die Voraussetzung für den Pakt, den sie gerade mit ihren Freundinnen geschlossen hatte?

Sie hasste sich für die vielen Fragen, die sie sich immerzu stellte, denn sie hatte keine Antworten. Irgendwie war sie träge geworden. Früher war sie sportlich, voller Energie und eigenständig gewesen, doch jetzt war sie von Stefan abhängig, nicht nur finanziell. Stefan zu verlassen, war keine Option. Das wäre eine Sünde, für die es keine Vergebung gäbe. Außerdem liebte Lilly ihn, daran durfte sie nicht zweifeln.

Sie schnürte das Band ihres grauen Herbstmantels enger, allerdings nicht zu eng. Lilly betonte ihre eleganten Kurven nicht gerne. Ein Jammer, sagte Burglind immer, die Lillys zarten, wohlgeformten Körper bewunderte und insgeheim wohl gerne mit ihr getauscht hätte. Burglind hatte recht. Von wegen Midlife-Crisis und von wegen, es war zu spät für alles.

Lilly legte keinen Wert darauf, mit ihrer äußeren Erscheinung zu glänzen, ganz anders als Greta, aber sie wusste, dass sie gut aussah mit ihrem Puppengesicht und den hellblauen Augen. Klar, so straff wie vor zehn Jahren war ihre Haut nicht mehr, aber sie brauchte sich nicht zu verstecken. Manchmal verglichen Bekannte sie mit der berühmten Schauspielerin Nicole Kidman, mit dem Unterschied, dass an Lilly alles echt war. Allerdings war Kidman auch schon deutlich älter.

Lilly wusste, dass auch Ximena ein bisschen nachhalf. Mit Botox? Hyaluron? Lilly kannte sich da nicht aus, und Künstlichkeit passte nicht in ihr Weltbild, aber als sie gedankenversunken durch die Wiener Innenstadt spazierte, kokettierte sie dennoch kurz mit der Vorstellung. Da fielen ihr die Worte der bekannten Journalistin Susi Sonntag ein, die sie vergangenen Sommer bei einer alten Schulfreundin am Wörthersee kennengelernt hatte. Während Lilly zwischen ihrer Freundin und Susi auf einer Strandliege saß und die vielen reichen, sichtlich operierten Damen beobachtete, hatte die Journalistin trocken gemeint, dass Frauen, die an ihren Gesichtern herumpfuschten, davon nicht jünger aussähen, nur anders. Und Lilly wollte nicht anders aussehen. Die Vorstellung machte ihr Angst.

In der Flaniermeile Kärntner Straße fiel Lilly eine junge Frau auf. Rote Haare. Grüne Augen. Etwa Ende zwanzig. Sie sah fantastisch aus. So begehrenswert war auch Lilly in diesem Alter gewesen. Wo war die Zeit nur hingekommen? Himmel! Bestimmt fragten sich das viele Frauen. Wie konnte sie sich zurückholen, was sie ausgemacht hatte? Dieses intensive Gefühl, sie selbst zu sein, jung und stark.

Als Mädchen wollte Lilly Nonne werden. Ihr Vorbild war Hildegard von Bingen, die im finsteren Mittelalter gelebt hatte und voller Güte und Liebe zu Gott, den Menschen und der Natur war. Wie sie hatte auch Lilly schon immer gern gebetet. Sie betete zu Gott, Jesus und der Mutter Maria. Manchmal auch zu den Engeln, vor allem zum Erzengel Michael, dem Verteidiger des Himmelreichs. Darin hatte sie stets Kraft gefunden, etwa als ihre Eltern wieder stritten und ihr Vater tagelang vom Erdboden verschluckt und vermutlich bei anderen Frauen war. Sein Trieb war zu stark, viel zu stark, schimpfte Lillys Mutter jedes Mal.

Als Teenagerin hatte Lilly private Gebetskreise für sich entdeckt. Dort sah sie, wie Menschen in tranceartige Zustände verfielen und in Zungen sprachen. Wer Zungenbeten beherrschte, musste Gott ganz nahe sein, dachte Lilly und wünschte sich, es auch zu können. Doch irgendwie wurde daraus nichts. Der Heilige Geist wollte nicht durch ihren Körper strömen, was nur an ihr liegen konnte. Bestimmt war sie zu verklemmt und zu unbedeutend. Eine ganze Weile hatte sie noch davon geträumt, es eines Tages doch zu schaffen. Sie würde inmitten einer riesigen Gebetsgruppe stehen und in einer merkwürdigen Sprache beten, die wie aus einer anderen Welt klang. Doch als Lilly Mutter wurde, ging es in ihrem Leben plötzlich um andere Dinge. Alles drehte sich um ihre Familie, vor allem um die Kinder.

Aber wovon träumte sie heute? Sie wusste es nicht. Sie spürte nur eine tiefe Trauer in ihrem Innersten. Es war, als hätte sie nie wirklich gelebt.

Am Stephansplatz blies ihr eine heftige Böe entgegen. Sie band ihren Mantel nun doch enger, auch auf die Gefahr hin, aufreizend auszusehen. Ihre Locken flogen in alle Himmelsrichtungen. Sie musste sich leicht nach vorne beugen, um gegen die Böe anzukommen. Die Prospekte eines Ticketverkäufers für die Touristenkonzerte in der Karlskirche flatterten im Wind.

Lilly dachte an die vergangene Nacht. Dieses Ritual mit Stefan, das sich etwa alle drei, vier Wochen wiederholte, fühlte sich nicht mehr richtig an. Blieb bloß die Frage, was sie verändern musste.

Eigentlich wollte sie zur U-Bahn, aber nun ging sie weiter. Was immer da gerade in ihr vorging, sie wollte dieser Energie Kraft und Raum geben. Es war wie eine kleine Revolution, die sich in ihrem Innersten abspielte. Ein Aufbegehren. Vielleicht würden die Gedanken, die sich ihr aufdrängten, eine große Einsicht liefern, wenn sie nur lange genug durch die Stadt wanderte.

Lilly erreichte die Oper und beschloss, die Ringstraße entlangzuspazieren. Auf die Hofburg zu, in der nun nicht mehr die Habsburger-Kaiser, sondern die österreichischen Bundespräsidenten residierten. Schade, dachte Lilly, die stolz auf ihre adelige Herkunft war. Sie hätte nichts dagegen gehabt, in Zeiten der Monarchie zu leben. Sie ging nun immer schneller, Lilly war aufgeregt. Sie dachte wieder an die Worte Burglinds. Das Beste, das würde erst kommen. Bis zur Hofburg war es nun nicht mehr weit. Vielleicht würde ja doch noch alles gut werden. Vielleicht würde sie ihn noch erleben dürfen, einen richtigen Orgasmus.

Am Ring drängte sie sich durch eine Reisegruppe vor dem Goethe-Denkmal. Amerikaner, dachte sie, erkennbar daran, dass fast alle übergewichtig waren und drei von ihnen wohl auch deshalb in Rollstühlen saßen. Ein Bote auf einem Elektromoped sauste haarscharf an ihr vorbei. Die sollten nicht die Radwege benutzen dürfen, dachte Lilly. Sie waren zu schnell dafür, und die Radwege waren ohnedies so schlecht markiert.

Wieder dachte sie an ihren fehlenden Orgasmus. Warum nur hatte dieses Thema so eine Bedeutung für sie? Die Wahrheit war, dass sie einen erleben wollte, je früher, umso besser. Sie wollte nicht mehr länger warten, und als sie sich das eingestand, fühlte es sich an, als würde sie ein kleines Geheimnis mit sich selbst teilen. Sie lächelte still vor sich hin.

Als Lilly den Kopf hob und den schmalen Grünstreifen zum Fußweg überqueren wollte, sah sie gerade noch, dass sie dem Radfahrer nicht mehr ausweichen konnte. Er rammte sie seitlich mit voller Wucht. Lilly fiel mit dem Kopf nach hinten. Sie schlug auf dem Asphalt auf, und es wurde dunkel um sie.

6

Mein ganz privates Kopfkino

Ich sperrte die Tür auf, zog mir Jacke und Schuhe aus und setzte mich auf unsere dunkelrote Wohnzimmercouch. Ich mochte das Sofa. Es war stellenweise abgesessen, aber das Leder war bequem und sah nach zehn Jahren noch immer gut aus. Es war echtes Hirschleder, eine Seltenheit. Meine Freundin Nadine hatte uns die Couch geschenkt. Sie stammte aus dem Nachlass ihres Vaters.

Draußen war es nebelig. Die Sonne hatte sich hinter dunklen Wolken versteckt. Durch das Fenster sah ich den Krähen zu, die eilig ihre Kreise zogen.

Ich überlegte, was ich anziehen sollte. Seit Wochen presste ich mich in enge Sachen. Röhrenjeans und anliegende Tops gehörten zu meinen Standards. So richtig wohl fühlte ich mich darin nicht mehr, aber was tut man nicht alles für ein bisschen Jugend und Erotik? Ich fragte mich, ob ich es nicht auch tat, weil Mutter früher gemeint hatte, meine Beine seien zu dünn. Jetzt wollte ich sie erst recht herzeigen.

Ich warf einen schnellen Blick auf meine pinken Fingernägel. Morgen würde ich sie frisch lackieren, an zwei Stellen war der Lack abgebröckelt. Früher hatte ich nicht nur so gut wie

Jane Fonda ausgesehen. Auch ähnelte ich Heather Locklear in ihren besten Jahren. Meine Generation kannte sie noch, die hübsche blonde Heldin aus einst angesagten Serien wie *Denver-Clan* und *Melrose Place*. Im Gegensatz zu der inzwischen mehr als sechzig Jahre alten Locklear alterte ich aber besser. Erst unlängst war ich auf Fotos von ihr gestoßen und war schockiert gewesen, sie mit geschwollenem Gesicht nach misslungenen chirurgischen Eingriffen zu sehen. Wie ich in ihrem Alter wohl aussehen würde? Ich wollte nicht daran denken. Lieber jung bleiben.

Ich ahnte, wie Lilly sich gerade fühlte. Sie war fünf Jahre älter als ich und dachte bestimmt, etwas versäumt zu haben. Für sie gab es immer nur Stefan. Aber so wichtig waren Orgasmen nun auch wieder nicht, oder etwa doch? Für mich gab es jedenfalls Wichtigeres.

Ob Lilly Stefan noch liebte? Vielleicht lag es daran. Vielleicht war Stefan einfach nicht der Richtige. Ob Sex mit einem jüngeren Mann besser wäre?

Frauen und jüngere Lover, warum war das noch immer ein Tabu? Wenn Männer mit jungen Frauen daherkamen, waren sie cool. Taten wir Frauen das, waren wir peinlich, verzweifelt oder verrückt. Ich wunderte mich über meine schrägen Gedanken. Ein junger Lover käme für mich ja auch nicht infrage. Wobei ich mir da gar nicht mehr so sicher war. Bestimmt würde er Leichtigkeit in mein Leben bringen, Spaß, Spontanität und vor allem Jugend. Gut, dass Ben, mein Mann, keine Gedanken lesen konnte. Ben? Es war schon länger her, dass wir allein, ohne Elias, Zeit miteinander verbracht hatten. Eine Beziehung zu pflegen, war mit Kindern nicht einfach.

Ich warf einen hastigen Blick auf die Uhr. Auch das noch! Es war kurz vor zehn. Ich musste noch eine Reportage für eine große Online-Zeitung abgeben, die *Wienzeile*, ich schrieb dort als freie Journalistin. Zu Mittag musste ich fertig sein. Es war die größte Online-Zeitung des Landes, die ihre Printausgabe aufgegeben hatte und mit dieser Strategie erstaunlich gut fuhr.

Ich lief in mein kleines Arbeitszimmer. Es war höchste Zeit, mal wieder aufzuräumen. Mein Schreibtisch war voller Bücher und Zettel. Auf dem Weg musste ich einen Stapel ungebügelter Wäsche beiseiteschieben. »*Frauen in Afghanistan – die dunkle Welt unter der Burka.*« Ich arbeitete schon seit einer Woche an der Story. Das Schicksal dieser Frauen war grausam. Sie wurden misshandelt, vergewaltigt und seelisch gebrochen. Schrecklich.

Welches Glück wir hier im Westen doch hatten! Mein Leben hätte nicht besser sein können. Ich wohnte in einer lichtdurchfluteten Wohnung, in einem prachtvollen Altbau aus dem 19. Jahrhundert, in einem reichen Land, das für Demokratie und Freiheit stand und wo Frauen dieselben Rechte hatten wie Männer.

Mein Mann, Ben, war großartig. Liebevoll, fleißig, kreativ, witzig. Ich brauchte keinen Pakt, um mir das Beste vom Leben zu holen. Ich hatte es schon. Warum war dieses Leben so gut zu mir? Warum war es … so perfekt?

Okay, Ben und ich hatten nach zwölf Jahren Beziehung nicht mehr jede Woche Sex, aber doch regelmäßig, so einmal im Monat oder alle zwei Monate. Und es war noch immer schön mit ihm. Manchmal dauerte es mir zu lang. Für ihn war eine halbe Stunde offenbar genau richtig. Mir reichte die Hälfte. Irgendwie ging es mir wohl wie den meisten Frauen. Vaginal kam ich gar nicht, nur klitoral, und Ben hatte nicht die gleiche Lust wie früher, mich oral oder mit der Hand zu stimulieren. Vielleicht war das normal nach so vielen Jahren. Ich wusste es nicht. Aber alles in allem konnte ich mich nicht beschweren.

Was? Schon zwölf Uhr? Ich prüfte meinen Text noch rasch auf Rechtschreibfehler und schickte ihn an die Chefredakteurin der Zeitung, Vanessa Braun. Erledigt. Nun aber nichts wie los! Mein Sohn wartete. Ich band mir meine dunkelblonden Haare rasch zu einem Pferdeschwanz, zog mir meinen warmen weißen Strickpullover über und eilte die Stiegen hinunter ins Erdgeschoß. Dumm nur, dass ich wieder keine Sportschuhe angezogen hatte. Ach herrje. Wie konnte ich das nur vergessen! Die Absätze meiner schwarzen Stöckelschuhe waren zu hoch, um damit bequem zu laufen. Gleich zweimal stolperte ich. Dafür passten sie perfekt zu meiner braunen Cordhose. Schönheit muss leiden.

Am Naschmarkt war viel los. Es roch nach Obst und orientalischen Gewürzen. Händler streckten mir Oliven und aufgespießte Käsestückchen zum Kosten entgegen, während ich meinen Weg suchte.

Da, endlich die letzte Ampel vor der Schule. Elias starrte mir zornig entgegen. »Du bist die einzige Mutter, die immer zu spät kommt. Schaffen wir es jetzt noch pünktlich zum Training?« Alles an ihm war ein Vorwurf, wütend stieg er ein.

»Heute war einfach viel los, Elias. Es tut mir leid. Natürlich schaffen wir das.«

Sein Ärger verflog schon wieder. »Ich bin heute Rechenkaiser geworden. Ich habe alle anderen Kinder besiegt.« Mein Sohn war stolz auf seine Leistung. Gut so.

»Toll! Gratuliere! Das musst du unbedingt Papa erzählen.«

Elias zückte sein Handy und rief mit aktiviertem Lautsprecher, damit ich mithören konnte, Ben an. Der hob schon nach dem ersten Läuten ab. »Hallo Papa! Ich bin heute Rechenkaiser geworden!«

»Wow, großartig! Ich bin stolz auf dich. Gut gemacht! Das feiern wir heute Abend mit einer Pizza. Sag deiner Mutter, dass sie nicht kochen muss.«

Ben klang freundlich, aber gestresst. Ich hatte schon länger das Gefühl, dass er zu viel arbeiten würde.

»Ich habe mitgehört, Schatz. Nimm mir bitte eine Margherita mit und für Elias eine mit Salami. So wie immer, danke.«

Endlich tauchte die Sonne hinter den Wolken auf, und da spürte ich es wieder, dieses Glück. Ich war dankbar für unser Leben. Dass ich Elias hatte, den ich über alles liebte, und Ben, den richtigen Mann an meiner Seite. Ich war dankbar, dass wir uns alles Nötige leisten konnten. Dass wir auf 130 Quadratmetern leben konnten, mitten in Wien, am Naschmarkt, hoch oben im vierten Stock.

Ich sah meinen Sohn von der Seite an und wünschte mir, dass es immer so bliebe. Ich wollte an diesem Glück festhalten, um jeden Preis. Von wegen, die Jugend zurückholen. Im Grunde führte ich das Leben, das ich mir in meiner Jugend immer erträumt hatte. Die jungen Frauen mussten erst einmal so weit kommen. Ein paar Momente lang war ich richtig euphorisch. Denn ich hatte unseren Pakt längst erfüllt. Diese Jahre, die ich jetzt gerade erlebte, waren vielleicht meine besten. Ich durfte sie nur nicht schlechtjammern. Wir waren im besten Alter. Ich war im besten Alter. Es war tatsächlich so, ich spürte es ganz genau. Die Falten in meinem Gesicht waren egal. Und die gehässige Alte im Fleischgeschäft war auch egal. Mein Leben war perfekt. Daran durfte ich nicht mehr zweifeln. Ich musste endgültig erkennen, welches Glück ich hatte und daran festhalten. Ich musste dankbar sein, dass wir gesund waren und im Wohlstand lebten.

Warum nur fiel mir das so schwer?

»So, mein Schatz, los geht's! Ich gehe jetzt einkaufen und hole dich in drei Stunden wieder ab. Bitte iss in der Kantine vor dem Training noch etwas. Das geht sich noch aus, okay?«

»Komm doch noch mit hinein. Ich brauche ein neues Basketball-Dress. Meine Sportsachen haben alle Löcher. Ich kann so nicht spielen. Ich mache mich lächerlich. Es gibt hier einen kleinen Shop.« Elias sah mich flehend an.

»Na gut, aber es muss schnell gehen.«

Das Basketball-Bundesleistungszentrum in Klosterneuburg war unser zweites Zuhause. Viermal die Woche trainierte Elias dort. Er liebte diesen Sport. Das viele Hinbringen, Warten und Heimbringen kriegte ich ganz gut hin. Ich arbeitete im Auto oder in der Kantine des Zentrums. Schreiben konnte ich überall.

Rasch setzte ich meine hellblaue Mütze auf, öffnete meine Haare und betrachtete mich prüfend im Autospiegel. Ich sah gut aus. Von wegen Oma! Lächelnd nahm ich meine Handtasche. Kurz nach dem Aussteigen überkam mich ein merkwürdiges Gefühl. Sah ich gerade einen Geist? Wer war das? Wer stand da vor der Tür, umringt von Kindern und Jugendlichen? Groß, muskulös, mit einem kraftvollen, ansteckenden Lachen, wie ich es, so schien mir, noch nie gehört hatte. Paul Newman in seinen besten Jahren! Er musste es sein! Gut, dass ich meine Stöckelschuhe anhatte. Sie machten längere Beine. »Mama, das ist Tibor, unser neuer Trainer«, sagte Elias.

Tibor strahlte mich an. »Freut mich, Sie kennenzulernen. Elias hat mir schon von Ihnen erzählt.« Lächelnd hielt er mir die Tür auf. Flirtete er mit mir? Himmel! Er flirtete mit mir! Wie lange war das schon her!

Da geschah es. Ich verlor die Kontrolle über meine Gedanken. Ich fühlte, wie ich schwach wurde. Mein ganzer Körper zitterte. Tibor nahm mich in meiner Vorstellung in die Arme und küsste mich leidenschaftlich. Es war wie in einem Film, der in meinem Kopf lief. Ich sah, wie mich Tibor in die Umkleidekabine stieß, wie er mir den weißen Strickpulli vom Körper riss, die braune Cordhose auszog, und wie wir uns liebten, ohne auch nur ein einziges Wort miteinander zu wechseln. Wild und entschlossen.

War ich verrückt geworden? Mein Sohn stand direkt neben mir! Wie konnte ich an so etwas nur denken? Und es noch dazu so sehr wollen?

7

Mitfahrgelegenheit

Auch das noch. Ich war spät dran! Die Besuchszeiten im Krankenhaus endeten wochentags bereits um 17 Uhr.

»Lilly?« Ich streckte vorsichtig meinen Kopf durch den Türspalt und lugte ins Zimmer. Es roch nach Desinfektionsmitteln. Ich merkte, wie ich irritiert das Gesicht verzog.

Lilly lächelte verlegen, als sie mich sah.

Ich gab ihr ein Küsschen auf die Wange, dann setzte ich mich zu ihr ans Bett. Ich zog meine hellblaue Bluse zurecht und hob sie hinten ein wenig hoch. Sie sollte keine Falten bekommen. Ob Lilly der Geruch wohl auch störte?

»Wie fühlst du dich?«, fragte ich sie leise.

»Gut, also halbwegs. Ich bin benommen und müde, aber es geht schon. Der Arzt sagte, ich hatte eine Hirnblutung. Sie konnten das Blut aber gut absaugen. Er will mich eine oder zwei Wochen hier behalten ...« Lilly blickte starr auf ihre dünnen Hände, die auf der Bettdecke lagen. Wie blass sie wirkte!

»Ich schäme mich für die trüben Gedanken, die ich hatte. Ich sollte dankbarer sein und aufhören, mich über Banalitäten wie Falten im Gesicht und fehlende Orgasmen zu beschweren. Das ist lächerlich.«

»Burglind hätte sich nicht über dein Problem lustig machen dürfen«, erwiderte ich einfühlsam.

»Ist schon okay, Greta. Nun wissen es alle. Lilly kommt nicht! Lilly hat keinen Orgasmus!« Nervös rubbelte sie an dem kleinen Kreuzanhänger ihres Halskettchens herum.

»Weißt du, wer dir helfen könnte?«, fragte ich, ohne ihre Antwort abzuwarten. »Michael. Er wird deine Situation sicher verstehen.«

Michael war Lillys bester Freund. Er war intelligent, weltoffen und hatte stets einen guten Ratschlag parat.

»Weißt du was«, sagte Lilly, und ihr Gesicht hellte sich auf. »Du hast recht. Warum habe ich nicht gleich an ihn gedacht? Ich werde ihn anrufen. Obwohl ein weiblicher Orgasmus wohl auch für ihn Neuland wäre.«

Wir lachten, als die Tür aufging. Der eintretende Mann brauchte sich nicht vorzustellen. Er war weder besonders groß noch besonders breit, aber er schien trotzdem mit seiner Gestalt den Türrahmen zu füllen. Es war von Anfang an klar, dass er der behandelnde Arzt war und hier das Sagen hatte. Seine Miene war ernst. »Ich möchte nicht unhöflich sein, aber die Patientin braucht Ruhe«, sagte der Mann freundlich, aber bestimmt. »Wir wollen keine neuerlichen Blutungen riskieren. Es ist besser, Sie gehen jetzt.«

Lilly lächelte, wie ich es von ihr kaum kannte. »Das ist Bruno Gruber«, nuschelte sie. »Mein Lebensretter. Und das hier ist meine Freundin Greta.«

Jetzt lächelte er uns doch noch an. Himmel! War der süß! Und dabei so männlich! Nervös zupfte ich an meiner engen hellblauen Bluse und war erleichtert, einen Push-up-BH zu tragen. Nur so hatte mein Busen eine reelle Chance, prall auszusehen.

»Das ist zum Glück bei weitem übertrieben«, sagte Bruno lächelnd. Sein Lachen machte mich halb verrückt, und auf einmal war es wie gerade erst bei Tibor, dem Basketballtrainer meines Sohns. Ein Film lief in meinem Kopf ab, ganz von selbst und ohne Vorspann. Bruno Gruber sah aus wie George Clooney, vielleicht noch besser. Solche Ärzte hatte ich zuvor nur in Fernsehserien wie *Grey's Anatomy* gesehen. Charismatisch, attraktiv und unglaublich sexy. Ich sah, wie er mutig auf mich zuging. Wie er mich küsste, gegen die Wand drückte und mich dann aufs leere Nachbarbett warf, gleich hier neben Lilly. Ich spürte, wie er mir die Leggings auszog, samt Slip, und wie wir uns liebten. Es war himmlisch! Es war ein Feuerwerk! Bruno!

Irritiert schüttelte ich den Kopf. Weg mit diesen Gedanken und weg mit diesen Bildern! Woher kamen sie und was wollten sie? So kannte ich mich nicht. Was war nur los mit mir? Ich liebte Ben, ich wollte doch mit ihm alt werden, reisen, die Welt entdecken, ein Leben lang mit ihm gemeinsam Spaß haben. Das war mein sehnlichster Wunsch, mein größtes Ziel, und dazu gehörte nun einmal auch Treue, körperliche und seelische. Davon war ich felsenfest überzeugt. Oder etwa doch nicht? Brauchte ich den Kick des Neuen? Und war mein Kopfkino schon Betrug?

Mir fiel Burglind ein, die ihr Glück in Liebesabenteuern fand, und Ximena, die ihr Glück verlor, weil sie nur noch arbeitete und nun Abenteuer vermisste. Ich hörte, wie Lilly mit dem Arzt sprach, aber ihre Worte drangen nicht zu mir. Nur eines wusste ich: Ich musste hier raus! Weg von diesem Mann! Anscheinend war etwas in mir bereit, mein ganzes Leben für einen kurzen

Augenblick der Lust zu zerstören. Das durfte nicht passieren. Hastig verabschiedete ich mich und eilte aus dem Krankenhaus.

Ich setzte mich auf eine Bank, keine hundert Meter vom Krankenhaus entfernt, und weinte. Es musste raus. Regen! Auch das noch. Anfangs regnete es nur leicht, doch nach wenigen Minuten wurde es immer stärker. Doch das war mir egal. Was war nur los mit mir?

Wäre mein Leben anders, würde ich für die Rechte von Armen kämpfen oder eine Schule in Afrika unterstützen? Würde ich mich dann besser fühlen? Ich musste meinem Leben endlich wieder einen tieferen Sinn geben!

Da fiel mir dieser schicksalhafte Moment im *Motto am Fluss* ein. Hatten wir einen Pakt mit dem Teufel geschlossen? Waren wir undankbar gewesen und bekamen jetzt die Rechnung dafür präsentiert? Das viele Kopfkino, hatte ich es wie einen bösen Geist heraufbeschworen? Ich war bereits völlig durchnässt, als ein Auto vor mir hielt.

»Darf ich Sie mitnehmen?«, fragte der Fahrer. »Sie sind ja ganz nass.«

Es war Bruno, Lillys Arzt.

8

Burglind und das jüngere Modell

Mindestens Körbchengröße C! Burglind starrte schamlos auf Tamaras beeindruckende Oberweite. Prall gefüllt, keine Spur von Hängebusen, ganz und gar nicht wie bei ihr. Als die Zwanzigjährige eines Tages mit piepsender Stimme kichernd im Büro aufgetaucht war, brach für Burglind eine Welt zusammen. Die Kleine hatte ihr nicht nur ihren Liebhaber, sondern auch die Freude an der Arbeit geraubt. Na gut, Zweiteres hatte sie auch vorher nicht im Übermaß gehabt. Burglind war faul, das wusste sie selbst. Essen. Schlafen. Ficken. Diese drei Dinge liebte sie am meisten. Dann kamen ihre beiden Töchter und kurz danach ihre Sammlung knallroter Lippenstifte. Sie hatte Dutzende. Jeden Tag wechselte sie die Farbe, wobei sich die Töne kaum voneinander unterschieden. Einer sah aus wie der andere, scherzten ihre Freundinnen.

Burglind und Tamara arbeiteten in der Marketingabteilung eines weltweit verzweigten Logistikunternehmens in Wien-Donaustadt, gleich neben dem Vienna International Centre, in dem die UNO ihren Sitz hatte. Gemeinsam planten sie Werbemaßnahmen und rangen um Kunden. Tamara, Studienabbrecherin, machte ihre Sache erstaunlich gut für eine

Anfängerin. Auch dafür hasste Burglind ihre Nebenbuhlerin, deren krasses Gegenteil sie war.

Denn Burglind war nun einmal nicht mehr jung und auch nicht schlank. Sie war 47 und voluminös. Nein, nicht dick, fand sie, keineswegs, »ich habe eine saftige Rubensfigur«, pflegte sie im Bekanntenkreis über sich selbst zu sagen. Der flämische Maler Peter Paul Rubens, der im 16. Jahrhundert lebte, war der Mode seiner Zeit entsprechend besessen von üppigen, sinnlichen Frauen, die er mit leuchtenden Fleischfarben malte. Die Kurven weich und warm, die Gesichter lieblich kindlich. Burglind hätte eine von ihnen sein können, war sie überzeugt. Nur ein wenig verrucht vielleicht. Hinzu kamen ihr Sinn für Humor, eine scharfe Zunge und eine rauchige Stimme. Diese Kombination war ihr unschlagbares Erfolgsgeheimnis, und nicht wenige Männer liebten sie dafür.

Allein in den vergangenen zwei Wochen hatte Burglind heißen Sex mit drei Männern gehabt, und alle waren ziemlich attraktiv. Erst Robin, der junge Mann vom Botendienst. Er war noch keine dreißig und sah aus wie eine etwas schlechtere Version von Brad Pitt. Sie passte ihn ab und vernaschte ihn selbstsicher auf der Rückbank seines kleinen Lieferwagens. Peter, den Portier, überzeugte sich während seines Nachtdiensts von ihren Qualitäten. Mutig drängte sie den kernigen Kärntner in den Fahrstuhl. Und nicht zuletzt ihr »Irgendwie-für-immer-Lebensgefährte« Jusuf, der Vater ihrer Töchter. Mit ihm trieb sie es am liebsten zu Hause auf dem Küchentisch. Nach 15 mehr oder weniger gemeinsamen Jahren wollte das etwas heißen. Sie machte es mit ihm meist im Zweiwochenrhythmus. Wäre es nach ihr gegangen, hätten sie es täglich machen können, aber so viel Zeit hatte er nicht, schließlich war er verheiratet.

Bei all ihren Abenteuern sehnte sich Burglind nach einem Mann, mit dem sie den Rest ihres Lebens verbringen konnte. Wenn es nach ihr ginge, hätte das Jusuf sein können, doch ihr Beziehungsstatus war kompliziert. Jusuf führte ein offenbar für ihn funktionierendes Doppelleben und das seit mehr als 15 Jahren. Er war nicht in der Lage, Burglind das zu geben, was sie sich am meisten wünschte, sich allerdings nicht eingestehen wollte.

In der Zeit vor Tamara trieb Burglind es am liebsten mit Dominik, ihrem Chef. Hauptsächlich, weil es sich verboten anfühlte. Immer freitags, kurz nach 17 Uhr, wenn die Kollegen gegangen waren, schlich sie in Dominiks Zimmer, sperrte die Tür zu, knöpfte ihm die Hose auf, startete einen Blowjob, um sich dann schnell ihren Rock hochzuziehen und sich auf seinen Schwanz zu setzen. So hatte er es am liebsten. Und sie auch. Sie dominierte gern. Manchmal stülpte sie ihm einen Gummi über, wobei sie nicht jedes Mal daran dachte. Sie hatte sich schwer im Griff. Unterhosen trug Burglind fast nie. Sie waren ihr schlicht im Weg. Burglind wusste, dass Dominik verheiratet war, aber auch diese Tatsache hielt sie nicht auf. Ein verheirateter Chef war ein doppelter Tabubruch.

Irgendwann hatte Dominik offenbar genug. Er verließ freitags früher das Büro, angeblich wegen dringender Termine, womit sich ihre Liaison in Luft auflöste. Aber siehe da, plötzlich tauchte Tamara auf, mit ihrem Figürchen und dem süßen Lächeln, und verschwand von da an jeden Freitag kurz nach 17 Uhr in seinem Büro.

Was sollte sie jetzt ihren Freundinnen nur sagen? Dass er sie durch eine Jüngere ersetzt hatte, einfach so? Dabei war er noch nicht mal ein besonders guter Liebhaber! Burglind schäumte vor Wut. Die Erotik der Jugend? Die Erotik der Erfahrenen war doch viel besser! Oder etwa nicht?

»So ein Schwein! Dass der sich nicht schämt! Wie kannst du mit so einem Kerl nur ins Bett gehen?«, fragte Lilly sie einmal. Schwein hin oder her, Burglind hatte nicht vor, auf Sex zu verzichten. Klar, dass Lilly, gottesfürchtig und Hüterin höchster Moral, das nicht verstehen konnte. Sie klebte schon ewig treu an ihrem langweiligen Stefan. »Lilly, Kindchen, Männer sind so. Fast alle. Frauen auch. Eines Tages wirst du mir recht geben. Du wirst an meine Worte denken«, prophezeite ihr Burglind.

»Mir wäre so viel Sex zu anstrengend«, sagte Greta immer wieder kopfschüttelnd zu ihr. Ximena sah es ähnlich. »Wie du das neben Kindern und Arbeit schaffst, ist erstaunlich«, meinte sie.

Dabei war es das nicht. Es war nicht anstrengend, und es war auch nicht erstaunlich. Eine Blutuntersuchung hatte bei Burglind hohe Testosteron- und Östrogenwerte ergeben. Beide Hormone haben Einfluss auf das weibliche Sexualverhalten. Burglind war gewissermaßen auf Sex programmiert. Sie war ihren Trieben hoffnungslos ausgeliefert, dachte sie zumindest, und sie wollte es nicht anders. Sie wollte Sex. Oft. Schnell. Orgasmen inklusive. Sie kam so gut wie immer, und das in Windeseile. Damit war sie ihren Freundinnen ein wenig unheimlich. Nicht einmal Ximena konnte Burglinds Libido begreifen, obwohl sie früher ein wildes Leben geführt hatte, wozu Gelegenheitssex mit Taxifahrern, Künstlern, Managern und Sportlern gezählt hatte.

Wobei Burglind fand, dass Sex niemals Betrug war. Mit Treue konnte sie nichts anfangen. Ihre Mutter, die Ex-Stripperin, meinte immer, Treue sei etwas für Träumer und Phantasten, also für alle, die nicht in der realen Welt lebten. So kam es, wie es kommen musste: Mit dreißig verliebte sich Burglind in einen Mann, der so dachte wie sie. Jusuf war schon verheiratet, als sie sich kennenlernten, und blieb es.

Burglind wusste, worauf sie sich einließ. Bald sagte er ihr, dass er sie liebte, Kinder mit ihr wolle, aber auch, dass er bei seiner Frau und seinem Sohn bleiben würde. Jusufs Doppelleben lief gut. Vor allem für ihn. Er war mal bei der einen, mal bei der anderen. Ob seine Frau etwas ahnte? Jedenfalls sprach niemand darüber, auch Burglind nicht. Es war, wie es eben war. Schwer war es anfangs vor allem zu Weihnachten. Da saß Burglind in der großen Wohnung am Wiener Reumannplatz und fühlte sich verlassen.

»Ist er bei dir?«, schrieb Lilly einmal an Heiligabend in die gemeinsame Whatsapp-Gruppe.

»Nein, Schätzchen, aber das macht nichts. Ich brauche keinen Mann, um mein Leben zu genießen.«

Danach wagte keine mehr etwas zu sagen. Außer Nadine. »Er ist eine Sau«, entrüstete sie sich in der Gruppe und setzte zehn Rufzeichen dahinter.

Dabei sollte gerade sie nicht den Mund zu voll nehmen, fand Burglind. Ihr Mann, Georg, flirtete mit fast jeder Frau. Sogar Burglind eröffnete er einmal auf einer Party, dass er ihr versautes, tiefes Lachen geil fände und nichts gegen eine schnelle Nummer hätte. Alle wussten, was Georg für ein mieser Kerl war. Alle, außer Nadine. Aber niemand wollte Nadine die Wahrheit sagen, aus Angst, ihre Ehe zu zerstören. War das feige? Womöglich. Aber manchmal war es besser, die Klappe zu halten.

Burglind hatte ihre eigenen Sorgen und Kämpfe, aber mit der Zeit lernte sie, mit der für ihre Freundinnen ungewöhnlichen Situation umzugehen. Sie fühlte sich stärker und stärker, fand Kraft in ihren Töchtern und den vielen wechselnden Männerbekanntschaften. Außerdem war es nicht so, dass Jusuf kein präsenter Vater gewesen wäre. Das war er. Dreimal die Woche besuchte er nachmittags seine Zweitfamilie. Es funktionierte so gut, dass Burglind etwa acht Jahre nach der Geburt ihrer Tochter beschlossen hatte, noch ein zweites Kind mit Jusuf zu bekommen.

»Burglind?«

Sie hob den Blick und sah ihre Kollegin verwirrt an.

»Alles okay? Du wirkst so nachdenklich.«

»Ja, Monika, alles gut. Ich bin hier gleich fertig.«

»Kommst du mit ins Restaurant?«

»Ich mache ein wenig länger. Ich muss noch die Verträge mit unseren neuen Partnern kontrollieren. Die sollen nächste Woche schon unterzeichnet werden. Unsere Anwältin hatte dazu noch Fragen.« Burglind konnte selbst nicht glauben, dass sie dabei war, eine Überstunde einzulegen.

»Möchtest du dich in mein Zimmer setzen? Dort hast du mehr Ruhe.«

Monika war ein netter Mensch. Sie war Marketingleiterin und wusste, dass Burglind die Neue nicht leiden konnte. Es war auch nicht zu übersehen. Grüßte Tamara, grüßte Burglind nicht zurück. Monika wollte Burglind ihr Zimmer zur Verfügung stellen, damit sie Tamara nicht ständig sehen musste.

»Das wäre nett, danke.«

Burglind nahm ihre Mappe. Die schwarze Hose spannte ein wenig. Sie spürte, dass sie zugenommen hatte. Sie öffnete ihren Gürtel, die Bluse hing locker darüber, so konnte es niemand sehen. Gewiss, ihr Bauch störte sie, aber für eine Diät war sie nicht in Stimmung.

In Monikas Zimmer öffnete sie das Fenster, holte tief Luft und arbeitete weiter. Es war Freitag, und sie wollte sich heute Abend mit Ximena und Greta treffen. In der Albertina, einem Museum in der Innenstadt, bei einer Vernissage mit feinem Buffet. Sie freute sich darauf. Vielleicht würde bis dahin auch der starke Regen nachlassen.

Kurz nach 17 Uhr war sie fertig und griff nach ihrem neuen roten Lippenstift, den sie gestern erst bei »Danny«, einem Drogeriegeschäft am Reumannplatz, gekauft hatte. Er war weniger knallig als üblich, ein rot-oranger Farbton, fast bräunlich und ziemlich dunkel. Sie testete ihn heute zum ersten Mal, ganz ohne Spiegel.

Burglind formte einen Kussmund und machte einen lauten Schmatz. Vielleicht sollte sie ihren Look in einem Spiegel überprüfen? Irgendwie war sie ein bisschen stolz auf sich. Im Gegensatz zu ihren Freundinnen kam sie mit dem Altern klar. Sie fand, sie war wie guter Wein, mit jedem Jahr besser. Burglind fuhr den Computer herunter, knipste das Licht aus und verließ das Zimmer. Aus der Überstunde sollte doch nichts werden. Da sah sie, wie Tamara, das junge Miststück, in Dominiks Büro verschwand. Oh Gott, natürlich, es war Freitag kurz nach 17 Uhr. Burglind stand regungslos da und starrte auf die geschlossene Tür. Sie fasste Mut und ging langsam, aber entschlossen auf Dominiks Büro zu und drückte leise die Klinke hinunter. Tatsächlich. Die Tür war nicht abgesperrt. Tamara war eben eine doofe Nuss. Und Dominik wollte vielleicht sogar erwischt werden. Er dachte vermutlich, er sei cool, wenn er mit Mitarbeiterinnen schlief. Kranker Kerl!

Da saß sie auch schon auf ihm, das blonde Gift, so wie er es mochte und wie es Burglind schon viele Male davor getan hatte. Dominik krallte sich mit seinen Händen in Tamaras blonden wallenden Haaren fest, das hatte er bei Burglinds kinnlangen braunen Haaren nie getan. Sie hörte, wie Dominik leise stöhnte. »Du geiles Mädchen, du.« Burglind war wütend, aber sie war auch überraschend erregt.

Sollte sie hineingehen und mitmachen? Jetzt oder lieber erst das nächste Mal?

9

Flackerndes Licht

»Papa, wann kommt Mama nach Hause? Es ist schon fünf!«, rief Elias vorwurfsvoll.

Der Junge las gerade den Kinderroman *Rico, Oskar und das Herzgebreche* von Andreas Steinhöfel. Er musste darüber ein Referat halten. Sein Vater hatte ihn vorhin daran erinnert, das Buch endlich zu Ende zu lesen. Seither war seine Laune noch schlechter als ohnehin schon. Handyspielen war ihm lieber. Basketball sowieso.

»Sie war bei Lilly im Krankenhaus. Vermutlich hatten sie viel zu besprechen. Arme Lilly.« Ben ärgerte sich. Er mochte es nicht, wenn Greta später nach Hause kam und vergaß, Bescheid zu geben.

»Ja, arme Lilly, ich habe mich bei den Engeln bedankt, dass es ihr wieder gut geht. Mama meinte, das würde helfen.«

»Gute Idee.« Ben blickte auf die Margherita, die er für Greta besorgt hatte. Der Käse war bereits kalt geworden.

»Papa, ich habe heute schon fünfzig Seiten gelesen«, sagte Elias stolz.

Ben hörte seinem Sohn nur halbherzig zu. Sorgen in der Arbeit ließen ihn nachts schlecht schlafen. Er erzählte niemandem davon, auch Greta nicht. Dabei hatte alles so gut begonnen. Vor

17 Jahren hatte er als Programmierer in einer Wiener Agentur gestartet und war die Erfolgsleiter immer weiter hinaufgeklettert. Mittlerweile war er selbstständig und leitete mit seinem Partner Jürgen eine Firma mit vierzig Männern. Sie entwickelten Software und hatten sich auf die Programmierung komplexer Webseiten spezialisiert. Es waren tatsächlich nur Männer, die dort arbeiteten, mit Ausnahme der Buchhalterin und einer Reinigungskraft. Ben und Jürgen wünschten sich weibliche Verstärkung. Frauen lockerten die Atmosphäre auf, fanden sie. Aber die Männer, die sich beworben hatten, waren einfach qualifizierter. Das durfte man allerdings nicht laut sagen, und vieles andere auch nicht mehr. Verrückte Zeiten.

»Elias, ich vertrete mir mal schnell ein bisschen die Füße. Ich lasse dir mein Handy da, dann kannst du unbegrenzt telefonieren und Nachrichten verschicken. Wenn Mama anruft, geh ran. Sie meldet sich sicher bald. Lies das Buch endlich fertig, und nimm dir was aus dem Kühlschrank. Zähneputzen nicht vergessen.«

Ben schnappte sich seine Jeansjacke und schmiss die Tür hinter sich zu. Er machte sich Sorgen. Jahrelang war das Geschäft wie am Schnürchen gelaufen, doch seit einigen Monaten wurde es enger. Kunden reduzierten und stornierten ihre Aufträge oder konnten nicht mehr zahlen. Wenn er die Wirtschaftsnachrichten las, hatte er nicht den Eindruck, es würde sich bald bessern. Was tun? Das fragte sich Ben mittlerweile täglich. Männer haben es nicht leicht, war er überzeugt. Sie gelten nur als echte Männer, wenn sie viel verdienen. Wenn sie versagen, sind sie Loser, Schwächlinge, die sich verstecken müssen. Frauen haben es leichter, fand Ben, ihnen wurde bei wirtschaftlichem Misserfolg mehr Verständnis entgegengebracht.

Draußen zündete er sich eine Zigarette an. Heimlich hatte Ben wieder zu rauchen angefangen. Das Wetter war nicht auf seiner Seite. Gewitterwolken bedeckten den Himmel. Es hatte gerade kurz und heftig geregnet und sah nach weiteren Schauern aus. Unruhig sah er sich um. In der Joanelligasse, in der sie wohnten, war niemand zu sehen. Sie wirkte wie ausgestorben. Dabei war es noch nicht einmal 18 Uhr.

Ben überquerte die Linke Wienzeile und stand wenige Augenblicke später vor einem kleinen Restaurant am Naschmarkt. Sollte er einen Kaffee trinken? Oder lieber weitergehen? Er entschloss sich weiterzugehen. Er lief bis zu dem kleinen Fleischladen, in dem seine Frau gern einkaufte. Da fiel ihm ein, dass Greta schon seit gut einer Woche keine Hühnerschnitzel mehr gemacht hatte, dabei mochten er und Elias die so sehr. Woran das wohl lag?

Ben war nervös und rastlos. Wie sollte er die höheren Gehälter zu Weihnachten bezahlen? Sie betrugen insgesamt eine sechsstellige Summe. Außerdem war es völlig sinnlos, die hundertste Mahnung an seine säumigen Kunden zu verschicken, denn wer nicht zahlen konnte, konnte nun einmal nicht zahlen. Was nun? Konkurs? Und wie sollte er seine privaten Rechnungen begleichen?

Die Wohnung am Naschmarkt gehörte ihm, geerbt von einer Verwandten väterlicherseits. Aber er hatte hohe Fixkosten, unter anderem diverse Versicherungen und einen Kredit auf einen kleinen Ferienwohnsitz in Italien. Wie würde Greta mit seiner Pleite umgehen? Bestimmt würde sie ihn für einen Loser halten.

Genauso wie alle anderen, die ihn kannten. »So ein Scheiß«, murmelte Ben vor sich hin. Er bemerkte einen Riss in seinen Nike-Sneakern und sah, dass auch seine Jeans ein kleines Loch am rechten Knie hatte. Genervt schüttelte er den Kopf.

Vor der Admiral-Sportsbar in der Operngasse blieb er stehen.

Sollte er hineingehen? Als er das letzte Mal an einem Automaten gespielt hatte, war er stundenlang wie angeklebt sitzen geblieben und hatte ein kleines Vermögen verzockt. Wie viel hatte er verspielt? 5.000 Euro? Oder 10.000? Nicht schon wieder, würde Greta sagen. Sie wusste von seiner geheimen alten Leidenschaft und hasste sie.

Aber was Greta nicht verstand, war das Gefühl des Sieges. Dieser Rausch, der Ben für einen Moment zum mächtigsten Mann der Welt machte. Nichts war damit vergleichbar. Seine Firma mochte Verlust machen; wenn er beim Spielen gewann, vergaß er das. Ja, warum sollte er das fehlende Geld nicht an den Spielautomaten auftreiben? Es war so einfach und würde nur wenige Minuten dauern.

Das Neonschild des Admiral flackerte in all seiner farbenprächtigen Schönheit. Es war wie das Licht, das sich Ben am Ende des langen Tunnels so sehr zu sehen wünschte.

10

Ich und Bruno

»Hören Sie mich? Alles okay? Ich frage Sie noch einmal: Kann ich Sie mitnehmen? Sie werden ja klatschnass.«

Bruno sah mich fragend an. Auch das noch! Er trug seinen weißen Arztkittel. Ich überlegte, was ich antworten sollte. Die Wahrheit wäre: »Nimm mich hier und nimm mich jetzt!« Die Lüge (für die ich mich entschied): »Der Regen macht mir nichts aus.« Und wie er mir etwas ausmachte! Mir war kalt und ich fror. Ich war anscheinend verrückt geworden. Ich wollte diesen Kerl doch gar nicht. Oder etwa doch? Verwirrt sah ich Bruno an. Ich fühlte mich wie ein Teenager, verknallt und jung. Endlich wieder jung! Und endlich wieder verknallt!

Mir fiel ein, dass mein Auto noch in der Tiefgarage des Krankenhauses stand. Aber in dem Augenblick war mir das egal. Ich wollte nur zu Bruno ins Auto und mit ihm wegfahren.

Ich räusperte mich. »Aber ich nehme Ihr Angebot gern an.«

»Wohin soll ich Sie bringen?«

Ich stieg in den schwarzen Porsche. Mit Autos kannte ich mich nicht aus, aber die kraftvollen Schultern und die Kotflügel, die höher waren als die Fronthaube, waren sogar für mich unverkennbar. Das weiche, weiße Leder der Sitze beeindruckte mich. Alles sah schick und sauber aus. Und es roch gut. Nach teurem Auto und einem dezenten, edlen Männerduft. Bruno fuhr los.

»Sie halten mich für verrückt, nicht wahr?«, fragte ich.

»Ich sehe sofort, wenn jemand verrückt ist. Sie sind es nicht.«

»Ich weiß aber nicht, wohin ich soll. Und wohin ich will.«

»Sie können mit zu mir kommen, wir können reden. Ich habe Zeit bis zur Abendvisite.«

»Das ist nett. Danke.« Ich flüsterte die Worte, als konnte ich selbst kaum glauben, dass sie aus meinem Mund kamen.

War ich wirklich dabei, in die Wohnung eines wildfremden Mannes zu fahren, um mit ihm Sex zu haben? Nie im Leben! Ich würde Ben doch nicht betrügen! Wofür hielt der Arzt mich? War mir anzusehen, wie sehr ich es wollte? War das in der Klinik vorhin mehr als Kopfkino gewesen? Ich wurde nervös.

Bruno wohnte in Hietzing, einer vornehmen Gegend Wiens. Wir fuhren in die Tiefgarage eines modernen Gebäudes. Alles wirkte luxuriös und neu. Riesige helle Steinplatten zierten die Garagenwände. Sie sahen damit keineswegs protzig aus, vielmehr elegant und stilvoll. Schweigend fuhren wir mit dem Aufzug in seine Wohnung. Ich vermied jeden Blickkontakt. Mein Herz pochte wie verrückt. Es war wie in einem Film. In wenigen Augenblicken würde der heiße Hauptdarsteller sein Date küssen. Hoffentlich. Oder hoffentlich nicht?

»Wir sind da.« Bruno hielt mir die Tür auf. Meine nasse Jacke solle ich auf die Heizung legen, die Schuhe könne ich anlassen, sagte er. Ich war erleichtert. So würden meine Beine weiterhin länger wirken, als sie waren. Während er sprach, führte er mich durch ein Vorzimmer, in dem zwei große Gemälde hingen. Sie waren von Voka, einem Künstler aus Niederösterreich, der mit bürgerlichem Namen Rudolf Vogl hieß. Er malte fantastisch. Seine Werke erinnerten stark an jene Andy Warhols. Eine riesige, knallbunte Marilyn Monroe lachte uns im Vorbeigehen an. Vokas Werke erkannte ich gleich, sie wurden mittlerweile um sechsstellige Summen gehandelt. Nadine hatte sich eines für das Foyer ihrer noblen Anwaltskanzlei gekauft. Für sie spielte Geld keine Rolle. Für Bruno offenbar auch nicht.

Im Penthouse roch es nach Vanille und Zimt. Vor den Gemälden steckten Räucherstäbchen in kleinen Vasen. Bruno merkte, dass ich beeindruckt war. Mit offenem Mund folgte ich ihm ins Wohnzimmer. Dort führte eine Wendeltreppe hinauf in die zweite Etage des mindestens 300 Quadratmeter großen Apartments, wo es eine Sauna, einen Pool und einen Ruheraum gab.

Nicht schlecht, aber Geld war mir ja eigentlich nie wichtig gewesen. Oder etwa doch? Schließlich hatte auch Ben eine hübsche Wohnung am Naschmarkt geerbt. Das hier war allerdings eine andere Liga. War ich etwa auch schon wie diese jungen Frauen, die sich von reichen alten Sugardaddys kaufen ließen? Das passte doch gar nicht zu mir. Und Bruno war ja kein alter Mann. Er war um die fünfzig. Und perfekt. Ach herrje. Was machte ich hier bloß?

»Wohnen Sie hier mit Ihrer Familie?«

Um Himmels willen! Hatte ich ihn das gerade tatsächlich gefragt?

»Das war mal. Ich bin geschieden. Meine Ex-Frau ist mit meiner Tochter ausgezogen. Leider. Andererseits wären wir miteinander nicht glücklich geworden.«

Spontan verspürte ich einen Hauch von Freude. Ich musste übergeschnappt sein! Anders konnte ich mir das alles nicht erklären.

»Dann erzählen Sie mal, Greta. Was entwurzelt Sie gerade dermaßen?«

Woher kannte er meinen Namen? Ich hatte mich im Krankenhaus wahrscheinlich vorgestellt, und er hatte sich offenbar meinen Namen gemerkt. Ach nein. Lilly sagte ihm ja, wie ich hieß. Genau. Ich spürte, wie ich leicht zu schwitzen begann und vor Verlegenheit errötete.

»Sprechen Sie jetzt als Arzt zu mir?«

»Als Vertrauter. Sie können es mir sagen.«

Bruno legte mir ein großes weißes Handtuch auf den Schoß. Ich trocknete mir ein wenig die Haare und legte es wieder weg.

»Wollen Sie eine andere Hose anziehen? Es sind noch Sachen von meiner Frau da.«

Ein merkwürdiges Angebot, fand ich. Hatte er gerade Frau gesagt? Vorhin war es noch seine Ex-Frau gewesen. Also was jetzt?

»Danke, es geht schon.«

Mir war nicht kalt, im Gegenteil, ich verspürte eine unglaubliche Hitze im Raum, mein Herz schlug nach wie vor rasend schnell. Meine hellblaue Bluse war schon fast wieder trocken, die Cordhose auch. Ob er mich attraktiv fand? Mich, die Oma?

Wir, im besten Alter. Ich dachte an unseren Pakt und hob meinen Blick. »Mir wird mein Leben gerade zu viel«, sagte ich mutig. »Vielleicht ist es zu perfekt. Ich habe einen Mann, der mich liebt, einen wunderbaren Sohn, tolle Freundinnen und noch immer viel Spaß an der Arbeit, aber ...«

»Aber?«

»Ich bin gelangweilt. Ich bin Autorin und Journalistin, schreibe über die Abenteuer anderer Menschen, aber eigene erlebe ich nicht. Mein Leben ist farblos. Und ich will nicht älter werden, ich will keine Falten. Ich will keine schlaffe Haut, ich will jung bleiben, egal wie. Ich habe mir gemeinsam mit einigen Freundinnen vorgenommen, einen Weg zu finden, damit das gelingt.«

Ich merkte, dass ich hastig und wahrscheinlich unzusammenhängend sprach. Er musste mich für irre halten. Vielleicht war ich es auch. Warum wollte ich ihn nur so sehr? Und warum wollten wir immer, was wir nicht hatten und auch nicht haben durften?

Bruno lächelte, als könne er meine Gedanken lesen. »Was möchten Sie denn ändern, damit alles so ist, wie Sie es haben wollen?«

»Das weiß ich eben nicht. Nicht alle meinen Freundinnen sind ihren Partnern treu.«

Ich merkte, wie Bruno auf meine pinken Fingernägel blickte.

»Jeder hat sein eigenes Lebensmodell. Ihres muss für Sie passen. Was macht Sie wirklich glücklich?« Ich zögerte ein wenig.

»Abenteuer. Ich denke, das fasst es zusammen.« Ich schämte mich für die Antwort. Hätte ich ihm sagen sollen, arme Kinder in Afrika zu retten?

»Was ist für Sie ein Abenteuer?«

Ich stockte.

»Sex?«, fragte er mit ruhiger Stimme.

»Vielleicht«, nuschelte ich.

»Was hindert Sie daran, so ein Abenteuer zu erleben?«

Normalerweise wären mir fünfzehn Antworten darauf eingefallen. Sie reichten von Ben, unserer Ehe, unserer kleinen Familie und Vertrauen und Loyalität bis zu der Angst, mit so einem Abenteuer den Boden unter den Füßen zu verlieren. Doch keine davon drängte sich mir in diesem Moment auf.

»Gute Frage«, sagte ich nur. Er rückte ein Stück näher und sah mich mit seinen klaren, strahlenden Augen eindringlich an.

»Ich sitze direkt vor Ihnen, Greta. Sie wissen, ich habe heute noch eine Visite, aber die Zeit bis dahin gehört uns, und Sie entscheiden, was wir damit machen.«

11

Das Problem

»Mama? Endlich!«

In unserer Wohnung brannte überall Licht. Elias lief mir aufgelöst entgegen und umklammerte mich. Als er sich an mich drückte, spürte ich, dass seine Wangen feucht waren. Er weinte. Auch das noch! Hoffentlich bemerkte er den Geruch des fremden Mannes nicht an mir. Rasch streifte ich meine Stöckelschuhe ab. Meine Füße brannten. Ich hatte die engen, spitzen Schuhe schon den ganzen Tag angehabt. Plötzlich kam mir meine Eitelkeit total fehl am Platz vor.

»Warum schläfst du noch nicht? Es ist fast zehn. Morgen ist Schule. Wo ist dein Vater?« Sanft streichelte ich über seine Haare.

»Er wollte gleich wieder da sein. Nur mal kurz spazieren gehen, aber das ist schon lange her. Das Handy hat er dagelassen, wir können ihn also gar nicht erreichen, oder?«

Wir standen beide wie begossene Pudel im Vorzimmer. Ich konnte es nicht glauben. Das war gar nicht Bens Art. Vielleicht war ihm etwas zugestoßen. Ich rang um Fassung. Nur nichts anmerken lassen.

»Mach dir keinen Kopf, mein Süßer, er kommt bestimmt bald«, sagte ich einfühlsam. »So spät ist es für Erwachsene nun auch wieder nicht. Bestimmt hat er einen Freund getroffen und unterhält sich mit ihm. Du kennst ihn ja. Dein Papa ist eine Plaudertasche. So, jetzt aber ab ins Bad, Gesicht waschen und Zähne putzen, und dann schlafen gehen!« Elias glaubte mir und beruhigte sich. Er lief ins Badezimmer, und keine Viertelstunde später war er eingeschlafen.

Draußen schüttete es wieder in Strömen. Es schien, als würde es gar nicht mehr aufhören. So viel Regen hatte es im Frühherbst schon lange nicht mehr gegeben. Ich war halbkrank vor Sorge. Niemals würde Ben unseren Sohn abends allein lassen. Es musste etwas passiert sein. Verzweifelt saß ich auf der dunkelroten Wohnzimmercouch, noch immer in meiner Jacke. Minutenlang starrte ich die Wand an. War das meine Strafe? War ihm etwas passiert, weil ich bei Bruno gewesen war? Ich rief die Polizei an. Vielleicht wusste sie etwas.

Nichts, kein gemeldeter Vorfall. Ich fühlte mich ohnmächtig. »Ben ist weg«, schrieb ich in die Gruppe der jungen Hühner. »Keine Ahnung, wo er steckt. Er hat Elias allein zu Hause gelassen. So etwas macht er sonst nie! Ihm muss etwas zugestoßen sein.«

»Hat er seine Sachen gepackt?«, fragte Burglind.

Warum sollte er seine Sachen packen? Sie musste übergeschnappt sein! »Natürlich nicht. Denkst du, er will mich verlassen?«

»Kindchen, beruhige dich. Es ist noch nicht mal Mitternacht. Solange seine Sachen da sind, ist doch alles gut.«

Da schaltete sich Ximena ein. »Er hat bestimmt jemanden getroffen. Geh jetzt schlafen. Du wirst sehen, alles klärt sich auf.«

Ich beruhigte mich ein wenig, aber einschlafen konnte ich nicht. Meine Fingernägel hätten wieder einen frischen Anstrich vertragen, doch dazu fehlte mir in meiner Verzweiflung jegliche Lust. Frauen, die sich die Fingernägel machen, haben etwas vor. Sie wollen gefallen, sie wollen gut aussehen. Aber ich wollte nichts von alledem. Ich wollte einzig und allein, dass Ben nach Hause kam. Jetzt spürte ich wieder, wie sehr ich ihn liebte. Er gehörte zu mir. Warum fühlte ich das nur, wenn die Dinge schlecht liefen? Warum nicht, wenn alles in Ordnung war?

Kurz vor ein Uhr morgens hörte ich Geräusche an der Wohnungstür. Ben roch schon von weitem nach Zigaretten und Alkohol. Ich hasste diesen Geruch an ihm, weil er mich an Zeiten erinnerte, als ich ihn regelmäßig in einer abgefuckten Zockerbude am Wiener Gürtel gefunden hatte. War er wieder dort gewesen? Hatte er an einem Automaten gesessen, während sein Sohn voller Angst um ihn geweint hatte? Am liebsten hätte ich ihm eine geknallt, mit voller Wucht. Stattdessen zwang ich mich, ruhig zu bleiben. »Wo warst du?«

»Ein Kollege hat Geburtstag gefeiert, gleich hier am Naschmarkt.«

»Deshalb lässt du unseren Sohn allein?« Meine Stimme wurde lauter. »A-l-l-e-i-n? Ist das dein Ernst?«

»Beruhige dich. Ich habe mehrmals versucht, dich zu erreichen, aber du hast nicht abgehoben. Ich wollte dir sagen, dass ich noch ausgehe. Danach habe ich Ben mein Handy gegeben.« Ben hängte seine Jeansjacke auf und zog die Sportschuhe aus.

»Du hättest mir noch eine Nachricht schreiben können«, sagte ich gereizt.

»Wozu? Ich wusste ja, dass du jeden Augenblick zurück sein würdest. Krankenbesuche dauern keine Ewigkeit.«

77

Irgendwie hatte er recht. Ich schwieg. Ben durfte nicht erfahren, dass ich bei Bruno gewesen war. Irgendetwas stimmte nicht mit ihm. Das spürte ich deutlich. Schließlich kannten wir uns eine halbe Ewigkeit. Er war mein bester Freund.

»Mach jetzt kein Drama daraus, Greta«, sagte er genervt. »Ich bin hundemüde, lass uns morgen reden.«

Er legte sich, noch in Straßenkleidung, ins Bett und schlief ein. Fassungslos stand ich vor dem Bett und starrte meinen Mann an, das unbekannte Wesen. Ich kannte Ben so gar nicht. Er roch wie ein Penner, und jetzt schnarchte er auch noch wie ein Deutscher Boxer. Ich meinte natürlich die Hunderasse. Meine Eltern hatten einen Deutschen Boxer namens Blacky besessen. Er hatte immer unerträglich laut geschnarcht, und das fast ohne Pause. Daran hatte ich mich nie wirklich gewöhnt. Vielleicht auch, weil meine Mutter zu ihm manchmal liebevoller gewesen war als zu mir.

Aber diese Zeit war lange vorbei. Wie ein Häufchen Elend setzte ich mich auf die Couch. Ich mochte sie, sie schenkte mir das Gefühl von Heimat und erinnerte mich an Nadine. Die Sitzfläche war zwar ein wenig platt und abgesessen, aber sie war weich und warm, mit vielen großen und kleinen bunten Polstern darauf.

Meine Beine waren schwer. Ich zog eine kuschelige Decke über und schrieb noch mal in unsere Whatsapp-Gruppe.

»Ben ist da. Betrunken. Können wir ein Treffen einschieben? Freitag? Acht Uhr im *Motto am Fluss*? Ich brauche euch.«

»Was ist denn heute für ein Tag?«, fragte Burglind.

»Mittwoch«, antwortete Ximena. »Freitag ginge bei mir zumindest kurz. Versinke in Arbeit.«

»Gut, ich komme«, schrieb auch Burglind.

Lilly antwortete nicht. Im Krankenhaus schlief sie sicher längst. Schließlich begannen die Tage dort schon gegen sechs Uhr morgens. Und mit einer Nachricht von Nadine hatte ich ohnehin nicht gerechnet.

Ich schloss die Augen und versuchte, Ruhe zu finden. Ich dachte an Bruno und daran, wie ich mich in seinem Penthouse etwas abrupt von ihm verabschiedet hatte. Wie ein scheues Reh war ich aufgesprungen. Ich müsse gehen, mein Sohn sei krank, hatte ich ihm hastig gesagt, ehe ich durch die Haustür hinaus zum nächsten Taxistand lief. Bruno hatte enttäuscht gewirkt, und ich war es auch.

Ach herrje. Was war nur los mit mir? Ich dachte über Ben nach. Was passierte gerade mit ihm? Mit uns? Ich hatte ein Problem, und dabei ging es um viel mehr als meine verlorene Jugend oder meine Kindheit voller Kritik und Selbstzweifel. Es ging um unser Leben. Um unser Familienglück.

12

Der »So geht's zum Orgasmus«-Plan

»Lilly, wie geht es dir?«

Michael betrat das Krankenzimmer. Er hielt eine Tafel Schokolade in der Hand, mit der er ihr zuwinkte.

»Nougat? Du weißt, was mir guttut. Was täte ich nur ohne dich?«

Er ging auf Lillys Bett zu, beugte sich zu ihr und gab ihr einen Kuss auf die Stirn. »Hast du noch Schmerzen?«, fragte Michael, während er seinen dicken braunen Pullover auszog und sich zu Lilly ans Bett setzte.

»Es geht mir gut. Etwas Schwindel, aber kaum der Rede wert. Eben war auch Stefan mit den Zwillingen da, sie haben meine Lebensgeister geweckt.«

Lilly strahlte ihren Freund an. Michael war ihr Seelenverwandter, ihr Lebensmensch. Seit mehr als zwanzig Jahren waren Lilly und Michael nun schon wie Bruder und Schwester. Lilly war Michaels Babysitterin an Wochenenden gewesen, als sie noch zur Schule ging. Die schöne Geschichte zweier Freunde, die gegensätzlicher kaum sein könnten. Michael, der extrovertierte Künstler, witzig, mutig, weltoffen. Und Lilly, die fromme Mutter, schüchtern und stockkonservativ.

Da er schwul war, hätte Stefan eigentlich kein Problem mit ihm haben müssen. Allerdings wusste er, dass Michael ihn für einen Schwächling hielt und er sich für Lilly einen Besseren gewünscht hatte. Michael, der mit Nachnamen Buchinger hieß, war ein in Österreich bekannter Entertainer und Youtuber. Er besaß Charme, Scharfsinn, Intelligenz und Humor. Außerdem sah er gut aus. Egal, wo Michael auftauchte, er kam gut an und war ein richtiger Sonnenschein. Michael hatte die Gabe, andere zum Lachen zu bringen. Manchmal reichte dafür schon ein Blick von ihm. Er war also so ziemlich das exakte Gegenteil von Stefan.

»Weißt du ...«, begann Lilly. Michael blickte sie aufmerksam an.

»Es gab einen Grund, warum ich den Fahrradfahrer übersehen habe«, fuhr sie fort.

»Willst du darüber reden?«, fragte er.

Lilly zögerte. Sie griff nach dem goldenen Kreuz an ihrem Hals, als suche sie Halt.

»Michael, was stimmt nicht mit mir?«, fragte sie schließlich verzweifelt. »Ich bin eine Frau mittleren Alters. Ich sollte mich selbst kennen, auch sexuell. Aber das tue ich nicht. Ich hatte noch nie einen Orgasmus. Und ich meine nicht bloß mit Stefan. Überhaupt noch nie. Vielleicht ist es in Gottes Augen nicht wichtig. Vielleicht habe ich auch keinen verdient. Ich weiß es nicht.«

Lillys gute Laune war verflogen. Nicht einmal ihren Freundinnen hatte sie die ganze Wahrheit erzählt. Die Scham war zu groß. Lilly sah zum Fenster. Noch immer Regen. Sie hasste es, mit bandagiertem Kopf und im Nachthemd im Bett zu liegen.

»Ach Lilly …« Michael umarmte sie mitfühlend.

»Es tröstet mich ein wenig, dass viele Frauen das gleiche Problem haben. Hier drinnen habe ich Zeit und heute ein bisschen gegoogelt. Einige Studien behaupten, dass nur dreißig Prozent der Frauen kommen, andere sprechen sogar von weniger. Eigentlich sind die Sexszenen in den Frauenserien ein Witz. Umso schlimmer, dass ausgerechnet Frauen sie oft produzieren. Die sollten es doch besser wissen, oder?«

»Ich schaue keine Frauenserien«, antwortete Michael ein wenig amüsiert.

»Weißt du, die erwecken alle den Anschein, als würden wir Frauen jedes Mal kommen. Immer und überall. Hast du schon von *Sex/Life* auf Netflix gehört?«

»Gehört, ja.«

»Die war supererfolgreich. Es geht um eine Frau, ich glaube, sie heißt Billie. Jedenfalls liebt sie Sex und kommt offenbar immer. Ich hätte mir die Serie nicht ansehen sollen. Ich denke, es gehört sich nicht.« Lilly errötete. Sie schämte sich, dass Michael nun wusste, dass sie sich softe Sexfilme ansah.

Michael verdrehte lachend die Augen. »Ach Lilly, du hattest völlig recht, sie dir anzuschauen. Also, was hast du da gesehen?«, fragte er neugierig.

Lilly fasste Mut und fuhr fort. »Da gibt es eine Szene in einem Aufzug, wo Billies Exfreund sie mit der Hand berührt. Du weißt schon, er berührt sie unten.« Lilly räusperte sich verlegen. »Sie haben wenig Zeit, weil Aufzugfahrten nun einmal kurz sind. Und trara: Sie kommt!« Lilly riss hastig die Verpackung der Schokolade auf, die ihr Michael mitgebrachte hatte.

»Willst du ein Stück?« Sie ließ ihm keine Zeit, zu antworten. Sie war zu aufgebracht. »Das ist nicht alles, Michael. Billie stillt ihr Baby und denkt dennoch ständig an Sex. Wer glaubt so einen Mist? Stillende Frauen haben andere Dinge im Kopf. Sie sind müde und oft sogar depressiv.« Lilly hatte genug von all den Lügen, vor allem wollte sie in keiner mehr leben.

»Lilly, vergiss Billie, oder nimm sie mit Humor, viel Humor«, sagte Michael. »Eines kann ich dir sagen. Auch du wirst kommen. Das verspreche ich dir. Ich weiß nicht, wann du so weit bist, aber es wird passieren, glaub mir. Wenn du wieder draußen bist, sorge ich dafür.«

Lilly aß bereits die dritte Reihe Schokolade und fragte sich unwillkürlich, ob diese die Libido tatsächlich steigerte. Lilly würde noch einmal nachlesen. »Wie willst du das machen?«, fragte sie.

»Ich habe schon Ideen, du kennst mich ja.« Michael streichelte sanft ihre Hand.

»Ich bin kein leichter Fall«, sagte sie. »Ich bin schon 45 und vom Orgasmus so weit entfernt wie vom Mond.«

Michael rümpfte die Nase. Lilly wusste, dass ihn der scharfe Geruch des Desinfektionsmittels im Zimmer störte, obwohl er kein Wort darüber verlor. Auch Greta hatte darauf empfindlich reagiert. »Du und deine vielen Fragen, Lilly. Vertrau mir einfach.«

Lilly lächelte. Sie wusste, dass sie fast alle mit ihrer Fragerei nervte. Nur die jungen Hühner nicht, was daran lag, dass sie in der Gruppe selten das Bedürfnis hatte, viel zu fragen. Sie hörte lieber zu, denn sie fand die Geschichten ihrer Freundinnen dermaßen spannend, dass ihre eigenen verblassten. Sie hatte ja auch wirklich nichts Aufregendes zu berichten. Das musste sich dringend ändern.

»Wie geht es dir mit deinem Freund?«, fragte Lilly, um sich abzulenken. »Alles okay? Du siehst glücklich aus. Läuten bald die Hochzeitsglocken?«

»Ob wir heiraten, hängt von deinem Orgasmus ab.«

»Wie meinst du das?«

»Ich kann doch nicht heiraten, während meine beste Freundin noch auf ihren ersten Orgasmus wartet!«

Lilly lachte. Michael hatte eine warmherzige Art, die ihr guttat. Manchmal schien es, als würde er das Leben nicht ernst nehmen. Dabei nahm er es sogar sehr ernst. Michael war für sein Alter, er war erst 32, richtig weise, fand Lilly. Das war er schon als Kind gewesen. Er wusste immer, was zählte, instinktiv. Wenn Unrecht geschah, machte er den Mund auf, und wenn es seinen Freunden schlecht ging, fing er sie auf. Lilly bewunderte ihn, auch für seinen Erfolg. Michael füllte ganze Hallen wie den Wiener Stadtsaal oder das Orpheum. Auf der Bühne war er charismatisch und überzeugend. Manchmal konnte sie es kaum fassen, dass Michael Buchinger ihr bester Freund war. Wow!

»Bist du böse, wenn ich jetzt ein wenig schlafe?«

»Schlaf nur, Lilly. Das tut dir gut. Ich arbeite inzwischen an unserem ›So geht's zum Orgasmus‹-Plan.«

Lilly musste über den Namen lachen und war neugierig, was er sich einfallen lassen würde. Sie umarmten sich gerade, als Lillys Arzt, Bruno, das Zimmer betrat. Verwundert zog er die Brauen hoch. Lilly war die Situation unangenehm, denn er hatte vorhin erst Stefan, Lillys Mann, gesehen.

»Oh, es ist nicht so, wie Sie denken«, kam ihr Michael zu Hilfe. »Ich bin schwul.«

»Wie geht es Ihnen heute?«, wandte sich Bruno lächelnd an Lilly, ohne auf Michaels Kommentar einzugehen.

»Jeden Tag ein bisschen besser.«

Michael stand auf und nahm seinen Pullover von der Sessellehne. »Ich wollte gerade gehen. Bitte kümmern Sie sich gut um Lilly. Da wäre ich Ihnen dankbar.«

»Das mache ich.«

»Benötigen Sie etwas?«, fragte Bruno die Patientin, als Michael gegangen war.

»Alles ist bestens. Ich wollte gerade schlafen.«

»Gute Idee. In wenigen Tagen können Sie nach Hause.«

Bevor Bruno das Zimmer verließ, wandte er sich noch einmal um. »Grüßen Sie bitte Ihre Freundin Greta von mir«, sagte er mit eindringlicher Stimme. »Sie soll mich anrufen. Ich denke, ich kann ihr helfen.« Helfen? Warum sollte Greta seine Hilfe benötigen? Aber Lilly traute sich nicht zu fragen. Sie nickte bloß und schluckte ihre Fragen wie so oft hinunter.

13

Beschattungsaktion

Christian Jäger war spät dran. Morgenjobs waren einfach nicht sein Ding, aber heute ging es nun einmal nicht anders. Hoffentlich würde er ihn noch rechtzeitig erwischen. Es war ein viel zu heißer Herbsttag, um zu arbeiten, fand er, mit hochsommerlichen Hitzegraden schon am frühen Morgen. Verrücktes Wetter. Mal heftiger Regen, mal eine Affenhitze. Er wischte sich den Schweiß von der Stirn. Vielleicht war er auch nur zu dick geworden. Schon bei leichter Anstrengung floss ihm der Schweiß in Strömen den Rücken hinunter. Allerdings war sein Outfit auch nicht gerade sommerlich. Er hatte seinen alten grauen Anzug angezogen, um nicht herauszustechen und als unauffälliger, eher drittklassiger Büroangestellter durchzugehen.

Nach einer kurzen Weile trat ein Mann in grauer Cargohose und legerem Hemd aus einem Eckhaus an der Rossauer Lände. Jäger, der sich hinter den Müllcontainern auf der gegenüberliegenden Seite versteckt hatte, machte mit seinem iPhone 15 rasch ein Foto von ihm und aktivierte danach die Videofunktion seines Mobiltelefons. Er ärgerte sich, dass ihm die vorbeifahrenden Autos immer wieder den Blick versperrten. Der Mann sah gut aus, groß und athletisch. So hätte Jäger auch gerne ausgesehen.

Der attraktive Herr lief mit raschen Schritten los. Mit etwa dreißig Metern Abstand folgte Jäger ihm. Sein Herz raste. Obwohl er den Job nun schon seit mehr als zwanzig Jahren machte, und das gut, war er immer noch bei jeder Beschattungsaktion nervös. Ob sich das je ändern würde? Er bezweifelte es.

Als der Mann eine Bushaltestelle ansteuerte, wurde auch Jäger schneller. Er merkte, wie sein Hosenbund zwickte und der enge Stoff an seinen Oberschenkeln scheuerte. Seit Monaten versuchte er abzunehmen. Vergebens. Wie sollte das auch gehen, wenn er bei seinen Beschattungsaktionen ständig an Würstelständen und Bäckereien mit duftendem Gebäck vorbeikam?

Der Mann war an der Haltestelle stehengeblieben, also wollte er den Bus nehmen. Jetzt hieß es schnell sein, sonst hätte er sein Zielobjekt verloren. Jäger kam kaum noch nach. In letzter Sekunde erwischte er den Bus, in dem der offensichtlich sportliche Mann gerade behände verschwunden war. Zwanzig Minuten später stiegen beide aus. Jäger sah, wie der Muskelprotz in einem großen Bürogebäude verschwand. »Hier arbeitet er also«, flüsterte der Detektiv keuchend, aber zufrieden, ehe er beschloss, für heute Feierabend zu machen. Hier um die Ecke gab es die besten Käsekrainer im ganzen Bezirk. Außerdem hatte der Wetterbericht für den kommenden Tag Wolken angekündigt und damit deutlich angenehmere Bedingungen für seinen brisanten Auftrag. Es war ein Auftrag, wie er ihn noch nie hatte ausführen müssen. Aber seine Auftraggeberin zahlte gut. Und hatte keinen Zweifel daran gelassen, wie wichtig ihr der Erfolg seiner Arbeit war.

14

Alles, nur keine Mama sein

Unglaublich, wie die Kleine nervte. Sie riss Ximena die Cartier-Brille von der Nase und warf sie zornig auf den Boden. Und das nur, weil Ximena ihr den Lolli nicht geben wollte. Aber für Süßigkeiten war es noch viel zu früh an diesem Freitagmorgen. Zum Glück lag in ihrem Vorzimmer ein dicker, weicher Teppich, sonst wäre die sündteure Brille jetzt Schrott.

Ximena passte nicht gerne auf ihre Nichte auf, aber alle zwei Monate kam sie nicht darum herum, ihrer Halbschwester Tatjana diesen Gefallen zu erweisen. Obwohl die genau wusste, wie ungern Ximena babysittete. Weil sie kaum Zeit hatte. Aber auch, weil sie lieber arbeitete, als sich um quengelnde Kinder zu kümmern. Ximena hatte einmal gelesen, dass zwanzig Prozent aller Frauen keine Kinder wollten. Eine große stille Gruppe, zu der auch sie gehörte.

Und Katja erinnerte sie gerade daran, warum das so war. »Que mierda«, zischte Ximena. Ihr Spanisch war zwar nicht sonderlich gut, aber ihre mexikanische Mutter hatte ihr zumindest die besten Schimpfwörter beigebracht. Schimpfen ging einfach besser auf Spanisch. Und »Dirty Talk« auch. Wie gern wäre sie jetzt mit einem attraktiven Mann im Bett gewesen, aber Katja zwang sie in die Gegenwart zurück. Sie warf sich auf den Boden und brüllte noch lauter. Gewiss, Ximena liebte die Kleine, aber ein paar Stunden allein mit der Dreijährigen konnten sie um den Verstand bringen. War das die berühmt-berüchtigte Trotzphase?

Gerade jetzt war Ximena froh, keine Kinder zu haben. Sie wäre eine Rabenmutter geworden. Ganz anders als Greta, die Verständnisvolle. Oder Lilly, die Sanfte. Oder Burglind, der liebevolle Kontrollfreak. Die hätten die vertrackte Situation sicher entschärfen können. Sie nicht. Katja schien sich immer weiter in ihre Wut hineinzusteigern. Ximena hielt das nicht mehr aus. Wo blieb Tatjana nur? So ein Mist.

Eigentlich hätte Tatjana ihre Tochter, die bei Ximena und ihrem Mann Willi übernachtet hatte, schon um sieben Uhr morgens abholen sollen. Jetzt war es fast halb acht und die kleine Katja bereits zwei Stunden wach. Ein Albtraum.

Aber ihre Pflichten als Babysitterin waren nicht ihr einziges Problem. Auch ihre Ehe war nicht mehr das, was sie einst gewesen war. Früher hatten Willi und sie mindestens zweimal die Woche Sex. Guten Sex. Sie liebten Rollenspiele, bei denen Ximena eher die passive Rolle einnahm. Manchmal mimte sie die unartige Maturantin, die unerlaubte erste Erfahrungen mit ihrem Sportlehrer, gespielt von Willi, machte. Ein anderes Mal war sie eine lüsterne Krankenschwester, die sich von ihrem Chef, einem charismatischen Chirurgen, heimlich vernaschen ließ. Das war auch nicht schlecht. Und manchmal tat sie so, als hätte sie gar keine Lust auf Sex und genoss ihn gerade deshalb umso mehr. Doch seit zwei Jahren war vieles anders. Nachdem Ximena in die zweite Managementebene aufgestiegen war, war sie oft mehr als zwölf Stunden im Büro und arbeitete auch die Wochenenden immer öfter durch. Willi aber mochte keine schnellen Nummern, also wurde der Sex seltener und langweiliger.

Ximena fühlte sich seither als Frau zu wenig wahrgenommen. So ein sexarmes Leben wollte sie nicht führen. Zumindest nicht für so lange Zeit. »Wie lange halte ich das noch aus?«, fragte sie sich frustriert, während sie die Stifte aufhob, die Katja auf den Boden geschmissen hatte.

Früher war das Leben besser gewesen, fand sie, spannender, lustiger, sorgloser. Früher, als sie mit ihrer Lieblingsfreundin Nadine um die Häuser zog und die beiden noch jung waren. Was war eigentlich in letzter Zeit los mit Nadine?

Alles würde gut werden. Ximena neigte nicht dazu, sich unnötig zu stressen, und außerdem war ihr bewusst, wie gut sie es hatte. Sie war Mitte vierzig und hatte einen Spitzenjob in einem internationalen Tourismuskonzern. Das war nicht schlecht. Ihre Kollegen bewunderten sie, weil sie die Karriereleiter rasch emporgeklettert war, ohne dafür die Beine breit gemacht zu haben, und weil sie nebenbei so schön war wie Pocahontas, die sagenumwobene Indianertochter.

Auf ihren Busen war Ximena besonders stolz. Körbchengröße C, ein Geschenk der Natur, das noch dazu auch mit über vierzig der Schwerkraft trotzte. In ihren wilden Zwanzigern und Dreißigern waren die Männer scharenweise hinter ihr her gewesen, und sie hatte es in vollen Zügen genossen. Sie nahm sich die Schönen, die Sportlichen, die Reichen, die Jungen und die Alten, je nachdem, wonach ihr gerade war. Mit 38 war ihr die große Auswahl langweilig geworden, und sie landete bei

Willi, einem gleichaltrigen Kerl, der erfolgreich eine große Sprachschule in Wien aufgebaut hatte.

Willi war ein Lotto-Sechser. Er sah gut aus, war witzig, versicherte ihr stets, genau wie sie keine Kinder zu wollen, verdiente gut, und das Wichtigste: Er liebte sie über alles. Er wäre für Ximena durch jedes Feuer gegangen. Das wusste sie zu schätzen. Und mit weniger hätte sie sich auch niemals zufriedengegeben. Ihrer Meinung nach mussten Frauen stolz sein und ihren Wert kennen. Das hatte ihr geholfen, im Leben und in ihrer Karriere auf ihre Kosten zu kommen. Und beim Sex.

Endlich läutete Tatjana an der Tür. Wo war sie nur so lange geblieben? Willi war schon längst gegangen. Er holte eine Gruppe spanischer Schüler vom Bahnhof ab, die einen Kurs an seiner Sprachschule gebucht hatte. Ximena fragte sich nicht zum ersten Mal, ob die Jugendlichen für ihn eine Art Kinderersatz waren.

Back to Business! Es war jetzt schon fast acht Uhr morgens, und sie würde zu spät zum Treffen mit ihren Freundinnen kommen. *Du musst die Dinge selbst in die Hand nehmen, nur so kommst du zum Ziel,* dachte sie siegessicher und warf einen schnellen Blick aus dem Fenster. Die Wolken waren aufgerissen und der Himmel strahlte. Der Pakt mit ihren Freundinnen hatte Ximena aus ihrem Dornröschenschlaf gerissen. Sie konnte es kaum erwarten, ihn zu erfüllen.

Sie hatte wieder alles im Griff. Das würde ihr Tag werden.

15

Geständnisse

»Ihr könnt euch nicht vorstellen, was passiert ist«, platzte es aus Burglind heraus. Heute hatte sie es mal wieder mit ihrem knallroten Lippenstift übertrieben, der neben ihren Lippen auch ihre Schneidezähne verzierte. Ximena überlegte kurz, ob sie Burglind darauf aufmerksam machen sollte, verwarf den Gedanken aber rasch wieder. Wenn Burglind in ihre Erzählung kippte, störte man sie besser nicht.

»Was ist denn passiert?«, fragte Greta überrascht.

»Ich habe meinen Chef beim Sex erwischt.«

»Warte«, sagte Ximena, »bist es nicht du, die Sex mit Dominik hat?«

Burglind machte eine wegwerfende Handbewegung. »Seit kurzem bumst er die Neue, eine zwanzigjährige Studienabbrecherin namens Tamara. Ganz schön viel da«, Burglind deutete auf ihre Brüste, »und ganz schön wenig dort.« Ihr Finger wanderte an ihre Stirn. »Ich habe die beiden beobachtet. Sie macht dieselben Sachen wie ich.«

»Ein Naturtalent«, amüsierte sich Ximena. Sie fand die Sache nur allzu komisch. Wie Frauen sich herablassen konnten, um einen Mann zu streiten, war ihr schleierhaft. Hatten die alle keinen Stolz? Wie erbärmlich. Sie sah sich um und wunderte sich, dass eine große Gruppe von Jugendlichen im *Motto am Fluss* frühstückte. Wie konnten die sich das leisten? Billig war es hier nicht. Die Kids lachten und unterhielten sich für ihren Geschmack viel zu laut. Que mierda. Von Kindergeschrei hatte sie heute genug.

»Ximena, das ist nicht witzig! Der Typ hat mich ausgetauscht. Einfach so!«, zischte Burglind. Sie trug einen neuen, schwarzen Pullover, größer und weiter als ihre üblichen kurvenbetonten Outfits. Ximena vermutete, dass Burglind zugenommen hatte, was sie nie zugeben würde.

»Ich verstehe deinen Ärger, Burglind, *but never fuck the office*«, sagte Ximena, die sich immer an diese Regel gehalten hatte. »So etwas geht nie gut. Außerdem ist es doch komplett egal, mit wem der notgeile Typ schläft.«

»Es geht mir nicht um ihn als Person, Ximena. Aber irgendwie, als ich die beiden beobachtet habe, hätte ich am liebsten mitgemacht. Meint ihr, ich soll nächstes Mal einfach dazustoßen? Oder muss ich vorher fragen?«

Ximena brach in schallendes Gelächter aus und schob ihre Cartier-Brille in ihre volle Mähne. »Burglind, das kann doch nicht dein Ernst sein!« Sie wollte das Thema Dominik endlich beenden. Es war ihr zu blöd. Ximena winkte dem Kellner. »Was war neulich mit Ben los?«, fragte sie und sah dabei Greta an. Doch die schien in Gedanken versunken zu sein. Mit leerem Blick starrte Greta zum Nebentisch, wo eine junge Frau geräucherten Lachs mit gebratenem Ziegenkäse und Rührei genoss.

Ximena riss sie aus ihren Gedanken. »Greta? Alles okay?«

»Entschuldigt, ich bin nicht gerade in Topform. Ben ist betrunken heimgekommen, das habe ich euch ja geschrieben. Er war völlig fertig. Ich habe echt Angst um ihn.« Nervös nippte sie an ihrem Cappuccino.

»Angst? Warum denn?«, fragte Burglind überrascht.

»Ich weiß es nicht. Vielleicht tue ich ihm unrecht. Vielleicht war er an diesem Abend wirklich nur auf ein paar Drinks mit Freunden, aber vielleicht spielt er auch wieder.«

Endlich kam der Kellner, und Ximena bestellte noch einen kleinen Braunen. Burglind wollte mehr Sekt und Greta entschied sich für einen frisch gepressten Orangensaft.

»Du bist manchmal überängstlich«, sagte Burglind mit strenger Stimme. »Mal nicht gleich den Teufel an die Wand.«

»Das denke ich auch, Greta.« Ximena sah ihre Freundin mitfühlend an. »Schau, ob es sich wiederholt. Vor allem musst du mit ihm reden. Sag ihm, dass du dir Sorgen machst.«

»Das war nicht alles.« Greta seufzte. »Ich muss euch etwas beichten. Ich war bei einem anderen Mann.«

»Endlich«, schoss es aus Burglind heraus. »Unser Pakt! Er wirkt! Wer war der Mann? War er gut?«

»Es ist Lillys Arzt, Bruno. Es ist aber nichts passiert. Er hat heftig mit mir geflirtet, aber ich bin rechtzeitig geflüchtet.«

»Seht ihr euch wieder?«, fragte Ximena neugierig, während sie ihre Brillengläser mit einem kleinen Tuch putzte.

»Ich weiß es nicht. Ich fühle mich jung bei ihm. Jung und schön und sexy.« Gretas Augen funkelten.

»Bleib dran«, sagte Burglind aufgeregt. »Bitte bleib dran. Das könnte dir guttun. Wer weiß, was noch passiert!«

»Weil wir schon beim Thema sind. Ich habe einen Plan.« Ximena lehnte sich etwas zurück, damit der Kellner die Getränke hinstellen konnte.

»Einen Plan? Was für einen?«, fragte Burglind.

Ximena lächelte geheimnisvoll. »Werdet ihr noch früh genug erfahren.«

Gretas Blick driftete ab. »Ich hätte auch gerne so einen konkreten Plan«, sagte sie. »Bei mir ist es, als würde eine Welt zusammenbrechen. Gleichzeitig weiß ich nicht, was ich will, und auch nicht, was ich tun soll.«

Ximena sah, wie Greta den neuen Kellner im hinteren Teil des Restaurants beobachtete. Der Mann war vermutlich keine fünfunddreißig und ziemlich sexy. Mittelgroß, muskulös und mit einem Lächeln, das weiche Knie verursachte. Ob Gretas Kopfkino gerade in Betrieb war? Vermutlich.

Greta schien für einige Momente vollends in einer anderen Welt zu versinken. »Mädels, ich brauche Hilfe!«, sagte Greta schließlich verzweifelt.

»Oh mein Gott, seid ihr heute theatralisch. Was ist denn los mit euch?« Burglind verdrehte die Augen, ohne auf Gretas Flehen einzugehen. Aber Ximena ahnte, was Greta sagen würde.

»Einmal ist es der Basketballtrainer meines Sohnes, dann Lillys Arzt und jetzt dieser gutaussehende Kellner. Mich macht dieses Kopfkino fertig. Ich treibe es in meinen Gedanken ständig mit wildfremden Männern. Es hört nicht auf!« Greta schluchzte.

Ximena zog einen Kugelschreiber aus ihrer Handtasche, nahm eine Serviette und schrieb einen Namen darauf. »Ich kenne jemanden, der dir helfen kann. Google ihn. Sein Name ist Bonelli. Raphael Bonelli. Seine Nummer findest du im Netz. Ruf ihn an!«

16

Frau Doktor Nadine Bauer

»Ich ertrage es nicht mehr, Georg. Seit Jahren rührst du mich nicht an!«

Nadine schäumte vor Wut. »Es war ein Fehler, kein Kind zu kriegen, denn nichts läuft mehr zwischen uns! Jetzt habe ich weder dich noch ein Kind!«

Sie schmiss die Wohnzimmertür hinter sich zu, eine antike Flügeltür, knapp hundert Jahre alt, frisch restauriert und aus edlem Nussholz. Dabei fiel ihr Swarovski-Armreifen zu Boden. Er war aufwendig gemacht, aus dreißig Ringen. Eine Maßanfertigung aus Weißgold, innen mit Dutzenden Perlen versehen, außen mit hunderten kleinen bunten Kristallsteinen. Sie hob ihn auf. Der Armreifen war noch ganz. Aber in ihrem Inneren war vieles zerbrochen. Nadine zog die Augenbrauen hoch. Sie war sauer. Auf Georg und auf sich. Und sie war verletzt. Längst hätte sie sich bei ihren Freundinnen melden sollen. Sie hätte die Whatsapp-Gruppe nicht auf stumm schalten dürften, bestimmt machten sich alle schon Sorgen. Sie spürte, wie sie sich nach den gemeinsamen Treffen sehnte und vor allem nach Ximena, der starken Ximena, ihrer besten Freundin.

Was war das nur für ein Leben, das sie führte? Georg benahm sich schmafu, fand sie, einfach schäbig. Seit zwanzig Jahren arbeiteten Nadine und ihr Mann an einer gemeinsamen Karriere. Sie hatten eine der mittlerweile größten Anwaltskanzleien Österreichs eröffnet und verdienten viel Geld. Nadine hatte das Startkapital mitgebracht. Ihr Vater, einst ein einflussreicher Industrieller, hatte ihr ein Vermögen vererbt, das ihr half, gute Anwälte anzuheuern und an einer der besten Adressen des Landes zu firmieren, am Wiener Graben. Dort hatte Nadine einen imposanten Altbau gekauft und daraus eine florierende Kanzlei gemacht. Grauer Marmor in der Empfangshalle, die Decken aufwendig stuckverziert, die Möbel aus feinstem Leder und antike Kronleuchter aus Kaiserzeiten: Die reiche Klientel war beeindruckt und kam gern.

Nadine und Georg verreisten häufig. Dafür nahmen sie sich trotz ihrer vollen Terminkalender immer wieder Zeit. Mit Kindern wollte Georg warten, die Welt zu sehen war ihm wichtiger, und Nadine hatte sich gefügt. »Häng ihm eins an«, hatte Burglind sie stets gedrängt. Sie musste es ja wissen. Jusuf, der verheiratet war, war bestimmt überrascht gewesen, als Burglind auf einmal schwanger war.

Aber genau das wollte Nadine nicht, sie wollte sich nicht schmafu benehmen, wie ein weiblicher Schuft. Dafür war sie zu korrekt. »Wenn das Kind erst einmal da ist, wird er sich schon freuen«, hatte Burglind ihr wieder und wieder prophezeit, und vielleicht hatte sie damit auch recht. Doch so ein Betrug war Nadine zu riskant. Erst Jahre später, jetzt, mit 45, bereute sie ihren Entschluss, auf Kinder verzichtet zu haben.

Sanft streichelte Nadine ihren Hund Tim. Sie kauerte mit ihm auf der weißen Ledercouch und plötzlich liefen ihr die Tränen hinunter und ruinierten ihr perfektes Makeup. Georg öffnete vorsichtig die Tür. »Mach doch nicht immer so ein Drama aus allem. Nach 25 Jahren ist Sex doch nicht mehr so wichtig.«

»Nicht mehr so wichtig? Bei uns ist er gar nicht mehr existent. Das letzte Mal hatten wir vor zwei Jahren Sex. Findest du das normal? Wir sind 45 und nicht achtzig!«

»Du willst also unbedingt Streit«, sagte Georg genervt.

»Nein, ich will Liebe.«

»Nadine, hör auf, wir können ja ein paar Tage verreisen und uns Zeit füreinander nehmen. Vielleicht kommt dann die Lust wieder.«

»Die kommt nicht, weil du nicht willst, dass sie kommt.« Nadine stand auf und öffnete das Fenster. Sie brauchte frische Luft. Draußen pfiff der Wind, es war überraschend kalt geworden. Verrücktes Wetter.

»Red keinen Mist«, wehrte Georg ab.

Nadine explodierte innerlich. Sie hatte das Gefühl, als würde er ihre Gefühle mit Füßen treten. Sie spürte eine ohnmächtige Wut auf ihren Mann. »Wenn du mich nicht mehr liebst, dann sag es doch einfach! Dir geht es doch nur um mein Kapital!«

»Dein Kapital? Ich habe all das hier auch aufgebaut, nicht nur du«, sagte Georg ruhig, aber Nadine spürte seinen Ärger. Sie hatte ihn an seinem wunden Punkt getroffen. Gut so.

»Ach ja? Ohne mich wärst du nichts, das Kind kaputter, versoffener Eltern!« Nadine wollte Georg noch tiefer verletzen, aber es würde ihr vermutlich nicht gelingen. Georg war abgestumpft und abgebrüht. Das wusste sie. Das Ergebnis einer harten

Kindheit. Aber vielleicht würde sie es zumindest schaffen, alte Erinnerungen in ihm wachzurufen, etwa an jene Nacht, als seine Mutter ihn und seine Schwester hastig angezogen hatte, um den Gewaltausbrüchen seines besoffenen Vaters zu entrinnen. Damals war Georg sechs Jahre alt gewesen, seine Schwester Sonja erst vier.

»Meine Mutter hat nie getrunken! Lass sie aus dem Spiel! Und meinen depperten Vater habe ich seit dreißig Jahren nicht gesehen. Er existiert nicht mehr für mich.«

Eigentlich wollte sie ihm nicht wehtun. Sie wollte ihren Mann zurück. Wo war er? Nadine schluchzte hemmungslos.

»Es reicht. Ich gehe.« Georg nahm seine Jacke und schmiss die Eingangstür hinter sich zu.

Nadine fühlte sich elend. Sie wischte sich die Tränen vom Gesicht und ging zum großen Spiegel, der hinter der fünf Meter langen Couch hing. Wer war die Frau, die sie gerade ansah? Mit lauter Stimme sagte sie, »Doktor Nadine Bauer. 45. Verheiratet. Kinderlos. Ein Hund und zwei Katzen. Cooler Job und viel Geld. Doktor Nadine Bauer. Eine Gestrandete. Unglückliche. Frustrierte.«

Nadine band sich die Haare mit einem Gummiring zusammen und studierte ihre Falten. Um den Mund war eine neue dazugekommen. Sie verzog angewidert das Gesicht. Dabei war sie noch immer eine attraktive, großgewachsene Frau. Männer machten ihr Komplimente, wegen ihrer langen braunen Haare, ihrer sportlichen Figur und ihres hübschen, markanten Gesichts mit dem leicht spitzen Kinn.

Früher war Georg verrückt nach ihr gewesen, zu jener Zeit, als er sie in der Universitätsbibliothek des Wiener Juridicums zum ersten Mal gesehen hatte. Er hatte sich nicht gleich getraut, sie anzusprechen, weil er wusste, dass Nadine aus einer angesehenen Wiener Familie stammte. Auch das hatte ihn angezogen, wie er später zugab. Anfangs spielte Nadine ein wenig mit Georg, doch schon nach wenigen Wochen war ihr klar, wie sehr sie ihn wollte. Georg war klug und sah gut aus, ein klassischer Sonnyboy mit dunkelblondem Haar und blitzblauen Augen. Ihm eilte der Ruf voraus, schon vielen Frauen das Herz gebrochen zu haben, doch Nadine war das Gerede egal. Sie verliebte sich in ihn, und kaum waren die beiden mit der Uni fertig, heirateten sie. So war das damals. Und jetzt? Nadine griff zu ihrem Handy. »Ximena? Komm bitte zu mir, ich brauche dich. Dringend.«

17

Meine erste Therapiestunde bei Raphael Bonelli

»Danke, dass Sie mir so schnell einen Termin gegeben haben.«

»Das war eine glückliche Fügung.«

Der Name, den mir Ximena genannt hatte, war mir nicht aus dem Kopf gegangen. Bei einer kurzen Google-Suche hatte ich mir ein Bild von Doktor Raphael M. Bonelli machen können. Er schien erfahren, professionell, intelligent. Genau das, was ich brauchte.

Denn meine Situation überforderte mich, so viel stand fest. Es bestand die Möglichkeit, dass Ben zurück in seine Spielsucht gekippt war. Ich selbst kam von meinem Kopfkino nicht los, das mir ständig heiße Szenen mit irgendwelchen Männern vor Augen führte. Was hatte das zu bedeuten? Dass die Ehe zwischen Ben und mir am Ende war? Das wollte ich nicht glauben. Doch warum ließen mich diese Bilder nicht los? Ich hatte vor ein paar Jahren schon einmal halbherzig eine Therapie versucht, weil ich dachte, ich würde dadurch ein glücklicherer Mensch, aber nach wenigen Sitzungen hatte ich gewusst, dass es nichts bringen würde. Jetzt aber verschaffte mir allein der

Gedanke, mit jemand Professionellem über meine Probleme zu sprechen, unvermutet Erleichterung. Einen weiteren Versuch war es jedenfalls wert. Kurzentschlossen rief ich ihn an. Tatsächlich hob Bonelli ab. Es war Schicksal: Ein Klient war ausgefallen. Und kaum eine halbe Stunde später saß ich ihm gegenüber.

Bonelli hatte schon viele Bücher geschrieben und ein paar Hunderttausende Follower auf Youtube, zu denen auch Ximena gehörte. Seine Praxis lag im ersten Bezirk, unweit unseres Stammlokals *Motto am Fluss*.

Ximena war begeistert von seinen sachlichen und empathischen Fallanalysen auf Youtube, sagte sie mir, als ich ihr unterwegs von dem spontanen Termin erzählt hatte. Bonelli selbst lebte nach christlich-konservativen Werten, drückte sie seinen Klienten aber nicht aufs Auge. Für Bonelli war Treue eine Grundvoraussetzung für eine glückliche Beziehung und Narzissmus eines der größten gesellschaftlichen Probleme. Dabei konnte man nicht gerade sagen, dass Ximena diese Werte selbst lebte. Sie war dafür zu schwach, getrieben von der Sucht, die Karriereleiter nach oben zu steigen, und davon, Verbotenes zu tun. Sie wusste allerdings, dass sie sich damit eines Tages womöglich um alles bringen würde. Sogar um ihre große Liebe, ihren Mann Willi.

Bonelli wirkte klug und sympathisch, wie jemand, dem man sich gern anvertraut. Seine Kinder schienen ein großes Thema für ihn zu sein, so viel bekam ich bei meiner eiligen Recherche mit. Er hatte sechs. Und das mit nur einer Frau. Ich fand das toll, auch ohne mir ein Leben in einer Großfamilie richtig vorstellen zu können. Würde ich mit so einer Kinderschar noch

Zeit haben, meine Nägel viermal die Woche zu lackieren? Oder meine Freundinnen regelmäßig zu sehen?

Bonelli deutete auf eine bequeme Ledercouch. Ich nahm Platz und bewunderte die imposanten Bücherregale an allen vier Wänden, die den Eindruck vermittelten, dass wir mitten in einer Bibliothek saßen. Ob er diese Bücher alle gelesen hatte? »Entschuldigen Sie bitte meinen Aufzug«, sagte ich leicht verlegen. Ich spürte, wie ich errötete. »Ich hatte eigentlich einen Tag daheim in Planung. Daher der Jogginganzug.«

»Ist doch gut. Sie sehen aus, als hätten Sie es bequem.«

Ich lächelte. Das Eis war gebrochen. Bonelli wirkte entspannt. Er trug eine Jeans, ein legeres Sakko mit einem weißen Hemd, das an seinen Arztberuf erinnerte. »Mein Leben zerbricht gerade«, sagte ich und wunderte mich über die Schärfe meiner Worte.

»Warum?«

»Ich weiß es nicht genau. Noch vor wenigen Wochen war alles perfekt. Aber jetzt ist es das nicht mehr.« Tränen liefen über mein Gesicht. Ich konnte es nicht verhindern.

»Darf ich Ihnen ein Taschentuch anbieten?«

»Vielen Dank.«

Ich beruhigte mich. »Ich liebe meinen Mann, ich liebe ihn wirklich. Ich will mit ihm alt werden, aber irgendetwas stimmt nicht mit mir.«

»Was genau stimmt nicht?«

»Mein Leben ist das reinste Kopfkino.« Die ersten Sätze kamen mir schwer über die Lippen, doch als ich einmal begonnen hatte, sprudelte es aus mir heraus. Wie ein kleiner Schneeball, der zur Lawine wird. »Mal habe ich in meinen Gedanken

Sex mit dem Sporttrainer meines Sohnes. Dann mit dem Arzt meiner Freundin. Dann mit einem Kellner in meinem Stammlokal. Es ist jedes Mal großartig, und ich kann mich nicht dagegen wehren. Ich will es nicht, aber ich kann nicht anders. Ich fühle mich schrecklich.«

»Sind Sie Ihrem Mann noch nahe?«

»Sie meinen Sex? Manchmal, aber wir sind schon lange zusammen.«

»Und?«

»Da ist es nicht mehr so frisch.«

»Frisch?« Die Augen des Psychiaters blickten mich aufmerksam an.

»Es ist eben nicht mehr so spontan und leidenschaftlich wie früher, und seit wenigen Monaten passiert es gar nicht mehr«, versuchte ich zu erklären.

»Warum nicht?«

»Weil er mir aus dem Weg geht.«

»Er geht Ihnen aus dem Weg?«

»Ich denke, er hat ein Problem.«

»Haben Sie ihn gefragt, was ihn belastet?«

»Mehrmals, aber er meint, es sei alles in Ordnung. Das stimmt nicht. Ich weiß es.«

»Woher?«

»Weil er unglücklich wirkt. Er raucht wieder.«

»Gibt es eine Möglichkeit herauszufinden, was ihn belastet?«

Ich dachte nach. Draußen regnete es wieder.

»Er hat einen guten Freund, der auch sein Geschäftspartner ist, Jürgen. Ich könnte mit ihm reden. Das löst aber mein Kopfkino-Problem nicht. Ich fühle mich machtlos. Ich bin ihm völlig ausgeliefert.«

»Ausgeliefert? Sind Sie sicher?«

Worauf wollte Bonelli hinaus? Er sah mich ruhig, aber unnachgiebig an.

»Ich könnte versuchen, diese Gedanken zu verjagen.«

»Sie haben recht.« Jetzt lächelte Bonelli.

»Wie meinen Sie das?«

»Sie haben recht«, wiederholte Bonelli. »Wenn Sie kein Kopfkino wollen, müssen Sie keines haben. Sie müssen sich den Film nicht ansehen. Sie haben die Wahl, jedes Mal aufs Neue. Sie können den Kinosaal verlassen.«

»Ist es wirklich so einfach? Ich fürchte, ich finde den Ausgang nicht. Ich komme irgendwie nicht hinaus aus dem Kinosaal.«

Bonelli beugte sich ein wenig vor. »Wollen Sie denn hinaus?«

Ich fühlte, wie ich ihn anstarrte. »Wie bitte?«

»Wollen Sie den Kinosaal denn überhaupt verlassen?«

18

Gerti, die Sextherapeutin der Nation

»Hallo Lilly!«

Michael betrat strahlend das Krankenzimmer. Lilly lag im Bett und las den *Rosenkrieg* von Warren Adler. Sie interessierte sich schon länger für Beziehungsdramen, was wohl in dieser Lebensphase kein Zufall war. Der Roman handelte von einem reichen Ehepaar, dessen Liebe langsam zu Hass wurde und damit endete, dass sie einander umbringen wollten. Im Augenblick des Todes reichte der Mann seiner Frau noch einmal die Hand, die seine letzte versöhnliche Geste auf dramatische Weise ablehnte. »Einer liebt immer mehr als der andere«, murmelte Lilly beim Lesen der letzten Seiten ergriffen vor sich hin. Bestimmt liebte Stefan Lilly mehr als sie ihn.

»Hörst du mich nicht? Siehst du mich nicht?« Michael lachte.

»Entschuldige bitte, mir ging etwas durch den Kopf.«

»Ist das die Bibel?« Michael zeigte auf das Buch in ihrer Hand.

Lilly hielt es hoch.

»Oh«, sagte Michael. »Du bist dabei, die Welt neu zu entdecken. Das ist gut. Komm, lass uns gehen!« Michael schien es eilig zu haben, seine braune Lieblingsjacke aus veganem Leder hatte er gar nicht erst ausgezogen.

»Wohin?« Lilly legte das Buch zurück auf ihr Nachtkästchen. Ein wenig hatte sie sich schon ans Krankenhausleben gewöhnt. Mittlerweile mochte sie ihr Zimmer und war froh, es mit niemandem teilen zu müssen. Die Zusatzversicherung machte sich bezahlt. »Ich muss noch ein paar Tage bleiben.«

»Dein Arzt, dieser verdammt gutaussehende Hetero-Bruno, meinte, ich dürfe dich mitnehmen. Deine Entlassungspapiere sind schon fertig.«

Lilly zögerte. »Wirklich? Dann muss ich Stefan und den Zwillingen Bescheid geben. Ich rufe sie gleich an.«

Michael schüttelte lächelnd den Kopf. »Sie haben dich ohnehin jeden Tag besucht und wissen, dass ich dich jetzt mitnehme. Ich musste Stefan anbetteln, dich abholen und nach Hause bringen zu dürfen. Er hat sich gnädig gezeigt. Oh Wunder!«

Lilly schmunzelte. »Ach Michael, schade, dass du Stefan nicht magst. Er ist ein guter Kerl.«

»Kerl? Du sprichst von ihm wie über einen Schoßhund. Komm, mach dich fertig. Gerti wartet schon.«

»Gerti?« Lilly fühlte sich von Michaels Schwung leicht überfordert.

»Gerti, die Sexualtherapeutin der Nation! Ganz Österreich kennt sie.«

»Gerti Senger? Die Gerti Senger? Michael, was soll ich denn bei der?«

»Reden.«

»Worüber denn?«

»Du weißt genau, worüber. Höchste Zeit. Komm, Lilly, ich helfe dir, deine Sachen zu packen. Das Taxi kommt in zwanzig Minuten.«

Nachdem ihr hübscher Arzt Lilly noch eingeschärft hatte, in den nächsten Wochen Ruhe zu geben und sich zu schonen, schleifte Michael sie schon vor das Krankenhaus, wo das Taxi auf sie wartete. Es fuhr stadtauswärts und hielt schließlich vor einer Villa im 19. Bezirk. Sie lag etwas abseits der Straße auf einem flachen Hügel. Lächelnd, im lässigen Jeanslook und mit markant mahagonifarbenen Haaren, öffnete Gerti Senger die Tür. Dieses Traumhaus musste zugleich ihre Praxis sein, dachte Lilly. Warum sonst sollte Gerti die beiden hier empfangen? Schließlich brauchten sie ihren Rat, den Rat einer erfahrenen, weisen Frau.

»Kommt nur herein«, sagte Gerti gut gelaunt. Sie hatte Charisma und sah mindestens zehn Jahre jünger aus. Niemals hätte Lilly sie auf 82 Jahre geschätzt.

»Ich freue mich über euren Besuch. Darf ich euch etwas anbieten?« Gerti winkte sie weiter, die Stiegen hinauf. Es waren gottlob nicht viele. Lilly war noch etwas schwach auf den Beinen. Durch einen in Rot- und Brauntönen gehaltenen Gang betraten sie das Wohnzimmer, das in denselben warmen Farben leuchtete. Dort setzten sie sich auf eine gemütliche Couch.

Warme Sonnenstrahlen drangen herein. Lilly war froh, dass der Herbst endlich bot, was sie sich von ihm wünschte. Sie sah sich interessiert um. Überall standen Blumentöpfe, und die bunten Gemälde an den Wänden vermittelten ihr das Gefühl von Freude und Jugend. Beides brauchte sie mehr denn je.

Gerti Senger ging zur Kaffeemaschine, einem schicken Modell einer italienischen Traditionsmarke. »Milch? Zucker?« Anscheinend bemerkte sie, dass Lilly die Blumen betrachtete. »Alles Plastik«, sagte sie. »Ich habe leider keinen grünen Daumen.« Gerti lächelte. »Wie kann ich euch helfen?«

Ob Michael ihr schon etwas über sie erzählt hatte? Bestimmt. Lilly bewunderte Michael für seine Kontakte zu Schauspielern und anderen Prominenten wie Gerti. Sie war die wohl bekannteste Paartherapeutin des Landes, Expertin für Sexualtherapie und Krisenbewältigung. Sie war eine starke Marke, schon seit vielen Jahrzehnten. Das Land kannte sie für ihre Erotik- und Beziehungskolumnen, die sie sonntags in der Beilage von Österreichs größter Tageszeitung, der *Kronen Zeitung*, veröffentlichte. Sie teilte darin ihr Wissen über Liebe und Beziehungen, über Männer und Frauen, über Sex, Begehren und auch Dinge, die niemand gerne ansprach. Lilly war goldrichtig bei ihr, das spürte sie.

»Meine Freundin hat keinen Orgasmus«, sagte Michael unverblümt. »Sie hatte noch nie einen. Was sagst du dazu?« Er sah Gerti erwartungsvoll an.

»Michael, bitte!« Lilly war unangenehm berührt. Sie fühlte, wie sie wieder einmal errötete.

»Das muss Ihnen nicht peinlich sein«, sagte Gerti. »Vielen Frauen geht es ähnlich, sehr vielen. Wollen Sie darüber reden?« Die beeindruckende Dame sah Lilly verständnisvoll an.

Lilly runzelte die Stirn. Was gab es da eigentlich zu überlegen? Natürlich wollte sie darüber reden. »Ja«, sagte sie entschlossen. »Ja, bitte.«

»Sind Sie in einer Beziehung?«

»Ich bin verheiratet. Wir sind seit mehr als 25 Jahren zusammen.«

»Lieben Sie Ihren Mann?«

»Ja, schon.« Lilly zögerte.

»Sie klingen nicht überzeugt.«

»Seit ich über die fehlende sexuelle Erfüllung nachzudenken begonnen habe, hinterfrage ich vieles.«

»Lieben Sie Ihren Körper?«

»Wie meinen Sie das?«

»Nun, es ist recht warm draußen, aber Sie sitzen hier mit einem hochgeschlossenen schwarzen Pullover und einer weiten grauen Hose. Als wollten Sie Ihren Körper verstecken. Dabei scheinen Sie eine gute Figur zu haben.«

Lilly senkte den Blick verlegen zum Boden. »Ich fühle mich nicht wirklich wohl in meinem Körper«, sagte sie.

»Das wäre aber wichtig, um Sex genießen zu können.« Gerti lehnte sich zurück, als wollte sie ihr Zeit zum Nachdenken geben.

Lilly spürte eine tiefe Trauer in sich hochsteigen. Der Körper einer Frau sei nicht dazu da, zur Schau gestellt zu werden. Das hatte ihre Mutter ihr eingetrichtert. Es würde sich für ein anständiges Mädchen nicht gehören, zu viel Haut zu zeigen. Als Lilly im Teenageralter einmal einen Minirock angezogen hatte, hatte ihre Mutter sie vollkommen empört schnurstracks zur Beichte geschickt. Und so versteckte Lilly schon als Zwölfjährige ihre Brust in weiten T-Shirts und die Beine in unförmigen Hosen.

»Haben Sie denn noch Sex mit Ihrem Mann?«

Lilly nickte.

»Wie ist es?"

»Ich bin erregt, wenn es losgeht, aber nur kurz. Dann hört es auf. Es führt irgendwie zu nichts. Sie haben recht. Ich genieße mich selbst nicht. Wie kann ich also Sex genießen?«

Lilly weinte leise. Michael nahm ihre Hand und drückte sie sanft.

»Lilly, ich sage Ihnen etwas.« Gerti Senger rückte etwas näher an sie heran. »Es geht vielen genauso wie Ihnen. Viele Frauen mittleren Alters haben ihren Körper noch immer nicht angenommen. Aber nicht alle träumen von einem Orgasmus. Sind Sie sicher, dass er Ihnen so wichtig ist?«

Lilly sah sie verwundert an. »Wie meinen Sie das?«

»Frauen, die den Orgasmus gar nicht kennen, vermissen ihn nicht. Sie sind auch ohne glücklich«, sagte Gerti sanft.

»Ich will ihn aber erleben. Ich habe gehört, dass ihn manche Frauen sogar im Schlaf haben. Wie schaffen die das?«

»Wie die das schaffen? Es ist die Macht der Gedanken, einzig und allein die Macht der Gedanken.«

»Sie sprechen in Rätseln ...« Lilly runzelte die Stirn.

»Keineswegs. Denken Sie kurz vor dem Einschlafen an Szenen, die Sie erregen. Egal mit wem. An einen Mann, der Ihnen besonders gefällt, oder an eine Situation, die Sie erregt hat. Manchen Frauen gelingt es, diese schönen Gedanken mit in den Traum zu nehmen. Bei manchen kommen sie auch erst beim Träumen.«

»Und dann haben sie einen Orgasmus?«

»Ein Orgasmus im Traum ist etwas Wunderbares, denn er ist einfacher als alle anderen Orgasmen.«

»Warum?« Lilly sah Michael verunsichert an. Sie merkte, wie er an Gertis Lippen hing.

»Viele Frauen kommen nicht, weil sie ein Problem mit ihrem Körper haben. Das schlaffe Gewebe oder zu viel Fett hindert sie daran, sich fallen zu lassen. Aber für den Orgasmus im Schlaf müssen wir nicht perfekt sein. Wir können ganz wir selbst sein, ohne einen strengen Körpercheck zu fürchten.«

Lilly strahlte. Sie hatte ein neues Ziel. Einen Schlaf-Orgasmus. Wieder musste sie an den Pakt mit ihren Freundinnen denken. Das war ihr Weg, ihr ganz eigener Weg zum Glück. Davon war sie nun felsenfest überzeugt. Doch das war ihr nicht genug.

»Kann ich das, was ich im Schlaf schaffe, auch mit meinem Mann schaffen? Was brauche ich dafür? Und wie werde ich mich fühlen, wenn ich es eines Tages geschafft habe?«

»All das werden Sie selbst herausfinden. Aber die Voraussetzung ist, dass Sie sich und Ihren schönen Körper annehmen.«

Lilly bemerkte, dass Michael schmunzelte. Bestimmt dachte er, sie würde wieder einmal zu viele Fragen stellen.

»Ich muss mich beeilen«, sagte Lilly aufgeregt.

Gerti wirkte überrascht. »Wie meinen Sie das?«

»Je älter ich werde, desto schwieriger wird es wohl. Mir läuft die Zeit davon.«

Gerti stellte ihre Tasse auf den Tisch und zupfte ihre blaue Bluse zurecht. Dann richtete sie ihren Blick wieder auf Lilly, dieses Mal geradezu liebevoll. »Ach, daher weht der Wind. Sie haben Angst vor dem Alter. Davor, dass Ihnen die Zeit davonläuft. Das sollten Sie nicht. Im Gegenteil. Gerade im Alter finden wir oft das wahre Glück.«

»Glauben Sie das wirklich?« Lilly klang nicht gerade hoffnungsvoll. »Ich stecke gerade mitten in der Midlife-Crisis.«

»Midlife-Crisis?« Gerti Senger lachte. »Des Menschen Wille ist sein Himmelreich!«

»Himmelreich?«, fragte Lilly verwirrt.

»Das sagte schon Johann Jakob Wilhelm Heinse, ein Schriftsteller aus dem 18. Jahrhundert, oder nach ihm Karl May. Wenn Sie etwas wollen, sollten Sie sich nicht davon abhalten lassen, es zu erreichen. Dafür müssen Sie aber einen Entschluss fassen, den Entschluss, die Midlife-Crisis einfach auszulassen.«

»Ist es wirklich so einfach? Hatten Sie denn gar keine?«

Gerti lächelte. »Doch, natürlich. Seit letztem Jahr.«

Lilly traute ihren Ohren nicht. »Erst nach Ihrem achtzigsten Geburtstags? So spät?«

»Bis zum Tod meines geliebten Mannes vor etwa zwei Jahren habe ich ein wunderbares, erfülltes Leben geführt«, erklärte Gerti. »Ich habe mich durch seine Augen gesehen, nicht durch meine. Ich fand mich während fünf Jahrzehnten an seiner Seite immer schön und begehrenswert, talentiert und klug. Ohne ihn ist es leider nicht mehr das, was es einmal war, aber eines kann ich Ihnen sagen: Lernen Sie das Leben und vor allem sich selbst auf Ihre Weise genießen. Sie haben jedes Recht dazu. Tun Sie Dinge, die Sie glücklich machen, dann hat die Midlife-Crisis keinen Platz.«

Nervös spielte Lilly mit dem Kreuz an ihrer Halskette. Eigentlich wollte sie sich das abgewöhnen, aber es musste ja nicht jetzt gleich sein. »Dann werde ich also auch Orgasmen mit meinem Mann haben?«, fragte sie.

»Es gibt Frauen, die ihren ersten Orgasmus erst im hohen Alter erleben. Machen Sie sich also keinen Druck. Sie sollten sich vor allem auf das konzentrieren, was Sie haben, und nicht auf das, was Sie nicht haben.«

Lilly fühlte sich durch Gertis Worte auf angenehme Weise befreit. Eine beeindruckende Frau. Als sie die Villa schließlich wieder verließen, schwiegen Michael und sie eine Weile. Draußen wartete das Taxi. Lilly erriet Michaels Gedanken. Wollte sie wirklich mit diesem Loser zusammenbleiben, für den Michael ihren Stefan hielt? Führte ihr Weg zum Orgasmus nicht viel eher über einen anderen Mann?

»Was meinst du?«, fragte Michael, ehe sie einstiegen.

»Ich weiß es nicht.«

»Wir sind auf dem richtigen Weg, und das war erst der Anfang«, sagte Michael liebevoll.

»Was kommt als Nächstes?«

»Das Training.«

Lilly saß nachdenklich im gelben Toyota. Sie wollte lieber nicht nachfragen. Stattdessen schlug sie sich auf die Stirn. »Oje! Ich wollte Greta noch etwas ausrichten. Sie soll Bruno, meinen Arzt, anrufen. Ich hatte das Gefühl, es war ihm sehr wichtig.«

19

Der Mann von Willhaben

Es war schon fast acht, und auf der Rossauer Lände staute sich der Frühverkehr. Ximena sah, wie Polizisten Autos anhielten und kontrollierten. Que mierda! Sie schüttelte den Kopf. Musste das ausgerechnet zu dieser Tageszeit sein? Viele würden deshalb zu spät zur Arbeit kommen.

Ximena hoffte, dass gleich Thomas aufkreuzen und zum Bus gehen würde. Sie zupfte ihren seidenen Leopardenschal zurecht und sah in den Himmel. Sie musste verrückt sein! Total irre! Was tat sie da eigentlich? Wartete sie wirklich auf ihren Hoffentlich-bald-schon-Lover?

Es ging los. Thomas sah noch besser aus als auf den Fotos des Detektivs. Sie war erleichtert.

Gut, dass sie sich schick gemacht hatte. Sie trug einen engen knielangen schwarzen Rock, eine weiße Bluse und darüber eine dünne Jeansjacke. Der neue Push-up-BH ließ ihren Busen noch praller wirken. Erst vor wenigen Wochen hatte sich Ximena Botox und Hyaluron in ihre Gesichtsfalten spritzen lassen, nicht zu viel, gerade ausreichend. Das Ergebnis gefiel ihr. Die Zornesfalten zwischen ihren Augenbrauen waren verschwunden und die Linien um ihre Mundwinkel zarter geworden.

Vielleicht stimmte, was Lilly ihr gesagt hatte, und Ximena sah danach wirklich nicht jünger, sondern nur anders aus, aber sie selbst gefiel sich so jedenfalls besser.

Thomas sah Ximena schon vom Weitem lächelnd an. Er kam direkt auf sie zu. Der grau asphaltierte Gehsteig schien ihr auf einmal unendlich lang. »Guten Morgen«, sagte Thomas, als er an ihr vorbeiging. Er war heiß, so richtig heiß, fand sie. Im legeren Dandy-Look mit hellgrauem Hemd und weiter weißer Hose sah er aus wie ein britischer Sir des frühen 19. Jahrhunderts, nur unkonventioneller.

»Guten Morgen«, entgegnete Ximena selbstbewusst. »Sind Sie nicht der Herr von Willhaben? Bringen Sie mir das kleine Schachspiel?« Thomas blieb abrupt stehen, drehte sich um und ging lächelnd auf sie zu.

»Willhaben?« Er sah sie überrascht an. Damit hatte er offensichtlich nicht gerechnet.

»Das ist diese Plattform für Gebrauchtes.« Ximena blieb dran. Sie hatte einen Plan und ein Ziel. Und sie hatte mit ihren Freundinnen einen Pakt geschlossen.

»Ich kenne Willhaben. Aber nein, der bin ich nicht. Leider.« Er lächelte wieder.

Bingo. Ximena wusste, dass er angebissen hatte. Sie wusste auch, dass er Single war und nichts anbrennen ließ. Der Detektiv meinte, mindestens einmal die Woche würde frühmorgens irgendeine Frau seine Wohnung verlassen, und zwar immer eine andere. Thomas ging viermal die Woche ins Fitnesscenter und war als Architekt gut im Geschäft. Aktuell verantwortete er den Umbau der Westfield Shopping City Süd, einer riesigen Einkaufs-Mall südlich von Wien. Und das Beste: Thomas wohnte nur zehn Gehminuten von Ximena entfernt. Er war also schnell verfügbar, wenn sie Zeit und Lust hatte.

Ximena rückte ihre Sonnenbrille zurecht und zog lächelnd einen kleinen Zettel aus ihrer Rocktasche. Ihre private Handynummer hatte sie schon beim Frühstück darauf geschrieben. »Rufen Sie mich doch an, wenn Sie mal etwas zu verkaufen haben«, sagte sie selbstsicher.

20

Ximenas Komplize

Probleme erkennen und effizient lösen. Mit Stress ruhig umgehen. Das passte zu Ximena. Das tat sie im Job jeden Tag, und sie liebte es. Trotzdem bebte jetzt Ximenas Herz. Hatte sie das gerade eben wirklich getan? Sie war stolz auf sich. Endlich kam wieder Action in ihr langweiliges Privatleben. Sie fühlte sich wie damals, als sie als Achtzehnjährige mit Nadine durch Frankreich reiste und sich in Saint Tropez diesen süßen Spanier aufriss, fast im Vorbeigehen, so wie sie es gerade eben bei Thomas getan hatte. Sie eilte zur U-Bahn. Nadine brauchte sie. Ximena machte sich Sorgen um ihre alte Freundin. Sie wusste längst, dass etwas mit ihr nicht stimmte.

Sie würde wegen eines ungeplanten Termins erst mittags ins Büro kommen, schrieb sie ihrer Assistentin Marta, auf die sie sich immer verlassen konnte.

Nadine beantwortete noch immer keine Nachrichten und hob nicht ab. So war sie seit jeher gewesen. Wenn es ihr zu viel wurde, tauchte sie ab. Schnell und wortlos. Ximena konnte inzwischen damit umgehen und wartete jedes Mal geduldig, bis Nadine bereit war, darüber zu sprechen. Manchmal dauerte es Wochen, oft auch Monate.

Die Wärme dieses Morgens fühlte sich wie Frühling an. Seltsam, fand Ximena. Die Frage war, wie lange die Sonne noch so viel Kraft haben würde. Schon für zehn Uhr war bereits Regen angekündigt.

An der der U-Bahn-Station Heiligenstadt stieg Ximena aus und nahm die Straßenbahn nach Nussdorf. In diesem im 19. Wiener Bezirk gelegenen Stadtteil wohnte Nadine mit Georg, ihrem Hund Tim und den beiden Katzen Mimi und Mo in einer aufwendig restaurierten Villa mit Garten, Indoor- und Outdoorpool. Ximena lächelte frech in die unsichtbare Kamera über der weißen Haustür. »Das ist nicht komisch«, sagte Nadine, als sie öffnete.

Ihre Augen waren verschwollen und in der Hand zerknüllte sie gerade ein Papiertaschentuch. Offensichtlich ein Drama, dachte Ximena. »Was ist denn los, Süße?«, fragte sie.

»Ich weiß es selbst nicht«, schniefte Nadine. »Danke, dass du gekommen bist.«

Der teure Jogginganzug mit den braun-roten Galonstreifen stand ihr trotz allem super, fand Ximena. Sie hätte damit auf jedem Laufsteg gepunktet. Das Muster des Anzugs bildete das Gucci-Logo, zwei ineinander verschlungene Gs.

Sie folgte Nadine ins Wohnzimmer. Es war mit etwa hundert Quadratmetern so groß wie Ximenas ganze Wohnung. Sie nahmen nebeneinander auf einer eleganten weißen Ledercouch Platz. »Entschuldige, dass ich mich so lange nicht gemeldet habe«, sagte Nadine. »Ich habe eine Pause gebraucht, von allem, auch von euch.«

»Von uns? Deinen Freundinnen?«

»Ich habe eure perfekte Welt nicht mehr ausgehalten.«

»Welche Welt soll perfekt sein? Wovon redest du?« Ximena zog die Augenbrauen überrascht nach oben.

»Ihr seid immer so ... zufrieden. Mit eurem Leben. Ihr habt alles und seid glücklich.«

»Die Dinge sind selten, wie sie scheinen, Nadine. Hör mal gut zu. In den vergangenen Wochen ist viel passiert. Burglind versteht die Welt nicht mehr, weil ihr Chef jetzt eine Affäre mit einer blutjungen Kollegin hat und sie links liegen lässt. Greta hat Stress mit Ben. Anscheinend spielt er wieder, während sie ständig zwanghaft an Sex mit anderen Männern denkt. Lilly hatte einen Unfall, das weißt du ja, und vor allem hatte sie noch nie einen Orgasmus. Wir haben sogar eine Art Pakt geschlossen. Wir wollen unsere unbeschwerten Jahre zurückholen.« Ximena ergriff die Hand ihrer Freundin. »Spaß. Selbsterfüllung. Eben all das, was glücklich macht.«

»Das kling tatsächlich nach Stress«, sagte Nadine erstaunt. »Aber du bist doch glücklich, Ximena. Bei dir läuft doch immer alles nach Plan.«

»Ich? Gerade ich halte mein biederes Leben nicht mehr aus. Ich arbeite rund um die Uhr. Ich bin overworked and underfucked. Wenn ich nicht bald irgendetwas Aufregendes erlebe, verliere ich den Verstand.«

Nadine legte vorsichtig ihr perlen- und kristallbesetztes Armband auf die kleine Kommode neben der Couch. Vermutlich hatte es sie ein wenig gedrückt, denn sie massierte ihren Unterarm. Auch so ein teures, unnützes Teil, dachte sich Ximena. Warum konnte Nadine nicht einfach billigen Modeschmuck tragen? Andererseits, warum sollte sie, wenn Geld keine Rolle spielte? Ihr war schließlich auch ihre Cartier-Brille heilig.

»Das ist längst noch nicht alles«, sagte Ximena. »Wir hassen es zu altern. Wir hassen es unglaublich. Wir wollen uns wieder jung fühlen, jung und schön. Das haben wir beschlossen. Denn wir sind in den besten Jahren und holen uns jetzt alles, wonach wir uns sehnen.« Ximena war stolz auf ihre kurze Rede. Jawohl! Das Leben lag vor ihnen! Oder etwa nicht? Sie stutzte.

»Vielleicht reden wir uns das nur ein, das mit dem besten Alter. Aus Verzweiflung und weil eine geteilte Illusion eine bessere ist. Ich weiß es nicht.« Ximena war sich plötzlich selbst nicht mehr sicher, was sie denken sollte. Aber sie hatte ein Bild vor ihrem geistigen Auge, das stärker schien als alles andere. Sie sah auf einmal, wie sie alle eingeschlagen und den Pakt besiegelt hatten. Das war magisch gewesen. Das hatte etwas bedeutet. Da war sie sich sicher.

Von einem Tisch neben der Terassentür holte Ximena Apfelsaft und Gläser und schenkte ein. Bei Nadine fühlte sie sich wie zu Hause. »Greta zum Beispiel weiß nicht einmal genau, wonach sie sich sehnt«, fuhr Ximena fort, während sie sich setzte. »Also von wegen perfekt. Das sind wir alle nicht. Sogar Lillys konservative Welt wankt mehr denn je. Und Burglind checkt gar nicht, wie verfahren ihr Leben wirklich ist. Schließlich ist Jusuf verheiratet.«

Nadine seufzte tief. »Ich komme mit dem Älterwerden auch nicht klar. Vor allem wegen Georg. Neben ihm fühle ich mich wie ein Dinosaurier. Ich bin nicht mehr sexy für ihn.«

»Warum denkst du das?« Ximena lehnte sich mit ihrem Glas zurück.

»Wir hatten schon lange keinen Sex mehr. Er sieht mich nicht mehr als Frau, eher als Freundin und Geschäftspartnerin.«

»Hat er eine andere?«, fragte Ximena zögerlich.

»Er weiß, dass ich ihn umbringen würde«, antwortete Nadine kühl. »Und die Schlampe gleich dazu, aber vielleicht auch nur ihn. Mal sehen.« Sie lächelte etwas krampfhaft.

Ximena grübelte. »Ich hatte gerade Kontakt mit einem Detektiv. Er ist gewissermaßen mein Tinder.«

»Was heißt das?«

»Er sucht passende Männer für mich. Potenzielle Liebhaber.«

»Hört sich total verrückt an. Klappt das? Du hast doch den perfekten Mann. Oder etwa nicht?«

»Es geht dabei nicht um Willi«, versuchte Ximena zu erklären. »Es geht um mich. Aber das können wir ein anderes Mal besprechen. Kommen wir zu dir. Der Detektiv, Herr Jäger, könnte deinen Mann beschatten.«

Nadine legte den Kopf schief. Ximena wusste, was sie dachte. Sie hätte ein schlechtes Gewissen gehabt, einen Detektiv zu beauftragen. »Besser nicht«, sagte Nadine zögerlich.

»Wie du willst.«

Ximena sah Nadine an. Da war es wieder, dieses starke Gefühl, das die beiden seit jeher miteinander verband. Sie hatten einander im Sandkasten kennengelernt. Schon ihre Mütter waren befreundet. Sie wuchsen in einem Vorort von Wien auf, in Mödling, gingen gemeinsam in den Kindergarten, besuchten dieselben Schulen und waren im Gymnasium sogar in derselben Klasse. Gewiss hatte ihre Freundschaft Höhen und Tiefen erlebt, so wie jede. Mal waren sie monatelang zerstritten, dann wieder unzertrennlich. Doch was immer auch geschah, sie wussten, wie besonders ihre Freundschaft war. Nichts würde sie jemals trennen können, davon war Ximena überzeugt.

Als Nadine ihr Studium der Rechtswissenschaften begann, war Ximena nicht sonderlich begeistert gewesen. Sie fand, die Juristerei sei zu trocken für ihre geistreiche Freundin. Doch Nadine ging darin auf, und bald schon zeichnete sich ihre schillernde Karriere ab. Ximena studierte Handelswissenschaften, was ja auch nicht sonderlich kreativ war. Ximena hatte Nadines Mann Georg vom ersten Tag an nicht gemocht. Sie fand ihn spießig und zu durchschnittlich für ihre beste Freundin. Aber Nadine schien glücklich. Bis auf die Kindersache. Ximena wollte in der Sache einen neuerlichen Versuch wagen.

»Du könntest ihm noch immer ein Kind anhängen, Nadine«, sagte sie und merkte, dass sie wie Burglind klang. Andererseits wäre Nadine dann an Georg gebunden. Ximena wünschte sich, er würde aus Nadines Leben verschwinden.

»Ich glaube, ich wäre fast so weit«, holte Nadine sie aus ihren Gedanken zurück. »Aber dafür müssten wir Sex haben. Außerdem bin ich zu alt, Ximena. Es ist wohl vorbei.« Sie seufzte.

»Das weißt du doch gar nicht. Viele Frauen bekommen in dem Alter noch Kinder. Cameron Diaz hat mit 47 ihr erstes Kind bekommen und mit 51 noch ein zweites. Rachel Weisz war 48, als sie zum zweiten Mal Mutter wurde.«

»Woher weißt du das?«, fragte Nadine überrascht.

»Klatschgeschichten entspannen mich. Ich wünschte, ich hätte mehr Zeit dafür.« Ximena lächelte und dachte dabei wieder an ihren Job.

»Wahrscheinlich haben sie sich rechtzeitig ihre Eizellen einfrieren lassen.« Optimismus war noch nie Nadines Stärke gewesen.

»Du solltest lieber daran glauben. Mach einen Bluttest und lass dir sagen, wie es um deine Eizellreserve steht. Du bist ein jugendlicher Typ, bei dir geht das bestimmt noch.«

»Ich weiß nicht. In dieser Phase unserer Beziehung sind die Voraussetzungen wohl schlecht. Außerdem will er keine Kinder. Was passiert, wenn dann eines da ist?«

Ximena dachte an Greta. Sie hatte Ben vor zwölf Jahren angelogen, als sie ihm gesagt hatte, ihre fruchtbaren Tage wären vorüber. Greta wollte damals unbedingt ein Baby, Ben wollte warten. Aber worauf? Also tat Greta ganz überrascht, als sie ihm einen Monat später verkündete, sie sei schwanger. Frauen verhielten sich manchmal so. War das wirklich so schlimm? Ximena war froh, solche Probleme nicht zu haben. Sie wollte keine Kinder. Das stand fest.

Wie aus dem Nichts fiel ihr Thomas ein. Ob er anrufen würde? Ihr Angebot war eindeutig. Ihre erste Begegnung lag zwar erst zwei Stunden zurück, aber ein nettes SMS von ihm aus dem Bus auf dem Weg zur Arbeit hätte ihr ein warmes Gefühl gegeben und ihr den Tag verschönert.

»Ximena?«

Ximena merkte, dass sie geistig abgedriftet war und den Boden angestarrt hatte.

»Entschuldige bitte. Ich bin etwas überarbeitet. Ich muss ins Büro. Was machen wir also?«

»Vielleicht bin ich nur hysterisch. Georg hat mir letzte Woche eine gemeinsame Reise vorgeschlagen. Ein Wochenende in Paris ist wahrscheinlich eine gute Idee.«

Ximena wusste, dass Nadine das selbst nicht glaubte. Sie machte sich etwas vor. »Okay, halte mich auf dem Laufenden.

Und bitte komm zur nächsten Mädchenrunde.« Ximena umarmte ihre Herzensfreundin.

Die Sonne hatte sich inzwischen hinter dunklen Wolken versteckt, und es regnete wieder. Ximena hatte keine Lust, auf die Straßenbahn zu warten. »Que mierda«, zischte sie. Da kam wieder ihre mexikanische Mutter durch. Rasch sprang sie in ein Taxi, das am Nußdorfer Platz stand.

Da alle Hauptstrecken verstopft waren, musste ihr Fahrer einen Umweg durch schmale Seitengassen nehmen. Sie würde viel zu spät ins Büro kommen. Während sich Ximena über das Wetter und die ausbleibende SMS von Thomas ärgerte, glaubte sie draußen ein bekanntes Gesicht zu sehen. War er das tatsächlich? Oder bildete sie es sich nur ein, weil sie gerade über ihn gesprochen hatten?

Doch, es war Georg, Nadines Mann, in einem roten Anorak und roten Schuhen. Ximena hatte seinen Stil schon immer geschmacklos gefunden. Klassisch neureich. Was sie umso schändlicher fand, als Nadine die Quelle seines Reichtums war. Georg war jedenfalls nicht allein. An seiner Seite stand eine hübsche Frau, sie schien keine dreißig zu sein. Ximena riss erstaunt die Augen auf und drehte sich zur Seite, um sie im Vorbeifahren durch die mit Tausenden Tropfen bedeckte Scheibe im Blick zu behalten und ganz sicher keiner Täuschung zu erliegen. Was war denn das? Die beiden standen vom Regen geschützt vor einem Hauseingang unter einem Dachvorsprung und umarmten sich. Die Sache war eindeutig. Georg und die fremde junge Schönheit küssten sich.

Genau in dem Moment, als der Fahrer das Auto an den beiden vorbeilenkte, trafen sich Georgs und Ximenas Blicke.

So ein Schwein, dachte sie, während Georg sie anstarrte. In seinem Blick lag aber kein Entsetzen. Sondern die Gewissheit, dass Ximena ihrer besten Freundin nichts erzählen würde. Es war, als wären sie Komplizen.

21

Lillys traumhafte Reise

Richtig oder falsch? Lilly war sich nicht sicher, aber sie wollte keine Zeit verlieren. Sie starrte ehrfürchtig die kleine Muttergottesstatue an, die gegenüber am kleinen Schreibtisch stand. Lilly schämte sich. Sie stieg aus dem Bett, eilte zum Tisch hinüber und drehte die Muttergottes entschlossen um. Sie sollte ihr nicht zusehen. Nicht heute. Dann ging sie ebenso schnell zurück ins Bett und knipste das Licht aus. Heute war ein besonderer Tag. Das wusste sie. Stefan war mit den Kindern bei seinen Eltern und sie würden erst morgen Nachmittag wieder zurück sein. Das war Lillys große Chance. Sie hatte das Bett für sich allein.

Draußen regnete es. Lilly hatte das Fenster ein wenig offen gelassen, ein romantischer Hauch regenfrischer Luft wehte durch das Zimmer. Ihr Herz pochte wild. Sie zog ihr knöchellanges weißes Nachthemd hoch und drehte sich dabei auf den Bauch. Sie hatte irgendwo im Internet gelesen, dass diese Position einen Schlaforgasmus begünstigen würde, die Intimregion könne so durch natürliche Bewegungen im Schlaf stimuliert werden.

Was sollte sie jetzt also tun? Sich berühren? Wo? An den Brüsten? Oder sollte sie ihre Klitoris reiben? Lilly atmete tief durch. Was sie wollte, war etwas anderes. Sie wollte Mladen, ihren bulgarischen Gitarrenlehrer, in den sie sich verliebt hatte, als sie 15 war. Sein verschmitztes breites Lächeln war ihr bis heute nicht aus dem Sinn gegangen. Nie hatte sie gewagt, an mehr zu denken. Sie wusste, dass er damals mindestens zwanzig Jahre älter und verheiratet gewesen war. Gott hatte es ihr verboten. Sie durfte ihn nicht begehren. Aber jetzt, jetzt rief sie verborgene, verbotene Wünsche wach. Lilly dachte an früher, wie er sie angelächelt und ihr Griffe gezeigt hatte und sich manchmal zerstreut durch die Haare gefahren war. Und wie von selbst dachte sie auf einmal daran, wie er sie küsste, im Gesicht und am Hals und vor allem zwischen den Beinen. Lilly lächelte. Sie fühlte sich gut und war erregt. Immer wieder kam ihr Mladen in den Sinn und sein feuriges Gemüt. Einmal küsste er sie im Musikzimmer, ein anderes Mal auf einem Sonnenblumenfeld. Eine Szene folgte der nächsten und Lilly konnte nicht anders, als sich nun doch zu berühren, zumindest ein wenig. Sie mochte es und schlief danach zufrieden ein.

Etwas später wachte sie auf. Lilly spürte eine heftige Erregung, aber es war nicht wie sonst. Der Berg lag dieses Mal nicht vor ihr, er lag hinter ihr. Es war, als hätte sie ihn erklommen und als würde sie nun wieder erleichtert hinabsteigen können. Himmel! Was war das gewesen? Ein Orgasmus? Gerti Sengers berühmter Schlaf-Orgasmus? Was auch immer es war, Lilly wollte mehr davon.

Gott würde ihr schon verzeihen!

All you need is love

Lilly hatte mir Brunos Nummer per SMS geschickt und gemeint, ich solle mich bei ihm melden. Ich war erleichtert, dass sie mir keine Fragen gestellt hatte. Bald schon würde ich Brunos Stimme hören. Ich spürte es. Mutig wählte ich seine Nummer und landete in der Mobilbox. Statt einer Sprachnachricht schickte ich ihm meine Nummer.

Schnellen Schrittes ging ich zur U-Bahn, Station Kettenbrückengasse. In etwa 15 Minuten würde ich am Schwedenplatz, direkt bei unserem Stammlokal, aussteigen. Auf dem Weg zur U-Bahn dachte ich an Bruno. In der U-Bahn dachte ich an Bruno. Und auf dem Weg zu unserem Stammlokal, dem *Motto am Fluss*, dachte ich noch immer an Bruno. Er machte mich nervös. Kam er mir in den Sinn, war ich erregt. Ich stellte mir vor, wie es wäre, wenn wir uns liebten, in seinem Penthouse, auf dem riesigen orangen Stoffteppich im Wohnzimmer oder auf dem Beifahrersitz seines Porsches. Es wäre bestimmt großartig gewesen. Weil er aussah wie George Clooney, und besser noch, weil er intelligent, gebildet, lustig, leicht verrückt und selbstsicher war. Und er hatte mir mehr oder weniger direkt gesagt, dass er mich wollte. Auch das noch.

Das war doch genau dieses Gefühl, das wir alle herbeigesehnt hatten, als wir in unserer Runde den Pakt geschlossen hatten. Beim Gedanken an Bruno fühlte ich mich jung und sexy. Ich kokettierte mit etwas Verbotenem und hatte für mich selbst die perfekte Ausrede parat. Es war ja nur Kopfkino und nicht das echte Leben. Mein Psychiater, Raphael Bonelli, sah das anders, doch diesen Gedanken verdrängte ich. Zu schön war dieses Prickeln. Es machte süchtig.

Da gab es natürlich noch immer mein altes Ziel, an meiner Familie, meinem größten Glück, festzuhalten und mit Ben alt zu werden. Doch was, wenn dieses Glück trügerisch war? Ben spielte wieder, daran zweifelte ich immer weniger. Er kapselte sich ab, und auch im Bett lief nichts. Ich kannte diesen fiebrigen, kaputten Ausdruck in seinen Augen, wenn er spätabends heimkam, nur zu gut von früher. Oder war es doch der Stress in der Arbeit?

Ich wollte es gar nicht wissen. Die Antwort hätte bedeuten können, dass wir Probleme hatten. Richtige Probleme. Da war es schöner, an Bruno zu denken. Oder an den athletischen Tibor. Nicht zu vergessen, den hübschen neuen Kellner in unserem Stammlokal. Ob er heute wieder da war?

Lilly und Ximena warteten schon auf mich, in einem dieses Mal ziemlich leeren *Motto am Fluss*. Herbstferien, der hintere Teil war wie ausgestorben. Hier saßen nur wir drei. Viele Eltern waren vermutlich mit ihren Kindern unterwegs, so wie Ben und Elias, die im Schwimmbad waren. Ben hatte mir dafür alle Überredungskünste abverlangt. Schwimmen war so gar nicht seins. Jetzt erst recht nicht, wo er anscheinend eine Krise mit sich selbst hatte.

»Wo ist Burglind?«, fragte Lilly. »Ich dachte, ihr kommt gemeinsam?« Sie wirkte etwas müde, aber glücklich, vielleicht hatte sie zu wenig geschlafen. In ihrem hellblauen, bodenlangen Strickkleid sah sie aus wie eine kleine Prinzessin. Bildete ich mir das ein, oder war ihr Outfit etwas gewagter und femininer als sonst? Ihre Kopfverletzung schien gut verheilt zu sein, den Verband trug sie nicht mehr.

»Muttermalkontrolle«, sagte ich und zuckte mit den Schultern. Das hatte mir Burglind geschrieben.

»Komisch«, meinte Lilly. »Sie hat doch kaum Muttermale, oder?«

»Hört zu«, unterbrach uns Ximena. Sie senkte ihre Stimme zu einem Flüstern. »Georg, dieser Wurm, betrügt Nadine.«

»Bist du sicher?«, fragte Lilly bestürzt.

Ximena nickte. »Hundertprozentig. Ich habe ihn mit einer jungen Frau auf der Straße gesehen. Sie haben sich geküsst. Dieses Schwein! Und er weiß, dass ich es weiß. Er hat mich gesehen.«

Mit einer jungen Frau? Wie jung sie wohl war? Bestimmt jünger als wir. Statt nachzufragen, atmete ich tief durch. Dann war sie eben jung. Vielleicht sogar blutjung. Was spielte das schon für eine Rolle? Vielleicht sollte ich meine Fixierung auf das Alter langsam ablegen. Es war frustrierend und armselig. Wo blieb sie nur, die berühmte Weisheit und Reife der mittleren Jahre? Ich war nervös und leicht zu verunsichern wie ein alberner Teenager.

»Georg ist ein Idiot«, sagte ich mit gespielter Gelassenheit. »Ich dachte, er hätte sich geändert, aber er schafft es anscheinend nicht aus seiner Sturm-und-Drang-Phase heraus. Er ist einfach unreif. Wer nur junge Frauen vögelt, hat nicht verstanden, worum es im Leben geht.«

Hatte ich das gerade wirklich gesagt? Mir fiel ein, wie mir Georg vor Jahren einmal in die Jacke geholfen hatte. Dabei hatte er beiläufig meine Brust berührt und so getan, als wäre es unabsichtlich gewesen. Ein anderes Mal hatte er im Vorbeigehen meinen Hintern mit seiner Hand gestreift, aus reinem Zufall natürlich.

»Arme Nadine«, sagte Lilly. »Sollten wir ihr nicht lieber sagen, was los ist? Sind wir ihr das nicht schuldig?«

Vom Nachbartisch wehte der Duft warmer Croissants zu uns hinüber. Ob wir nicht doch etwas bestellen sollten? Ximena und Lilly schienen anderes im Kopf zu haben.

»Nadine ist in einer schwierigen Phase«, sagte Ximena mitfühlend. »Sie hat sich isoliert und könnte seelisch zusammenbrechen. Nicht nur Georg ist das Problem. Sie leidet momentan sehr darunter, keine Kinder zu haben. Dabei hat sie sich immer welche gewünscht. Irgendwann macht Georg einer anderen, jüngeren Frau ein Kind. So läuft es doch immer. Für Nadine ist es dann zu spät.«

Schweigend saßen wir da. Ich konnte meinen Freundinnen nicht erzählen, dass Georg mich damals angemacht hatte. Jetzt war es irgendwie zu spät dafür, und es war mir unangenehm. Wir würden auch Nadine nichts von Georgs Affäre sagen, da war ich mir sicher. Keine von uns wollte riskieren, ihr das Herz zu brechen.

Im Hintergrund lief *All you need is love* von den Beatles. Wie recht sie hatten, dachte ich noch, als mein Handy läutete. Es war Bruno.

Sei kein dummes Mädchen

Nachdenklich verließ Ximena das *Motto am Fluss*. Wenigstens schien jetzt wieder die Sonne. Mit ihrer roten Jeansjacke unter dem Arm spazierte sie hinüber zum Schwedenplatz, wo sie in ein Taxi stieg. Sie hatte einen wichtigen Termin in Wien-Donaustadt, ein Großkunde wollte ein umfangreiches Reisekontigent buchen. Es ging um Seniorenreisen und damit um Flüge, Hotels und Verkostung für mehrere hundert Rentner.

Der Taxifahrer fuhr viel zu schnell, fand Ximena, aber sie ließ ihn gewähren, weil sie knapp dran war. Sie überprüfte gerade, ob sie alle Unterlagen dabeihatte, als ihr Telefon läutete. Sie kannte die Nummer nicht.

»Weißt du, wer ich bin?«

»Sollte ich das wissen?« Ihr Herz pochte laut.

»Ich bin leider nicht der Herr, der dir das Schachspiel verkaufen durfte.«

Er hatte angebissen! Ximena jubelte innerlich. Heute war nicht nur Gretas Glückstag.

»Hallo«, sagte sie selbstsicher.

»Wollen wir uns treffen?«, fragte er.

Sie nahm ihre Brille ab und legte sie auf ihre Oberschenkel. Ihr Pakt hatte etwas bewirkt. Jetzt gerade fühlte sie sich wieder wie früher. Jung und sexy. Sie konnte es noch immer. Männern den Kopf verdrehen. »Morgen, zwanzig Uhr?«

»Wunderbar. Ich schicke dir meine Adresse. Ich heiße übrigens Thomas.«

Ximena kannte seinen Namen und seine Adresse längst. Jäger hatte ganze Arbeit geleistet. »Ich heiße Ximena«, sagte sie. »Meine Mutter ist Mexikanerin.«

Endlich. Endlich ein Abenteuer, das nichts mit Unterschriften auf Verträgen zu tun hatte. Sie hatte kaum Zeit, sich in Tagträumen zu verlieren, als das Telefon ein zweites Mal klingelte. Wollte ihr Thomas noch etwas sagen? Aber nein, es war eine andere Nummer. »Ja, bitte?«

»Hast du mich nicht eingespeichert?«

»Sollte ich?«

»Ich bin es, Georg.«

Ximenas gute Laune verflog. Bloß nicht!

Sie räusperte sich laut. Erst jetzt bemerkte sie, dass es im Taxi unangenehm nach Schweiß roch.

»Was willst du?«

»Ich weiß, dass du mich mit dieser Frau gesehen hast. Nadine darf das nicht erfahren. Glaub mir, es ist nichts Ernstes und auch schon längst wieder vorbei.«

Unglaublich, dass er sie tatsächlich zu seiner Komplizin machen wollte. »Ich glaube dir nicht«, sagte sie. »Du bist ein Arschloch, Georg. Du warst schon immer eins.«

»Es geht nicht um mich, sondern um Nadine«, fuhr er ungerührt fort. »Du willst sie sicher nicht verletzten.«

»Vor allem will ich nicht, dass sie ihre Zeit mit dir verschwendet.«

Kurz blieb es still. »Ich weiß, dass du es Nadine nicht erzählen wirst.«

»Und warum glaubst du das?«, fragte Ximena, obwohl sie wusste, dass er recht hatte.

»Sei kein dummes Mädchen«, sagte Georg. Und legte auf.

24

Toni Faber und die Liebe

Lilly liebte Kirchen. Den Wiener Stephansdom ganz besonders. Er war das Wahrzeichen der Stadt. Schon als Sechsjährige besuchte sie mit ihrer Großmutter die Messe. Dort stand sie als kleines Mädchen in der ersten Reihe vor dem Altar und betete für arme Kinder. Sie bat Gott, ihnen zu essen und zu trinken zu geben, und hoffte, dass er ihnen helfen würde. Der Gedanke, dass Kinder hungerten, kleine Mädchen wie sie, war für Lilly unerträglich. Sie glaubte, alles würde gut, wenn sie nur in die Kirche ginge und zu Gott betete.

In Kirchen fand Lilly immer schon Ruhe und Kraft. Mit 16, als sich ihre Eltern scheiden ließen, ging sie fast jeden Tag nach der Schule in den Stephansdom und bat, ihr Vater möge wiederkommen. Doch er blieb bei einer anderen. Lilly sah ihn von da an kaum noch.

In den letzten Tagen war so viel durcheinandergekommen. So viele Fragen, auf die Lilly keine Antworten wusste. Es war nicht bloß ihr fehlender Orgasmus. Es ging darum, sich selbst zu akzeptieren, so wie sie war. Und wie sie sein wollte. Sie wollte sich als Frau fühlen, sie wollte ihren Körper wieder spüren, sie wollte sich entdecken. Es gab noch so viel, was Lilly nicht von sich wusste. Diese Unwissenheit erfüllte sie mit Scham und mit Angst. Was würde sie finden, wenn sie zu suchen begann? Wie würde sich ihr Leben verändern?

Sie fühlte sich allein. Und da hatte sie mit einem Mal gewusst, wohin sie gehen musste. An den einzigen Ort, an dem sie sich immer sicher und geborgen fühlte.

Als sie jetzt in einem hochgeschlossenen langen Kleid ähnlich wie damals in der vordersten Kirchenbank saß, rannen ihr die Tränen über das Gesicht. Was war aus ihr geworden? Sie war arbeitslos, Mitte vierzig und wusste nicht, was sie mit sich anfangen sollte. Ihre besten Jahre würden noch kommen, davon war Burglind überzeugt. Lilly dachte an den Pakt mit ihren Freundinnen. Woher nahmen Greta und die anderen bloß diese Überzeugung?

Lilly bemerkte einen Geistlichen, der würdevoll zum Alter schritt. Ein großer schlanker Mann, ganz seinem Amt entsprechend in elegantem Grau, Schwarz und Weiß gekleidet, was ihm ausgezeichnet stand.

Lilly erkannte ihn sofort. Toni Faber gehörte zu den Prominenten der Stadt, und das lag nicht nur an seinem Amt als Dompfarrer. Er war ein kunstsinniger, rhetorisch brillanter Mann, den die Wiener für seine volksnahe Auslegung des Christentums schätzten und der sich wohl nur deshalb nie eine öffentliche Schelte vom viel konservativeren Wiener Kardinal Christoph Schönborn geholt hatte, weil dieser bereits betagt war und außerdem als harmoniebedürftig galt. Außerdem soll Faber seinen Chef Schönborn stets freigespielt und ihm schwierige Entscheidungen abgenommen haben.

»Herr Pfarrer, bitte, ich möchte beichten. Es ist wichtig.«

Einem Impuls folgend trat Lilly auf Faber zu. Hätte sie länger darüber nachgedacht, hätte sie sich wohl niemals getraut. Der Dom bot mit insgesamt sechzig Seelsorgern laufend Beichten in fünfzig Sprachen an. Zuletzt war die Rede von einem wahren Beichtboom gewesen, weshalb sich der Dom zu einer Zusammenarbeit mit Psychotherapeuten entschlossen hatte. Es war nicht anzunehmen, dass Faber selbst Zeit für sie hatte, doch tatsächlich winkte er ihr lächelnd zu, ihm zu folgen.

Lilly kannte Faber noch von früher, als Geistlichen, den sie schon als junge Frau im Stephansdom bewundert hatte. In seinen Predigten hatte er immer wieder von den Sorgen der Menschen erzählt und Lilly dabei das tiefe Gefühl gegeben, nicht perfekt sein zu müssen, um geliebt zu werden. Ein Gefühl, das sie sonst nirgendwo hatte. Nicht einmal in Gebetskreisen, wo sie stets vergeblich darauf gewartet hatte, in Zungen zu beten wie die vielen anderen anwesenden Gläubigen.

Lilly war überrascht, als sie sich nicht in einen hölzernen Beichtstuhl mit Fabers Gesicht hinter einem dünnen Gitter klemmen musste. Vielmehr betraten sie ein kleines, modern, aber schlicht eingerichtetes Beichtzimmer mit einem schmalen Kreuz an der Wand und zwei Gebetsbüchern auf einem Besprechungstischchen. Faber wirkte ruhig und konzentriert, als sie Platz nahmen. »Worüber möchten Sie reden?«, fragte er sie freundlich.

»Über meine Ehe. Wir haben Probleme. Also ich habe eines.«

Faber fragte nicht nach. Lilly spürte, dass es an ihr war, zu sprechen. »Weil ich ...« Lilly stockte. »Ich habe keinen Orgasmus, wenn ich mit meinem Mann schlafe.« Faber musste sie für verrückt halten, dachte sie. Für vulgär und billig. Wie konnte sie so etwas nur sagen? Hier im Stephansdom! Nicht auszudenken, wenn ihre Mutter das je erfahren würde. Es kam ihr wie Blasphemie vor. Am liebsten wäre sie im kühlen Steinboden versunken.

Jetzt ergriff Faber das Wort, als handle es sich um die normalste Sache der Welt. »Können Sie mit Ihrem Mann darüber reden?«

Lilly wusste nicht genau, woran es lag, vielleicht an Fabers Stimme, an dem Blick, mit dem er sie erfasst hatte, an seiner ganzen Haltung oder an ihren Erwartungen an ihn, jedenfalls war es da wieder: dieses Gefühl, nicht perfekt sein zu müssen, um geliebt zu werden. Vielleicht war das die große Gabe dieses Mannes. »Ich will ihn nicht verletzten«, beantwortete sie seine Frage.

»Woran könnte es liegen? Warum haben Sie keinen Orgasmus?«

Fabers Frage überraschte sie. Ein Priester, der offen über Sexualität sprach. Es passte zu seinen liberalen Gesten und Positionen innerhalb der Kirche, und dennoch kam die Frage unerwartet. »Es liegt wohl nicht an meinem Mann, aber ich weiß es nicht«, sagte sie.

»Dann überstürzen Sie nichts. Ein fehlender Orgasmus ist kein Grund für eine Trennung. Schon gar nicht, wenn es vielleicht nicht am Partner liegt. Sie sollten nach den wahren Gründen suchen«, sagte Faber sanft.

»Ich … Ich frage mich, ob ich nicht etwas anderes ausprobieren sollte.«

»Was meinen Sie?«

Lilly schämte sich, aber irgendwem musste sie es sagen. Sie musste wissen, wie es klang, wenn sie es laut aussprach. »Einen anderen Mann vielleicht. Aber das ist eine schwere Sünde, ich weiß. Verzeihen Sie bitte. Ich rede dummes Zeug.«

»Sie reden kein dummes Zeug«, antwortete Faber ruhig. »Sie sind ein Mensch mit Gefühlen. Gott schwingt nicht die Moralkeule, wenn Sie das vielleicht glauben. Er ist gütig, liebevoll und vergibt den Menschen.«

Ihre Mutter hatte immerzu gemeint, Lillys Vater würde eines Tages im Fegefeuer landen, weil er sich mit vielen Frauen herumtreiben würde. Auch das hatte sie geprägt.

»Aber meinen Mann zu betrügen, wäre das nicht eine Todsünde?«

»Eine Todsünde?« Faber wiegte den Kopf. »Zu mir kommen viele Menschen und schütten ihr Herz aus. Erst neulich hat mir genau hier, wo Sie nun sitzen, eine Dame von einer für sie erfüllenden Affäre erzählt. Sie würde sich endlich wieder spüren, ihre Seele und ihren Körper. Was sollte daran schlecht sein?«

»Aber was ist mit ihrem Mann?«

»Ich sage nicht, dass das ihrem Mann gegenüber in Ordnung ist«, erklärte der Pfarrer. »Aber auch diese Frau hat Liebe, Glück und Lust verdient. Ihr Weg wird sie auf diese Weise vielleicht viel eher zu ihrem Mann zurückführen, von dem sie sich innerlich schon entfernt hatte.«

»Denken Sie wirklich?«

»Sie wird sich eines Tages wohl zwischen ihrem Mann und ihrem Geliebten entscheiden müssen. Entscheidet sie sich für ihren Mann, könnte die Beziehung besser werden, als sie es zuvor war. Das haben mir schon viele erzählt.«

»Eine Affäre kann einer Beziehung nutzen?«, fragte Lilly.

»Manchmal, ja, aber gewiss nicht immer.«

Hatte Ximena womöglich recht? Würde sie erst ein lustvolles Abenteuer wahres Glück finden lassen und ihr das Feuer der Jugend wiederbringen? »Was, wenn es der Mann dieser Dame erfährt? Sollte sie es ihm sagen?«

Faber legte seine rechte Hand auf eines der Gebetsbücher. »Die Wahrheit kann tödlich sein«, sagte er. »Nicht immer ist es gut, sie zu kennen. Zum Leben in Frieden hat Gott dich berufen, heißt es in der Bibel. Diesen Frieden sollten wir nicht gefährden. Schon die alten Beichtväter waren der Ansicht, dass wir unsere Mitmenschen vor verletzenden Wahrheiten schützen sollten.«

Lilly hatte mehr denn je das Gefühl, etwas versäumt zu haben. Etwas, das sie endlich haben wollte, um jeden Preis. Sie wollte Glück! Sie wollte leben! Endlich leben!

»Ist Monogamie nicht wichtig in einer Beziehung?« Während sie diese Frage stellte, fielen Lilly die vielen Gerüchte ein, die sich um Toni Fabers Liebesleben rankten. Er hatte angeblich eine Freundin, eine attraktive Frau um die vierzig, eine Managerin. Sie erinnerte sich, dass bereits ein Foto der beiden in einer österreichischen Tageszeitung erschienen war. Sie wusste, die Frage stand ihr nicht zu, doch Faber gab ihr das Gefühl, völlig offen sein zu können. Als wäre er ein Freund, den sie schon lange kannte. »Verzeihen Sie bitte meine Direktheit, aber wie ist es bei Ihnen? Sind Sie Ihrer Freundin treu?«

Freundin? Hatte sie tatsächlich Freundin gesagt? Was war um Himmels willen in sie gefahren? Bestimmt würde Faber sie gleich davonjagen. Mit zittrigen Fingern griff sie nach ihrem Halskettchen.

»Mir ist Treue wichtig«, sagte Faber ungerührt. »Aber das muss jeder für sich selbst entscheiden. Ich will kein Richter sein. Ich bin mit dieser Frau glücklich. Ich liebe sie, und ich bin ihr treu. Sie wissen bestimmt, dass das Zölibat nicht die Idee Gottes oder Jesu Christi war. Es wurde von Papst Innozenz II. im 12. Jahrhundert beschlossen und sollte mehr denn je überdacht werden.«

Das klang seltsam logisch und natürlich. Schließlich hatte Faber mit seiner ruhigen Stimme nur etwas gesagt, was ohnehin alle wussten. Er brauchte kein Zölibat, um ein guter Prieser zu sein. Er lebte in einer glücklichen Beziehung. Er hatte eine Freundin. Er liebte sie. Lilly war dennoch ein wenig verwirrt. Sie hatte das Zölibat immer schon falsch gefunden, allerdings hätte sie nie gewagt, es öffentlich infrage zu stellen.

»Was macht Sie in dieser Beziehung so glücklich?«, fragte sie.

»Nun, dass sie für mich da ist. Ich nenne es ehrliche Zuneigung. Sie hört mir zu. Sie versteht mich. Sie ist klug und humorvoll. Ich kann mit ihr über alles reden. Wir sind tief miteinander verbunden.«

»Und der Sex?« Um Himmels willen! War das wirklich noch Lilly, die einem Geistlichen all diese Fragen stellte? Aber sie stellte sie nicht aus Neugier, sondern weil sie das Gefühl hatte, etwas von ihm lernen zu können. Offenbar verband Faber und seine Freundin etwas, was Stefan und ihr fehlte.

»Im Leben geht es am Ende immer um die Liebe. Treffen Liebe und Leidenschaft aufeinander, so ist das für viele Menschen erfüllend. Wie ist das bei Ihnen?«

Faber wollte offensichtlich das Thema wechseln, um endlich mehr über sie zu sprechen. Lilly antwortete aber nicht. Die richtige Antwort fiel ihr nicht ein. Hatte ihre Ehe sie jemals erfüllt? Oder sollte sie Stefan doch verlassen, weil die Leidenschaft fehlte? Aber vielleicht wäre der Sex ja mit keinem Mann gut. Vielleicht lag es an ihr.

Lilly wusste es nicht, aber sie wusste, ihr saß hier ein Mann gegenüber, der wie alle Menschen ein Recht auf Erfüllung und Liebe hatte und der dafür kämpfte, obwohl in seinem Leben die Hürden dafür viel höher waren als in ihrem. Mit seiner offenen und ehrlichen Art inspirierte Faber sie. Auch sie hatte ein Recht darauf, und sie musste nicht perfekt sein dafür. Auch sie würde darum kämpfen. Sie wollte den Pakt, den sie mit ihren Freundinnen geschlossen hatte, einhalten und Worten endlich Taten folgen lassen.

25

Burglinds Ménage-à-trois

Mehr denn je spürte Burglind die Falle, in der sie saß. Der wichtigste Mann in ihrem Leben war nicht erreichbar, und doch hielt er sie von jeder anderen tieferen Beziehung fern. Jusuf, ein Betrüger, ein Treuloser, auch wenn sie ihn niemals als solchen wahrgenommen hatte. Mit ihm hatte Burglind eine Familie gründen und alt werden wollen. Sie dachte, vor vielen Jahren, dass er seine Frau verlassen würde, doch sie irrte und blieb dennoch bei ihm. Weil sie ihn liebte. Jusuf war sanft und zärtlich, klug und großzügig. Er stand zu den gemeinsamen Töchtern und half, wo er helfen konnte. Aber er hatte seine Prinzipien, und dazu zählte, seine Ehefrau niemals zu verlassen.

Immer, wenn Burglind das klar wurde, haderte sie damit. Wütend und traurig war sie auf dem Weg zu einem Job, den sie zu hassen begann. Abgase und Straßendreck machten die Welt unerträglich grau. In ihrem schwarzen Businesskostüm schwitzte Burglind, obwohl es nicht allzu warm war. Altern war schlimm. Egal, wie sehr sie es verdrängte. Alles wurde beschwerlicher, sogar der kurze Weg zur U-Bahn. Besonders in ihren Beinen und im unteren Rücken hatte sie in letzter Zeit Schmerzen.

Ihren Freundinnen hatte sie etwas anderes eingeredet und sich selbst auch. Burglind hatte Greta und die anderen motiviert, das Beste aus diesen Jahren zu machen. Doch das bedeutete nichts. Sie kam sich vor wie einer von diesen Komikern, die ihr Publikum blendend unterhielten und selbst die traurigsten Menschen der Welt waren. In dieser miesen Stimmung fiel ihr Dominik ein. Am liebsten hätte sie ihm gedroht, alles seiner Frau zu erzählen. Burglind war wütend auf alle ehebrecherischen Männer. Vielleicht sollte sie Dominiks Frau klarmachen, dass ihr Mann ein Arschloch war. Burglind hatte sie schon einmal gesehen. Mit ihrer süßen kleinen Tochter an der Hand war sie ins Büro gekommen. Sechs oder sieben Jahre alt musste das Mädchen jetzt sein.

Die Wahrheit war den Menschen wohl zumutbar, dachte sie, doch sie wollte keine Familie zerstören. Nicht einmal die Jusufs, obwohl er es verdient hätte. Männer sind allesamt narzisstische Idioten. Sie brauchte keinen mehr, um glücklich zu sein. »Alt werden kann ich auch allein«, fauchte sie vor sich hin.

Das Büro war ausgestorben, als sie ankam. Die meisten Kollegen waren bei einer Tagung, fiel ihr ein. Auch der Schreibtisch von Dominiks neuer Flamme Tamara war verwaist. Burglind öffnete ihren Laptop, um ihre Mails zu beantworten. Sie musste Kunden Auskunft über neue Preise geben, Liefertermine vereinbaren und anstehende PR-Kampagnen koordinieren. Sie hatte einiges aufgeschoben und war ausnahmsweise in der Stimmung, alles zu erledigen. Arbeit schien ihr besser als weiter Trübsal zu blasen.

Kurz nach 17 Uhr bemerkte sie Licht in Dominiks Zimmer. Es schimmerte unter dem Türspalt hervor. Burglind wunderte sich. Das Büro war leer. Nützten Dominik und Blondie das für eine Nummer? An einem Mittwoch? Dominiks Bumstag war eigentlich der Freitag. Burglind zog ihren knallroten Lippenstift nach. Was sollte sie tun?

Vorsichtig drückte sie die Klinke herunter. Die Tür war verschlossen. Alles klar, dachte sie. Dieses Mal hatte das Dummchen offenbar daran gedacht und abgesperrt. Bloß ließen sich die Türen nicht nur mit dem Schlüssel, sondern auch mit einem Code öffnen. Den von Dominiks Tür kannte sie nicht, aber sie wusste, wen sie fragen konnte. Sie musste sich bloß beeilen, denn Dominik war nicht besonders ausdauernd.

Ohne auf den Aufzug zu warten, lief Burglind keuchend die drei Stockwerke hinunter auf Ebene null zu Peter, dem Portier. Vor kurzem hatte es Burglind quasi im Vorbeigehen mit ihm getrieben, und es schien ihm gefallen zu haben. Hoffentlich gut genug, um den Code herauszurücken.

»Wozu brauchst du ihn?«, wollte Peter überrascht wissen.

»Ich habe etwas Wichtiges in seinem Zimmer vergessen. Ich brauche es, um einen Job mit heutiger Deadline fertig zu machen. Ich könnte sonst Probleme kriegen.«

»Ich müsste es vorher melden.«

»Dafür fehlt leider die Zeit.«

Peter runzelte die Stirn. Besonders intelligent sah er dabei nicht aus.

»Dann habe ich aber etwas gut bei dir«, sagte er lüstern grinsend.

Burglind wusste, was er meinte. Peter war vielleicht nicht der Hellste, aber einigermaßen attraktiv und nett. Er würde bald heiraten, eine ältere, gut situierte Frau, Sex mit ihm war also unverbindlich. Burglind nickte.

»Gib mir jetzt den Code.«

Oben tippte sie die vier Zahlen in den kleinen schwarzen Kasten, der sich direkt unter dem Schloss befand. Die Tür sprang lautlos auf. Bingo! Da saßen sie wieder. Blondie leise stöhnend auf Dominik. Burglind war erregt. Dominik war offenbar kurz vor dem Kommen, sie erkannte es an seinem leidenden Gesichtsausdruck. Deshalb verlor sie keine Zeit. So viele Male hatte sie ihn geritten. Das sollte jetzt vorbei sein? Wegen Blondie? Entschlossen ging sie auf ihre Rivalin zu. »Mach Platz!«

Tamara wirkte nach dem ersten Schreck nahezu erleichtert und stand wortlos auf. Betrachtete sie das Ganze als Teil ihres Jobs? Machte es ihr womöglich gar keinen Spaß? »Hallo Chef«, sagte Burglind lächelnd.

Dominik öffnete nur kurz die Augen und wand sich ein bisschen, als sich Burglind entschlossen und ohne zu zögern auf ihn setzte. Anscheinend war es ihm fast egal, wer diesen Teil des Jobs zu Ende brachte.

»Oh Gott, was war das denn?«, sagte Burglind keine zwei Minuten später, nachdem Dominik völlig außer Atem in sich zusammengesackt war. Sie sah ihn leicht verärgert an. Er lächelte verlegen, knöpfte sich die Hose zu und verließ wortlos das Büro. Blondchen hatte ihren Rock inzwischen in Ordnung gebracht und lief ihm verunsichert hinterher.

Waren das die Abenteuer, die Glück und Jugend brachten? Wollte sie das wirklich? Burglind war sauer und Dominik ein narzisstischer Arsch. Eine Minute länger hätte vermutlich gereicht, damit auch sie kam, aber das war Dominik vollkommen egal. Burglind zog ihren Lippenstift neuerlich nach, was nicht nötig gewesen wäre, denn Dominik und sie hatten einander nicht geküsst. Das hatten sie ohnehin noch nie getan.

Auf Ebene null lächelte Burglind den Portier an. »Danke für den Code, Peter. Ich habe zu spät bemerkt, dass der Chef da war. Ich hätte den Code also gar nicht gebraucht. Er hat mir aufgemacht«, log Burglind, weil sie wusste, dass Peter Dominik vorhin beim Hinausgehen gesehen haben musste. »Ich werde mich dennoch erkenntlich zeigen«, lächelte sie und ging auf die Tür zu.

»Wann?«, fragte Peter frech.

Burglind blieb stehen. Wegen des Mistkerls Dominik fehlte ihr etwas, was sie für ihre Ausgeglichenheit brauchte. »Jetzt?«

In dem kleinen Aufenthaltsraum hinter dem Empfang öffnete sie Peters schwarze Hose und schubste ihn auf den Sessel. Blowjob gab es keinen, denn sie wollte ihn nicht zu sehr verwöhnen. Sie tat, was sie am liebsten tat, und setzte sich schnell auf ihn. Verhütung? Heute war nicht der Tag dafür. Ihre fruchtbaren Tage waren vorbei. Außerdem war sie nicht mehr die Jüngste. So leicht wurden Frauen ihres Alters nicht schwanger. Angst vor Krankheiten hatte sie auch keine. Obwohl sie an die mahnenden Worte ihres Hautarztes denken musste. Er hatte erst heute Morgen ein kleines nässendes Hautbläschen an ihrem Oberschenkel entdeckt und auf Genitalherpes getippt. Deshalb hatte er ihr empfohlen, beim Gynäkologen einen Abstrich machen zu lassen.

Nach etwa fünf Minuten kam Burglind. Und der Portier auch. »Danke, Peter«, lächelte sie. »Nicht nur für den Code.« Bei all den Enttäuschungen, die sie von Männern in den letzten Wochen erfahren hatte, war zumindest auf Peter Verlass.

26

Ich auf der etwas anderen Party

Ich würde ihn sehen. Bruno. Heute noch. Was war nur in mich gefahren? Wollte ich mein Leben zerstören, meine Ehe? Elias, ein Scheidungskind? Das konnte ich doch alles nicht wollen! Und trotzdem schaltete ich alle Bedenken aus und riskierte es.

Kopflos irrte ich durch die Wohnung. Ich suchte meine kleine schwarze Tasche mit dem silbernen Griff. Wo blieb eigentlich die Nanny? Ach herrje. Schon fast 21 Uhr. Hoffentlich würde Martina bald kommen.

Ich stellte mich vor den Wandspiegel. Ich sah gut aus in meiner hellblauen, löchrigen Jeans und dem weißen, engen Top. Dank Push-up-BH wirkte ich jugendlich und knackig. Den BH brauchte ich allerdings dringend. Ich hatte Elias mehr als ein Jahr lang gestillt, was meinem Busen nicht gutgetan hatte. Er hing lose herab, gar nicht sexy, aber für einen chirurgischen Eingriff fehlte mir der Mut. Den berühmten Bleistifttest bestand ich mit Bravour, denn unter meinem Busen hielt jeder Stift. Seit er der Schwerkraft zum Opfer gefallen war, lief ich nicht mehr nackt durch die Wohnung. Sex gab es nur im Dunkeln, meist in der Horizontalen, und ohne BH konnte ich mir mein Leben ohnehin nicht mehr vorstellen. Ab vierzig sollten

Frauen im Bett unter statt über ihm sein, hatte die weise und betagte Schauspielerin Topsy Küppers kurz nach ihrem neunzigsten Geburtstag einmal empfohlen.

Alles hat eben seine Zeit. Mein Busen hatte seine beste hinter sich. Sex mit Bruno? Mein Hängebusen würde ihn zu verhindern wissen. Aber im Dunkeln, mit BH, könnte ich es wagen! Wie von selbst spukte dieser Gedanke durch meinen Kopf.

»Mama, du siehst gut aus. Wohin gehst du?«

Ohne Elias in die Augen zu sehen, holte ich tief Luft. Ich schämte mich, ihn anzulügen. »Ich treffe Freundinnen. Die Nanny wird gleich da sein. Geh aber bitte allerspätestens um halb elf schlafen, auch wenn Wochenende ist.«

»Wenn es sein muss ...«

Die Nanny verspätete sich heute. Als sie um 21.20 Uhr endlich ankam, fuhr ich los. In meinem Auto, einem silbernen Peugeot Cabrio 308cc, dachte ich an Ben. Ich hatte ein schlechtes Gewissen. Wo er wohl gerade war? Er wollte mit seinem Partner Jürgen ein Projekt besprechen und würde spät nach Hause kommen, hatte er behauptet. Ich glaubte ihm nicht, aber die Wahrheit wollte ich auch nicht wissen. Noch immer nicht. Und jetzt schon gar nicht. Ich wollte nur zu Bruno. Ich wollte dieses Gefühl spüren, das Ximena das Feuer der Jugend nannte. Bruno war meine Antwort auf eine Midlife-Crisis, die immer unerträglicher wurde. Eine Antwort, die mich alles andere vergessen ließ oder es zumindest verdrängte.

Stau an einer Baustelle.

Ich fragte mich, warum sie jedes Jahr dieselbe Stelle aufrissen. Und warum regnete es schon wieder? Ich seufzte.

Als ich vor Brunos Haus stand, traute ich mich fast nicht aus dem Auto. Wie sah ich aus? Konnte ich ihm widerstehen? Was wollte ich von diesem Mann? War ich völlig verrückt geworden, alles aufs Spiel zu setzen?

Ich klingelte zaghaft und spürte die Schmetterlinge in meinem Bauch. Der Lift brachte mich direkt in sein Apartment im fünften Stock. Da stand er. Lässig gekleidet sah er noch besser aus als im weißen Arztmantel. Er trug blaue Jeans, so wie ich, nur hatte seine keine Löcher, und ein weißes Oberteil, so wie ich, nur nicht enganliegend. Seine Haare waren leicht zerstrubbelt und wild. Meine Knie wurden schwach.

»Hör mal, ich bin nicht da, weil ich Sex haben möchte, und ich werde heute auch sicher keinen Sex mit dir haben«, sagte ich aufgebracht.

»Hallo, Greta. Na, das nenne ich aber eine freundliche Begrüßung.« Bruno lächelte.

Ich bemerkte, dass ich mich wie eine Idiotin benommen hatte. Da stand ein gutaussehender, erfolgreicher Neurologe vor mir, und ich führte mich auf wie ein unreifer, dummer Teenager. Ich zupfte verlegen an meiner grünen Plüschjacke.

»Entschuldige bitte, ich weiß nicht, was mit mir los ist.«

»Willst du raus?«, fragte Bruno.

»Gute Idee.«

Ich war erleichtert. Sex war somit wohl keine Option mehr.

»Heute nehme ich dich mit an einen wundersamen Ort«, sagte Bruno ruhig. Er lehnte entspannt an seiner Vorzimmerwand, während ich noch immer vor seiner Tür stand.

»Wohin fahren wir?«

»Warte ab.« Er lächelte wieder. »Keine Sorge jedenfalls. Ich werde nicht im Wald über dich herfallen und dich dann verscharren.«

»Das ist nicht lustig, Bruno.«

»Ich wollte auch nicht lustig sein.«

Bruno zog sich schwarze Nike-Schuhe an, das Logo war nicht zu übersehen, und eine braune Sportjacke. Ach herrje, er sah wirklich gut aus. George Clooney war nichts gegen ihn. Warum er wohl geschieden war? Schweigend fuhren wir hinunter in die Tiefgarage.

Auch im Auto schwiegen wir. Ich war nervös. Langsam wurde mir tatsächlich ein bisschen mulmig. Was hatte er bloß vor? Meine Mutter erzählte mir manchmal Horrorgeschichten von Menschen mit einem zweiten Gesicht. Von einer Pädagogin, die heimlich Kinder an einen Pornoring vermietete, oder einem beliebten Bäckermeister, der nachts Frauen ermordete. Die Dinge sind nicht, wie sie scheinen, sagte sie stets. Das war eines ihrer Lieblingsthemen.

Der Regen prasselte immer stärker auf das Dach des Porsches. »Wie geht es dir?«, fragte ich unruhig, als wir auf der Autobahn Richtung Nordwesten fuhren.

»Du musst nicht nervös sein, Greta.« Ich mochte es, wenn er mich mit meinem Namen ansprach. Es gab mir das Gefühl, ganz wahrgenommen zu werden.

Ich bemerkte, dass ich mit meinen frisch lackierten Fingernägeln gegen mein Handydisplay trommelte, und legte die Hände in den Schoß. Offenbar war Bruno auch in einer seltsamen Stimmung. Vielleicht hatte sie etwas mit dem Ort zu tun, an den er mich bringen wollte.

»Ich mag dich, ich finde dich witzig«, sagte er unerwartet.

Witzig? Er fand mich witzig? Er sollte mich schön und sexy finden, aber doch nicht witzig.

»Sollte das ein Kompliment sein?«

Bruno lachte. Er wusste, dass ich angebissen hatte. Es war zu spät, ihm etwas vorzumachen. »Wir gehen auf eine Party.«

»Auf eine Party?« Das war mir zu riskant. Was, wenn mich ein Bekannter sah und Ben davon erfuhr? Auch das noch! Bloß nicht!

Bruno konnte offenbar meine Gedanken lesen.

»Du musst dir keine Sorgen machen. Alle, die dort sind, werden über alle anderen, die dort sind, kein Wort verlieren.«

»Warum nicht?«

»Lass dich überraschen, und keine Sorge, Greta, ich habe keine dunkle Seite. Welche Dinge magst du eigentlich?«

Eine merkwürdige Frage zu diesem Zeitpunkt, fand ich. »Ich lese gerne, und ich gehe gerne ins Dampfbad.« Meine Antwort war genauso beliebig wie die Frage.

»Die Büchernacht holen wir nach, und ins Dampfbad gehen wir auch ein anderes Mal.«

Wir fuhren weiter in Richtung Krems, einer hübschen Stadt an der Donau, eine knappe Stunde von Wien entfernt. Irgendwo im diffusen Grau des frühen Abends verließen wir die Autobahn, um wenig später in einer mir unbekannten Ortschaft die Einfahrt zu einer imposanten Villa zu nehmen. Der Regen hatte nachgelassen. In der Luft lag der Geruch von nassem Moos. »Da sind wir«, sagte Bruno.

Im Hof parkten Dutzende andere Autos, darunter viele Sportwagen. Es musste eine dieser Reichen-Partys sein. »Da passe ich nicht hin, Bruno. Ich fühle mich hier nicht wohl«, platzte es aus mir heraus.

Sanft zog er mich an der Hand zum Eingang. Widerrede schien zwecklos. Im weitläufigen Foyer empfing uns laute Musik, »Anybody seen my baby?« von den Rolling Stones. Ich liebte den Song. Angelina Jolie war im Video der Stones zu sehen. Auch jetzt, Jahre später, mit bald fünfzig Jahren und drei leiblichen Kindern, war sie noch immer eine gefährliche Schönheit.

In einem Salon tanzten alte Männer und schöne junge Frauen. Sie berührten einander, manche waren eng aneinandergeschmiegt. Ein merkwürdiger Anblick. Waren das alles Prostituierte? Huren? Warum sollten junge, schöne Frauen denn sonst alte, noch dazu fette, Männer küssen?

»Das ist Wolfgang, der Hausherr, ein alter Freund«, sagte Bruno und zeigte auf einen nicht gerade attraktiven älteren Mann. Wolfgang erinnerte mich an einen entfernten Verwandten, Thommy. Thommy hatte offenbar als Jugendlicher, so wie Wolfgang, starke Akne gehabt, sein Gesicht war vernarbt. Thommy war ein verbitterter Zyniker, vermutlich wäre er das aber auch ohne Akne geworden. Seine Eltern waren genauso. Jedenfalls war mir Hausherr Wolfgang nicht gerade sympathisch.

Süßlicher Zigarrenrauch strömte mir entgegen. Er kam von drei älteren Herren, die sich auf einer schicken schwarzen Ledergarnitur mit weinroten Kissen niedergelassen hatten. Es sah wie in einem Bordell aus. Ach herrje, wo war ich hier nur gelandet? Mir fiel plötzlich der Film *Eyes Wide Shut* ein, in dem Tom Cruise unabsichtlich Teil einer Sexorgie wird.

»Ich freue mich, Sie kennenzulernen«, sagte Wolfgang. »Arbeiten Sie heute hier?«

Bruno winkte ab, ehe ich verlegen werden konnte. »Greta ist Journalistin. Sie ist meine Begleitung«, sagte er ein wenig amüsiert. Ich bekam das Gefühl, er genoss es, mich in diese unangenehme Situation gebracht zu haben. Vielleicht erregte es ihn.

Wolfgang trat einen halben Schritt zurück. »Was Sie hier sehen und erleben, ist privat«, sagte er freundlich, aber zugleich ein wenig bedrohlich.

»Alles gut«, sagte Bruno und legte seine Hand auf Wolfgangs Schulter.

Ich lächelte zaghaft. Was war das hier? Eine Sexparty? Was sollte ich hier? Würde es wie im Film *Eyes Wide Shut* ablaufen? Sollte ich mich etwa ausziehen? Bei meinem Hängebusen nicht auszudenken. »Bring mich hier weg. Sofort«, zischte ich.

Bruno verstand wohl, wie ernst es mir war. Ohne Widerrede folgte er mir, als ich entschlossen zum Auto stöckelte. Die ganze Rückfahrt hinweg schwiegen wir uns an. Wie konnte ich mich nur so irren? Wie naiv war ich gewesen? Bruno führte die schmutzige Version des Reiche-Leute-Lebens und war offenbar noch stolz darauf. Traurig sah ich aus dem Fenster. Was würde Ben von mir denken, wenn er das wüsste?

»Es tut mir leid«, sagte Bruno. »Ich wollte dich überraschen.«

»Mit einer Sexparty?«, fragte ich sauer.

»Sexparty? Das war eine sexpositive Party.«

»Was auch immer das sein soll ...«

»Die Gäste kommen nicht wegen des Sex, aber sollten sie Lust darauf haben, gibt es in der Villa die richtigen Orte dafür.

Ich dachte, das passt zu uns, und ich kann dich mit dem schönen Ort beeindrucken.« Das sollte zu mir passen? Hielt er mich etwa für eine Schlampe?

Die jungen Frauen mit den dicken alten Männern fielen mir wieder ein. »Für mich bleibt es eine Sexparty. Als mich dieser Wolfgang gefragt hat, ob ich dort arbeite, hat er ja wohl nicht gemeint, ob ich serviere oder hinterher aufräume.«

»Entschuldige bitte, ich dachte, du fändest das komisch«, sagte Bruno. Sanft nahm er meine Hand.

Unversehens verflog meine Wut. Für einen Augenblick war ich wie gelähmt.

»Greta, ich will mir dir schlafen«, sagte er, während er unbeirrt weiterfuhr. »Du musst keine Angst vor mir haben. Ich mache nichts, was du nicht auch willst.« Seine Stimme war dunkel und weich.

Ach herrje. Warum stehen Frauen nur auf böse Jungs?

27

Ximenas Jugend kehrt zurück

Ximena hatte den Sex ihres Lebens. So fühlte er sich zumindest an. Thomas besorgte es ihr von hinten, *doggy style*, hart und fest, so war es ihr am liebsten. Zwischendurch zog er sie leicht an ihrem Leopardenseidenschal. Sie hatte ihn darum gebeten. Es machte sie scharf. Sie verwendeten ein Kondom, sicher war sicher.

»Ich will dir in die Augen sehen«, sagte Thomas zwischendurch.

»Das kannst du später«, antwortete sie forsch.

Ximena fühlte sich wohl. Die graue Couch war riesig. Fünf Menschen hätten bequem darauf schlafen können. Bestimmt hatte Thomas oft Sex auf dieser einladenden Spielwiese.

Nachdem Ximena gekommen war, drehte er sie um und sah ihr in die Augen. Noch war es nicht zu Ende. Nicht für ihn. Er hatte sich zurückgehalten. Nun lag sie unter ihm, so, wie es ihm offenbar am liebsten war. Langsam bewegte er sich hin und her, immer schneller, bis er kam und sie auch noch einmal. Zu ihrer Überraschung, denn bei ihr waren multiple Orgasmen eher selten. Dafür beneidete sie Burglind, die es anscheinend gar nicht anders kannte. Doch auch Ximena war im

Gegensatz zu vielen anderen Frauen gesegnet. Sie kam nicht nur klitoral, sondern auch vaginal und das erstaunlich oft.

»Ich mag dich, du gefällst mir«, sagte Thomas, als sie nebeneinander lagen. Sie ahnte, was er dachte. So stramme große Titten, noch dazu silikonfrei und Natur pur, bekam auch einer wie er vermutlich nicht oft zu sehen. Ximena freute sich wieder einmal über die Tatsache, dass sie die erotische Mischung einer mexikanischen Mutter und eines norwegischen Vaters war. Aber sie war mehr als das. Sie war clever und selbstbewusst, eine Frau, die sich nahm, was sie wollte. Und dieses Gesamtpaket beeindruckte Thomas. Das spürte sie. Er gefiel ihr auch, denn er war recht groß und muskulös, das Fitnesscenter lohnte sich sichtlich. Sein Lächeln konnte Eis zum Schmelzen bringen, und seine hohen Wangenknochen machten sein Gesicht markant. Thomas erinnerte sie ein wenig an den jungen Val Kilmer als Gegenüber von Tom Cruise in *Top Gun*.

Der Sex mit Thomas war spektakulär, was vielleicht auch daran lag, dass sie ihren Mann schon lange nicht mehr betrogen hatte. Umso dankbarer war sie für diese Abwechslung. Davor hatte sich schon lange keine Gelegenheit mehr ergeben. Ximena arbeitete fast rund um die Uhr, oder sie genoss mit ihrem Mann Städtetrips und Wellness-Wochenenden. Fremdgehen war ein äußerst seltener Luxus.

Und es hatte sich gelohnt. Dank Thomas fühlte sie sich seit langem wieder so richtig jung. Ihr Plan war aufgegangen. Endlich. Das Feuer war zurückgekehrt. Aber sie fühlte mehr als nur das. Sie war tatsächlich im besten Alter, daran hatte sie keinen Zweifel mehr. Sie kannte ihren Körper. Sie wusste, was sie mochte und was nicht. Sie konnte ihre hormonellen Höhenflüge jetzt erst so richtig genießen, viel intensiver als früher. Ximena hatte all die vielen Vorteile des Alters auf ihrer Seite. »Mit 18 wollen Männer ficken und Frauen reden.« Das hatte ihre mexikanische Mutter immer wieder mal gesagt und dann gemeint, das Blatt würde sich erst zwanzig Jahre später wenden. Tatsächlich, das hatte Ximena gelesen, genossen Frauen Sexualität mit dem Alter immer mehr. Sie werden aktiver und lustvoller, während Männer tendenziell abbauen. Auch kommen Frauen mit zunehmendem Alter leichter. Vielleicht sollte Ximena das Lilly weitersagen, es könnte ihr Mut machen.

»Danke für den guten Sex«, sagte sie lächelnd.

»Danke?«

»Ich gehe jetzt.«

»Wie meinst du das?«

Ximena kannte das von früher. Die Männer waren überrascht von ihren unerwarteten Abgängen.

»Es ist schon spät«, erklärte Ximena.

»Es ging dir also nur um Sex. Ich dachte, ich sollte dir etwas verkaufen. Was war es noch mal?«

»Ein Schachspiel.« Ximena lachte. »Klar ging es um Sex.« Er wich zurück, als sie ihn küssen wollte.

»Nächste Woche? Gleicher Ort, gleiche Zeit?«, fragte sie.

»Lass mich darüber nachdenken.«

»Wie? Willst du nicht mehr? Hat es dir nicht gefallen?«

»Wenn ich anrufe, hat es mir gefallen.« Thomas wirkte mit einem Mal überheblich.

Ximena war verstört. So ein Arschloch! Wortlos zog sie sich an und verließ die Wohnung. Ihre Cartier-Brille ließ sie auf seiner großen Couch liegen.

28

Lillys neuer Guru

Der Mann, der Lilly die Tür öffnete, trug eine goldene Krone auf dem Kopf. Kaum war sie eingetreten, sprudelte es bereits aus ihm heraus.

»Ich bin aufgewachsen als Sohn eines Kommunisten, damals in Jugoslawien, und war immer schon der Paradiesvogel in meiner Familie. Seit ich denken kann, bin ich sozusagen royal veranlagt, habe immer von Königen und Prinzen geträumt, und nun, nachdem ich in der Wiener Szene als Dragqueen und Organisator von U4-Partys, Falco-Events und mehr als tausend Modenschauen echt viel erreicht habe, setze ich mir selbst eine Krone auf. Ist zwar nur aus dem Kostümfundus, fühlt sich aber trotzdem gut an.«

Mario Soldo hatte ihre Fragen zu seiner Vorgeschichte und seinem ausgefallenen Outfit beantwortet, bevor Lilly sie überhaupt stellen konnte. Sie war nervös. Wie sollte sie sich verhalten? Worüber würden die Menschen hier wohl reden? War sie richtig angezogen?

Lilly hatte sich schön gemacht für diesen besonderen Abend. Ihre silbergrauen Leggins glitzerten, ihre High Heels hatten Achtzentimeterabsätze, ihr neues, rotes Top betonte ihren Busen, der V-Ausschnitt war tief. Das heiße Oberteil war ein Geschenk ihres Freundes Michael. Er hatte Geschmack.

Lilly wollte gut aussehen. Sie wollte sexy sein. Als sie sich vorhin zurechtgemacht hatte, hatte ihr der Spiegel eine neue, noch etwas unsichere, aber aufregende Lilly gezeigt. Die Falten im Gesicht störten nicht mehr. Auch Stefan war diese Verwandlung nicht entgangen. Aber sie schien ihn mit Sorge zu erfüllen, nicht mit Freude. Ob er Angst hatte, dass die neue Lilly etwas anderes wollte? Etwas Neues?

Jetzt stand sie in Mario Soldos Atelier, wohin Michael sie mitgenommen hatte, und einmal mehr quälten sie unzählige Fragen, aber Marios warmherzige Art hatte sie schon ein wenig beruhigt. Sie begann sich zu entspannen. Michael hatte ihr gesagt, sie wären wegen einer »Mission« hier. Wie diese aussehen sollte, hatte er allerdings nicht verraten.

Mario war nicht nur Dragqueen, sondern auch Künstler, Galerist, Modelagent und ein Mann mit viel weiblichem Anteil. Er beeindruckte Lilly. Der gebürtige Kroate wohnte in einem Erdgeschoßlokal in Wien-Wieden, das Galerie und Wohnung zugleich war. Lilly ging neugierig durch die warmen Räume. Überall bunte Bilder, Teppiche und Decken, schöner Kitsch. Sie sah eine Spiegelkommode und goldene Spiegel. Sie blieb vor einer schrill gemusterten Wand stehen.

»Gefällt sie dir?« Mario stand auf einmal neben ihr.

»Sehr.« Lilly mochte ihn jetzt schon.

»Das Bett dort drüben habe ich gratis bekommen, von einem Online-Inserat. Ein reicher junger Russe hat es verschenkt. Einfach so. Er hat nur zweimal darin geschlafen und wollte sich neu orientieren, wie er es formuliert hat.« Mario lachte.

»Da hattest du großes Glück«, meinte Lilly.

»Komm weiter, ich zeige dir den Rest.«

Österreichs berühmteste Dragqueen führte Lilly in den hinteren Teil des Ateliers. Überall standen Pflanzen und an den Wänden hingen Modefotografien. Im Vorbeigehen stellte er ihr seinen auf einem Sofa schlummernden Hund namens Tosca Lucrezia Jovanka vor. Lilly musste an ihre eigenen Haustiere denken. Sissi und Gerti. Gerti, die faule, dicke britische Kurzhaarkatze war charmant, aber eingebildet. Solange ihr Sissi, die 16 Jahre alte und meist schlecht gelaunte Dackeldame, nicht die Show stahl, war alles gut. Und das tat Sissi eigentlich nie. Denn Sissi war eine Einzelgängerin. Sie mochte es nicht, berührt zu werden. Also überließ sie Cindy gerne die vielen Streicheleinheiten der Familie.

Für Cindy hatte Stefan sogar einen kleinen Spiegel an ihrem Körbchen montiert. Katzen hielten ihr Spiegelbild gewöhnlich für ein anderes Tier, doch Cindy hatte die Sache offenbar verstanden und stolzierte täglich hoch erhobenen Hauptes vor dem Vorzimmerspiegel auf und ab. Der Spiegel am Körbchen, so der Gedanke, würde ihr vielleicht zusätzlich Freude bereiten. Als Lilly sich heute im Spiegel betrachtet hatte, fühlte sie sich wie die stolze Cindy. Der Gedanke ließ sie lächeln.

Mario trug ein hellblaues Glitzer-Kleid. Lilly dachte an Laura, ihre bald achtjährige Tochter, die ein ähnliches besaß. Er war professionell geschminkt, aber nicht so stark, wie sie es erwartet hatte. Sie bemerkte eine geschickt aufgetragene Foundation, die war wichtig für einen makellosen Teint, Abdeckcreme, Puder, Lidschatten, Eyeliner, Mascara und Rouge. Mario wusste, was er tat. Die Farben waren bunt, aber nicht schrill, eher mädchenhaft verspielt. Lilly war begeistert. Dabei hatte er es sicher nicht leicht gehabt, als Ausländerkind, das ganz anders war. Mario war als Mann geboren worden, hatte aber wegen einer hormonellen Überproduktion als Teenager Brüste bekommen. Er war intersexuell, ein überaus charmantes Zwitterwesen, allerdings kein Mode-Trans. Mario Soldo war nicht intersexuell, weil es gerade en vogue war, er war authentisch.

Wie alt er wohl war? Ob er noch immer viel Sex und auch viele Orgasmen hatte? Lillys Fragenfabrik war wieder angesprungen und bei ihrem neuen Lieblingsthema gelandet.

»Hinsetzen, Lilly«, unterbrach Michael ihre Gedanken, »Lass dich jetzt von Mario verwöhnen.« Während Mario in der Küche verschwand, führte Michael seine liebste Freundin zu einer langen Tafel. Was folgte, war wie erwartet ein kulinarischer Hochgenuss. Der Hausherr servierte »Coq au vin«. Das Hähnchen hatte er in Rotweinsauce geschmort, der Speck war zart angebraten, mit Kräutern der Provence und gerösteten Pilzen. Lilly genoss jeden Bissen. Dabei war sie eine schlechte Esserin. Sie wog knapp fünfzig Kilo bei einer Körpergröße von 170 Zentimetern. Doch Marios Essen war viel zu gut, um etwas übrig zu lassen.

Die anderen Gäste waren eine Galeristin, zwei Models und einige Künstler. Marios Freunde erzählten beim Essen, wie aufregend Wien früher war, als Popstar Falco noch lebte und sie sich alle bei Marianne Kohn, Wiens bekanntester Barfrau und »Königin der Nacht«, in der berühmten *Loos Bar* trafen. Kohn sei ein Magnet für alle geblieben, die gute Unterhaltung und verrückte Partynächte schätzten.

Nach dem Hauptgang redete Mario über Politik. »Der Rechtsruck wird zum Problem«, meinte er. »Schlimm, aber wir sind selbst schuld, weil wir die Integrationsprobleme verschlafen haben.«

Mit ihren Freundinnen sprach Lilly selten über Politik. Sie mieden das Thema, denn sie wussten um seine Sprengkraft, und ihre Freundschaft war ihnen zu wichtig. Sie kannten nur die ungefähre Schlagrichtung. Burglind war rechts, Greta eher links bis gar nichts und Ximena und Nadine waren neoliberal. Lilly wählte aus familiärer Tradition konservativ. Wenn sie bei gewissen Themen mit den Grünen sympathisierte, etwa bei Klimafragen, kam ihr das jedes Mal wie ein Tabubruch vor.

Lilly merkte, wie sie sich aus der Diskussion ausklinkte und an Stefan dachte. Sie fühlte sich unendlich weit von ihm entfernt. Das störte sie gar nicht sonderlich, was ihr merkwürdig vorkam. Schließlich waren sie seit mehr als 25 Jahren ein Paar. Wie es wohl weitergehen würde? Sie hatte ein schlechtes Gewissen. Ob Gott wollte, dass sie sich von ihm trennte? War persönliches Glück wichtiger als ewige Treue? Oder war beides immer noch möglich?

»Ach, Politik«, sagte Julia, die Galeristin. »Lasst uns über etwas anderes reden.« Sie hob ihr Glas Wein und prostete Mario zu. »In einigen Jahren wirst du sechzig. Lässt die Kraft da nicht schon etwas nach?«, fragte sie plötzlich.

»Wie meinst du das? Ich habe Kraft wie ein junges Fohlen.« Mario lachte.

»Ich meine deine Libido, Mario.« Jetzt lachte auch Julia, und ihre schwarze Mähne fiel ihr seitlich ins Gesicht.

»Ach die! Ich klopfe gleich mal auf Holz. Ich fahre fast jedes Jahr zum *Lighthouse Festival*. Da sind 5.000 junge Menschen, mit denen ich Geburtstag feiere, und als Höhepunkt springe ich traditionell im Fummel in den Pool. Das mache ich, solange es geht. Ich muss sagen, ich habe wirklich gerne Sex. Ab und zu habe ich sogar göttlichen Sex, bei dem ich mir denke: Wow! Fantastisch!«

»Sehnst du dich nicht nach einer langen Partnerschaft?«, fragte Lilly und hatte im gleichen Moment das unbehagliche Gefühl, etwas schrecklich Unpassendes und Spießiges gesagt zu haben.

»Ja und nein«, antwortete Mario ernst. »Ich war schon oft unglücklich verliebt. Nach drei Monaten war es meist nicht mehr so spritzig wie am Anfang. Das Zusammenleben, das Zusammenraufen, das Gelübde der Treue, all das war nichts für mich. Ich bin lieber unabhängig. Liebst du jemanden, dann liebst du jemanden. Aber dann ist irgendwann der Sex nicht mehr so toll. Und darauf verzichten? Nein. Dafür kann Sex zu großartig sein.«

Das Gespräch wandte sich wieder anderen Themen zu. Lilly genoss es, diesen fröhlichen, klugen, lebenslustigen Menschen zuzuhören. Gegen 23 Uhr verabschiedete sie sich. Michael und Mario begleiteten sie zur Tür. Als sie Michaels Grinsen sah, fiel ihr wieder ein, dass er sie mit einer bestimmten Absicht hierhergebracht hatte. Ob er ihr bloß neue Sichtweisen zeigen wollte? Oder steckte mehr dahinter?

»Lilly und ich sind auf einer Mission«, sagte Michael wie aufs Stichwort, während er Lilly in die Jacke half.

»Was denn für eine Mission?«, fragte Mario interessiert.

»Gut, dass du fragst«, sagte Michael ruhig, der vermutlich gewusst hatte, dass Mario fragen würde. »Wir suchen für Lilly einen Orgasmus-Trainer.«

Lilly spürte, wie sie rot anlief. Es hätte sie nicht gewundert, wenn Dampf aus ihren Ohren aufgestiegen wäre.

»Michael!«, sagte sie und wäre am liebsten aus der Tür gerannt.

»Mein Spezialgebiet!«, rief Mario glücklich aus, »wir starten die Expedition O!« Damit hatte Lilly nun wirklich nicht gerechnet. Was sollte das überhaupt sein, ein Orgasmus-Trainer?

»Das muss dir gar nicht unangenehm sein«, sagte Mario, der Lillys Unbehagen gespürt haben musste. »Viele Frauen haben Probleme, einen Orgasmus zu kriegen. Kein Wunder, so unfähig, wie die meisten Männer sind!« Michael nickte wissend.

»Würdest du Lilly bei dieser Expedition begleiten?«

»Willst du das?«, fragte Mario, diesmal an Lilly gerichtet.

Lilly wusste es nicht. Wollte sie das? Sie wusste, dass sie einen Orgasmus wollte. Mehr denn je. Sie wollte ihn als Zeichen der Freiheit, der Selbstbestimmung. Sie wollte die Frau sein, die sie heute Abend im Spiegel gesehen hatte. Eine Frau, die Lust verspüren konnte, die Spaß hatte, die mit sich selbst glücklich war. Und wer könnte ihr das besser beibringen als Mario Soldo?

»Ja«, sagte Lilly leise. »Ja, das wäre wirklich toll.«

»Großartig!«, rief Michael aus. »Mario und ich machen gleich einen Plan. Nicht wahr, Mario?« Die beiden wirkten mit so viel Begeisterung und Ernsthaftigkeit bei der Sache, als würden sie sich nicht um Lillys Orgasmus, sondern um die Rettung des Klimas kümmern.

»Jetzt muss ich aber wirklich los«, sagte Lilly.

»Wir sehen uns bald!«, versicherte Mario.

Erst umarmte sie Michael und danach gleich Mario, bedankte sich für den schönen Abend und nahm draußen die Sneakers aus ihrer Tasche. Bruno, ihr Arzt, meinte, sie dürfe sich nun schon mehr bewegen und sollte täglich spazieren gehen. Ihr Heimweg durch die Stadt würde etwa vierzig Minuten dauern, vielleicht eine Stunde. Herrlich. Und keine Spur von Regen. Lilly hatte Glück. So einen klaren Sternenhimmel hatte sie schon lange nicht mehr bewusst wahrgenommen. Schade, eigentlich. Die Welt war voller Schönheit, man musste sie nur sehen.

Lilly betete, während sie die Wiedner Hauptstraße hinunterspazierte. Sie bedankte sich bei Gott, der Gottesmutter Maria, ihrem Sohn Jesus und den Engeln für ein Leben in Gesundheit und Wohlstand. Sie betete für ihre Kinder und dafür, sexuelles Glück zu finden. Und sie betete für Stefan und darum, ihn niemals zu verletzen, obwohl sie ahnte, dass es unausweichlich sein würde.

Mit jedem Schritt spürte sie, wie ihre Lebensgeister erwachten. Wie schön Wien bei Nacht doch war. Sie summte Rainhard Fendrichs Hit *Haben Sie Wien schon bei Nacht geseh'n?* Er sprach ihr aus der Seele. Der Song handelte von der Einzigartigkeit Wiens. Und Lilly war Vollblutwienerin. Gebürtig aus Hietzing, aber für Stefan hatte sie ihr geliebtes Viertel verlassen und war in die viel befahrene Nußdorfer Straße gezogen, gleich in der Nähe des Wiener Gürtels, eine für Lilly weniger schöne Gegend.

Stefan war ein guter, verlässlicher Partner. Das wusste Lilly. Aber es fehlte ihr etwas, wenn sie bei ihm war. Mit ihm erfuhr sie das Glück nicht, nach dem sie sich so sehnte.

Sie lief jetzt immer rascher Richtung Stadtzentrum. Lilly spürte ihr eigenes Lächeln im Gesicht. Vielleicht sollte sie endlich etwas völlig Neues starten? Zum Beispiel ein Geschäft eröffnen? Aber wie sollte sie das Startkapital aufbringen, und welche Produkte könnte sie verkaufen? Sollte sie Nadine um Geld bitten?

Lilly atmete tief durch. Sie genoss die klare Nacht und die milden Temperaturen, als ihr Blick auf einen zusammengekauerten Mann am Straßenrand fiel. Er saß am Gehsteig und wirkte verwahrlost und betrunken. Lilly bekam Angst und überlegte, die Straßenseite zu wechseln. Bevor sie sich entschieden hatte, warf das blinkende Neonzeichen eines Wettbüros sein fahles Licht auf das Gesicht des Mannes. Lilly erschrak, als ihr klar wurde, dass sie dieses Gesicht nur zu gut kannte.

29

Jour fixe

»Fassen wir also zusammen«, sagte Burglind, nachdem ihr der Kellner ein Glas Sekt hingestellt hatte. Sie strahlte in die Runde.

»Ximena, du kleines Luder, hast anscheinend ein neues sexy Geschäftsmodell für Detektive gefunden. Lilly, du befindest dich mitten auf der Expedition O und erfindest dich dabei völlig neu. Greta, Schätzchen, auf dich bin ich besonders stolz. Bruno und Kopfkino tun dir gut. Du siehst fabelhaft aus!« Burglind grinste zufrieden. »Na, wenn das kein Anfang ist, Mädels!«

Ich wusste, dass es an der Zeit war, ihr reinen Wein einzuschenken. Oder in ihrem Fall doch wohl lieber Sekt.

»Bruno ist pervers«, platzte ich mit meiner Neuigkeit heraus.

»Er ist was?« Burglind nippte ruhig an ihrem Glas. Sie schien sich zu bemühen, ihn langsamer als sonst zu trinken. Vielleicht wegen ihrer überschüssigen Kilos, die ihr weiter roter Pullover einigermaßen kaschierte. Es war trotzdem schon das zweite Glas. »Du übertreibst bestimmt. Was meinst du denn damit?«

»Der Kerl ist pervers. Wollt ihr wissen, wohin er mich bei unserem ersten Date als große Überraschung mitgenommen hat? Auf eine sexpositive Party!«

»Was erwartest du dir? Er zeigt dir offen, worum es ihm geht. Er ist ehrlich.« Burglind reagierte, als wären sexpositive Partys die normalste Sache der Welt. Vielleicht hatte sie sogar recht. Offenbar wussten alle bis auf mich, was eine sexpositive Party überhaupt war. Burglind hatte nicht einmal nachgefragt. Sogar die keusche Lilly schien zu wissen, worum es sich handelte.

Im *Motto am Fluss* war viel los. Die Musik lief ungewöhnlich laut, und ich war genervt. Mussten sie Pop spielen, noch dazu Britpop? Das war so gar nicht meins. Das Pärchen am Tisch nebenan unterhielt sich fast schreiend. Es interessierte mich nicht, dass ihre Mutter eine geizige alte Frau war, die seit Wochen mit Blasenschwäche im Bett lag.

»Ich finde Bruno taktlos«, sagte Lilly. »Es gibt doch so viele Wege, eine Frau zu erobern. Warum kommt er gleich mit dem Vorschlaghammer?«

Sie gab mir Rückendeckung. Ihre Expedition O schien Wunder zu wirken. Sie war wie ausgewechselt, selbstbewusster, stärker, fröhlicher. Sie trug schon im Frühherbst ein frühlingshaftes Blumenkleid, das ihre schönen Kurven ein wenig betonte.

»Was regt ihr euch auf?«, schimpfte Ximena. »Ich finde sexpositive Partys sehr interessant.«

Sie also auch. »Warst du schon auf einer?«, fragte ich sie überrascht.

Sie nickte. »Mit Nadine, aber das ist Ewigkeiten her.«

»Mit Nadine?« Das wurde ja immer schlimmer. Ich schüttelte ungläubig den Kopf. Waren meine Freundinnen sexuell erfahren und aufgeschlossen und nur ich total verklemmt?

Burglind lachte. »Mit Nadine? Du musst dich irren, Kindchen. Die würde doch nie auf eine sexpositive Party gehen.«

Ich teilte Burglinds Meinung. Dafür war Nadine viel zu konservativ. Oder doch nicht? Mir fiel wieder meine Mutter ein und ihre gebetsmühlenartige Weisheit, Dinge seien oft nicht so, wie sie schienen.

»Nadine hat sich dort vorzüglich amüsiert. Obwohl sie keinen Sex hatte.« Ximena lächelte. »Ganz im Gegensatz zu mir.«

Burglind wurde unruhig, ich merkte, wie ihre Blicke ruhelos durch das Restaurant streiften.

»Alles okay bei dir?«, fragte ich sie.

»Nichts ist okay. Gar nichts.«

Ich war überrascht. Hatte sie das tatsächlich gesagt? Burglind, die Chefoptimistin, die Sex liebte und ihren Körper, so wie er war? Burglind, die gerne alterte, einen guten Job, viele Freiheiten und zwei wunderbare Töchter hatte? Bei ihr sollte auf einmal gar nichts mehr okay sein?

»Jusuf hat wenig Zeit«, sagte sie. »Seine Frau war krank. Die Kinder und ich haben ihn in letzter Zeit kaum gesehen.«

Wir schwiegen. Seit etwa 15 Jahren war Burglind die Nummer zwei. So richtig klar schien ihr das erst jetzt erst zu werden.

»Oh Süße, das tut mir leid.« Vergeblich versuchte ich sie zu trösten. Eine Kellnerin servierte dem Paar neben uns Müsli mit Joghurt. Seltsame Übelkeit stieg in mir auf. Zumindest würden sie jetzt essen, anstatt so laut weiterzureden.

»Kindchen, machen wir kein Drama daraus«, sagte Burglind schließlich, als wäre doch alles in Ordnung. »Dafür hatte ich Sex mit Dominik, vor Tamaras Augen.« Sie kicherte wie ein verliebtes Mädchen. »Es war zwar kein Highlight, aber immerhin etwas, woran ich mich noch lange erinnern werde.«

Offenbar versuchte Burglind, ihren Frust zu betäuben. Hatte sie gerade gesagt, dass sie Sex mit Dominik gehabt hatte und Tamara dabei gewesen war? Ich blickte zu Lilly, die vor Schreck erstarrt war. Wie zuletzt, als Burglind vom Sex mit einem Unbekannten in einer öffentlichen Sauna erzählt hatte. Burglinds Sexpraktiken passten so gar nicht in Lillys zumindest noch bis vor kurzem fromme Welt.

»Ich habe mich verknallt«, platzte es auf einmal aus Ximena wie aus heiterem Himmel heraus. »Und zwar so richtig.«

»Du hast was?« War ich in einer Folge von »versteckte Kamera« gelandet? Das wurde ja immer schlimmer.

»Ich habe euch doch von Thomas erzählt.«

»Die Zielperson, die dein Detektiv markiert hat«, erwiderte ich lachend.

Ximena nickte. »Wir hatten Sex und es war unglaublich. Wie ein Feuerwerk. Aber es war mehr als das. Es war Magie.« Ximena brachte verlegen den Kragen ihrer weißen Bluse in Ordnung und seufzte laut. Sie wirkte enttäuscht.

»Schätzchen, das ist doch schön. Du wolltest ja guten Sex, oder?«, tröstete sie Burglind.

Der Kellner reagierte nicht auf Ximenas Winken. »Das dachte ich zumindest. Aber jetzt geht mir der Kerl nicht mehr aus dem Kopf. Ich sehe ihn überall und rieche ihn überall. Es ist verrückt.« Zaghaft fügte sie hinzu: »Wird er mich anrufen? Was meint ihr?«

Wir waren wie Teenagerinnen, bloß nicht mehr ganz so optimistisch. Das waren die Zeichen der Zeit.

»Warum rufst du Thomas nicht einfach an?«, fragte Lilly.

»Nein, das geht nicht, das wäre schwach, eine Niederlage«, sagte Ximena zerknirscht. »Aber ich habe meine Lieblingsbrille bei ihm vergessen.«

»Was für ein Zufall«, lachte Burglind.

»Ist euch nicht aufgefallen, dass ich heute Gucci statt Cartier trage?«

Burglind verdrehte die Augen. »Den Unterschied merkst nur du.«

Wir schwiegen. In meinem Strickkleid begann ich zu schwitzen. Ob das wirklich reine Baumwolle war, wie auf dem Etikett angegeben?

»Ich weiß nicht, wie es euch geht, aber ich habe keine Angst mehr vor Veränderung«, sagte Lilly unvermittelt. Es klang wie ein Angriff und passte gar nicht zu ihr. »Mario Soldo wird jetzt also tatsächlich mein Orgasmus-Trainer. Ich mag ihn, und ich glaube, mit ihm kann ich es schaffen.«

Es war, als würde alles in unserer kleinen Freundinnen-Welt außer Kontrolle geraten. Ximena war schließlich verheiratet. Lilly auch. Sollte sie nicht besser die Sache mit Stefan in Ordnung bringen, statt auf Orgasmus-Jagd zu gehen und womöglich die Menschen, die ihr wichtig waren, zu verletzen? Schließlich hatte sie auch Kinder. Andererseits war ich wohl kaum in der Situation, Ratschläge zu erteilen. Sollte ich nicht besser mein Kopfkino abdrehen, um mich um Ben zu kümmern?

Da lief schon der nächste Film. Keine zehn Meter vor mir stand dieser süße Kellner. Ich hörte, wie ihn ein Kollege Leo nannte. Leo, vermutlich keine dreißig Jahre alt, warf mir ein keckes Lächeln zu. Ich sah die Szene vor mir, als wäre sie eine

Erinnerung: Leo ging auf mich zu. Es war wie in einer dieser kitschigen Serien, in denen Männer Frauen eroberten, die sich dann mit einem leise gehauchten »Ach« hingaben. Einfach so. Als wäre es das Natürlichste der Welt, schnell mal die Beine breitzumachen. Ich spürte Leos Lippen auf meinem Gesicht. Er hob mich mit seinen starken Armen vom Stuhl, zog mir mein Strickkleid hoch, und wir trieben es vor den Augen aller am Tisch. Ach herrje.

Hoffentlich würde Bonelli bald wieder Zeit für mich haben.

30

Unerwarteter Besuch

Ximena schüttelte verärgert den Kopf. Sie konnte und wollte es nicht glauben. Thomas hatte noch immer nicht angerufen. So ein Mistkerl! Bald war ihr Treffen eine Woche her.

Sie saß an ihrem Schreibtisch und wusste nicht, wie sie ihn aus dem Kopf kriegen sollte. Lustlos ging sie zur Kaffeemaschine, die auf einem Pult neben ihrer Bürotür stand. Ximena trank sonst höchstens drei Espressi am Tag. Heute war es ihr vierter, dabei war es noch nicht einmal 14 Uhr.

Traurig nahm sie wieder Platz und dachte über ihr Leben nach. Ximena wusste, dass es gut war. Eigentlich sogar perfekt. Mindestens einmal im Monat reiste sie nach Madrid, Paris, London oder New York, um an Konferenzen teilzunehmen. Träumten nicht alle Frauen von so einem Job? Sie verwirklichte sich auf mondäne Weise selbst. Sie hatte laufend strategische Besprechungen, plante Expansionsschritte, analysierte Branchentrends und durfte manchmal sogar neue Hotels und Restaurants testen.

Doch die Arbeit machte ihr weniger Spaß als früher. Die Menschen sparten, und die gesamte Tourismusbranche hatte es verabsäumt, mehr Angebote für einkommensschwächere Gruppen zu schaffen. Die Stimmung im Konzern war schlecht, und Ximena hatte es zunehmend satt, nur für die

Arbeit zu leben. War diese es wirklich wert, auf so vieles zu verzichten? Mittlerweile stellte sie sich diese Frage fast täglich.

Ximena wollte an den Wochenenden mit ihren Freundinnen in einer Therme chillen. Sie wollte Partys besuchen, abends nett essen gehen und spannende Liebesabenteuer erleben. Schöne Städte besuchen und dort auch mal Zeit zum Shoppen haben. All das jetzt. Sofort. All das bedeutete Jugend.

Ximena seufzte tief. So wie sie es immer tat, wenn sie Stress hatte oder unzufrieden war. Die Zeit lief ihr davon, daran hatte sie keinen Zweifel. Ach ja, sie wollte Doktor Martina Blaho noch anrufen, ihre Beauty-Ärztin in der Wiener Innenstadt. Höchste Zeit für eine Ampulle Hyaluron. Ein wenig Botox würde auch nicht schaden. Martina konnte wahre Wunder wirken.

Ximena nahm ihre protzige Gucci-Brille von der Nase. Was bildete sich dieser Thomas eigentlich ein? Hatte ihm der Sex nicht gefallen? Ximena war verunsichert. Vielleicht war sie zu passiv gewesen, vielleicht hatte sie sich zu sehr verwöhnen lassen. Wenn es doch noch ein nächstes Mal gab, würde sie diesen Fehler nicht wieder machen. Burglind wäre das nie passiert. Sie thronte immer siegessicher auf ihren Männern.

Ximena warf einen Blick aus dem Fenster. Dunkle Wolken bedeckten den Himmel. Ein Schwarm Krähen hatte auf dem gegenüberliegenden Dach Platz genommen. Vögel hatten ein hartes Leben, dachte Ximena, ständig mussten sie um jeden kleinen Happen Nahrung kämpfen. Wenigstens das blieb ihr erspart.

Eine Stimme riss sie aus ihren Gedanken.

»Frau Direktor, ein Herr ist für Sie da.«

»Wer ist es?« Ximena richtete ihr blaues Sakko zurecht.

»Bauer.« Die Sekretärin zuckte mit den Schultern. »Georg Bauer.«

Ximena verzog angewidert das Gesicht. Der hatte ihr gerade noch gefehlt.

»Lassen Sie ihn herein. Er bleibt nur kurz«, erwiderte sie kalt und richtete sich auf, um körperliche Dominanz auszustrahlen. Er sollte nicht mitbekommen, wie geknickt sie gerade war.

»Ximena!« Georg strahlte. »Du siehst gut aus!«

»Was willst du?« Georg hatte mal wieder viel zu viel Gel in den Haaren und in seiner schwarzen Jeans ähnelte er einer Knackwurst.

»So schroff? Ich will nur kurz mit dir reden.« Er ging einen Schritt auf Ximena zu. Mit einer abwehrenden Geste ihrer Hand befahl sie ihm stehenzubleiben.

»Aber ich will nicht mit dir reden. Du machst Nadine unglücklich.«

»Nur, wenn sie davon erfährt, und du wirst es ihr nicht sagen.«

»Nadine ist unglücklich. Sie fühlt sich von dir nicht wahrgenommen. Und dann nimmst du deine Seitensprünge offenbar auch noch mit nach Hause.« Ximena sah aus dem Fenster. Sie wollte möglichst wenig Blickkontakt mit Georg.

»Wie kommst du darauf?«

Ximena winkte ungeduldig ab. »Du schläfst nicht mehr mit Nadine.«

»Warum müsst ihr Frauen alles zerreden?« Georg seufzte. »Sex ist nicht alles.«

»Offenbar doch, sonst würdest du nicht fremdgehen.«

Georg wirkte nervös. Er baute sich vor ihrem Schreibtisch auf, beugte sich zu ihr hinunter, bis sein Gesicht nur wenige Zentimeter von ihrem entfernt war, und sah sie eindringlich an. »Ximena, bitte, sag es ihr nicht. Ich versuche die Sache mit Nadine hinzukriegen und beende diese Affäre.«

Er hatte Mundgeruch. Sie verzog angewidert das Gesicht. Knoblauch? Abgestandenes Fett? Musste das denn sein?

»Das soll ich glauben?«

»Gut, dann anders. Du sagst ihr kein Wort, oder ich erzähle ihr alles.«

Ximena riss die Augen auf.

»Du drohst mir, wegen einer dummen …«

»Genau das tue ich.«

»Raus aus meinem Büro. Sofort! Oder ich ruf die Security.«

Georg grinste höhnisch.

Draußen hörte Ximena die Vögel kreischen. Auch sie schienen diesen hinterhältigen Typen zu verachten.

31

Ich im Dampfbad –
(fast) ganz allein

War er das? Auch das noch! Das durfte nicht wahr sein. Meine Gedanken spielten mir Streiche. Ich schüttelte den Kopf und betrachtete mein Frühstück. Rührei mit Speck, Tomaten und Gurken. Daneben frisch gepresster Orangensaft und Joghurt-Müsli. Schade, dass das *La Vita* bald zusperren würde.

Das *La Vita* war ein Ort für Frauen, Kinder und Männer waren unerwünscht. Zweimal im Jahr gönnte ich mir diesen Luxus der Stille. Es waren Tage nur für mich. Ein Ticket kostete 108 Euro, angesichts des Angebots eigentlich zu billig, fand ich, aber mehr wollten die Gäste anscheinend nicht bezahlen. Inkludiert waren Frühstück, Mittagessen und Nachmittagssnack, Getränke sowie Wellnessangebote wie Sauna und Dampfbad.

Genüsslich trank ich meinen Orangensaft und blätterte in der Zeitung. Die Cafeteria war in warmen Brauntönen gehalten. In jeder Reihe gab es nur zwei oder drei Tische, wodurch das Ganze einen ruhigen und familiären Touch hatte.

Beim Kaffeeholen fühlte ich mich beobachtet. Unauffällig sah ich mich um. War er das vielleicht doch? Unmöglich. Da hinten, vor der Küche, stand ein Mann, der wie Bruno aussah, zumindest von hier aus. Er war wohl ein Koch oder ein Kellner. So schnell ich konnte und möglichst ohne aufzufallen, ging ich hinüber. Aber als ich vor der Küche stand, war da niemand. Wurde ich allmählich verrückt? Kopfschüttelnd ging ich an meinen Platz zurück. Ein paar Tropfen Cappuccino fielen auf mein orangefarbenes T-Shirt. Auch das noch.

Der Gedanke an Bruno ließ mir keine Ruhe. Ich begehrte ihn. Wie gern hätte ich ihn geküsst, neulich in seinem Auto, gleich nach dieser schrägen Party. Trotz allem. Stattdessen riss ich die Tür auf und lief davon. Dreimal rief er mich noch an, an einem einzigen Nachmittag, aber ich hob nicht ab. Ich konnte nicht.

Seither herrschte Funkstille. Ich vermisste ihn, aber ich wusste, dass ich erst die Situation mit Ben hinkriegen musste. Schon allein wegen Elias. Bloß wie? Die Stimmung zwischen uns wurde immer unerträglicher. Wir gingen einander aus dem Weg und wechselten kaum noch ein Wort. So konnte es nicht weitergehen. Schade, dass mein nächster Termin bei Bonelli erst nächste Woche sein würde.

Langsam zog ich in der Umkleidekabine Jeans, Sportschuhe und T-Shirt aus, schlüpfte in den weißen Thermen-Bademantel und verstaute die Straßenkleider in einem Spind. »Wisst ihr, wo ich bin?«, schrieb ich meinen Freundinnen auf dem Weg zum Pool in die Gruppe der jungen Hühner.

»In Brunos Bett?«, kam sofort Ximenas freche Antwort.

In letzter Zeit klebte sie geradezu am Handy. Vermutlich hoffte sie auf eine Nachricht von Thomas. Ich kannte sie so gar nicht. Normalerweise arbeitete sie fast ohne Unterbrechung. Dieser ominöse Kerl schien ihr wichtiger zu sein als ihre Karriere und auch wichtiger als ihr Mann, über den sie schon lange nicht mehr gesprochen hatte.

»Im La Vita«

Ich fügte darunter noch vier Rufzeichen hinzu, um auszudrücken, wie schön ich es hier fand.

Lilly hatte mir erzählt, dass die Therme pleite war und schließen würde, also musste ich noch einmal herkommen, ein letztes Mal. Ich steckte das Handy zurück in die Bademanteltasche, legte mich auf eine weiße Liege und trank ein Glas Wasser mit frischen Gurkenscheiben. Dann sprang ich laut platschend in den Pool, was vermutlich verboten war. Aber es war niemand da, den es hätte stören können.

Nanu! War er das schon wieder? Ich sah, wie der Kellner – oder war es der Koch? – an mir vorbei zum Saunabereich huschte. Er sah Bruno tatsächlich zum Verwechseln ähnlich. Braunes, strubbeliges Haar und ein breites, markantes Gesicht. Schnell stieg ich aus dem Wasser und streifte mir den weichen Bademantel über. Entschlossen folgte ich dem Doppelgänger.

Durften männliche Mitarbeiter in einer Frauentherme überhaupt in den Saunabereich? Ich dachte, hier würden, abgesehen von der Küche, nur Frauen arbeiten. Vor der Sauna standen nur zwei ältere Damen, die offenbar duschen wollten, vor dem Dampfbad war niemand. Ein merkwürdiges Gefühl überkam mich. Hatte ich Halluzinationen? Waren sie die logische Folge meiner vielen Kopfkino-Abenteuer? War ich etwa schon so besessen von Bruno?

Hastig zog ich den Bademantel aus, legte ihn auf das Pult vor das Dampfbad und ging hinein. Auf der feuchten Bank atmete ich tief ein und aus. Ich liebte den Duft von Eukalyptusöl.

»Hoffentlich bist du immer so laut.« Eine Männerstimme drang aus dem Nebel zu mir. »Ich habe dir ja gesagt, dass wir das mit dem Dampfbad nachholen.«

Es war Bruno. Wie war das möglich? Er lag mir direkt gegenüber. Bei all dem Dampf hatte ich ihn nicht gesehen. Um Himmels willen! Mein Hängebusen! Er würde meinen Hängebusen sehen! Schnell legte ich die Hände vor meine Brüste und presste sie so fest ich nur konnte, damit sie fester wirkten.

»Bruno! Bist du verrückt geworden? Das hier ist eine Frauentherme! Die zeigen dich an, wenn sie dich erwischen.«

»Deswegen sperrt mich doch keiner ein.« Er lachte. »Ich musste dich sehen«, sagte er ruhig und setzte sich neben mich. Bruno hatte eine Badehose an. Gott sei Dank.

»Woher weißt du, dass ich hier bin?«

»Lilly kam zur Kontrolle vorbei. Sie hat es erwähnt.«

»Wie bist du überhaupt hier reingekommen?"

»Kontakte.« Bruno lächelte vielsagend. »Die Chefin des Hauses ist eine Patientin und liebe Bekannte.«

Ob zwischen den beiden wohl auch etwas lief? Ich zuckte zusammen. Der Gedanke daran war unerträglich. Ich wollte Bruno nicht teilen.

»Warum hast du nicht zurückgerufen?«, fragte er vorwurfsvoll.

»Ich bin verheiratet. Das mit uns geht nicht. Außerdem bist du pervers. Das geht noch weniger. Deine Sexpartys sind nichts für mich.«

»Dein Mann stört mich nicht. Was die Partys betrifft, gehe ich gar nicht wegen Sex hin. Ich unterhalte mich einfach gerne. Glaubst du mir?«

Ohne meine Antwort abzuwarten, glitt er mit zwei gewandten Bewegungen zu mir auf die Bank hinüber, nahm mein Gesicht in seine Hände und küsste mich. Es war wunderschön. Wir saßen da und küssten uns. Einfach so. Als wäre es das Natürlichste der Welt und als wäre es zwischen uns beiden immer schon so gewesen.

Die ganze Zeit über hielt ich meinen Busen fest. Es musste ein merkwürdiger Anblick sein. Burglind irrte jedenfalls. Es ging ihm nicht nur um Sex, er mochte mich. Bruno spielte verliebt mit meinen Lippen und mit meiner Zunge. Mit seinen Händen streichelte er sanft mein verschwitztes Gesicht. Es stimmte vielleicht wirklich. Wir waren im besten Alter. Das Beste würde erst kommen. Ich spürte wieder die Kraft, die von unserem Pakt ausging. Das Leben, es lag vor uns, wie hatte ich nur je daran zweifeln können?

»Ich gehe jetzt«, sagte Bruno völlig unerwartet, »das hier wird mir zu heiß.«

Was meinte er damit? Unseren Kuss? Die Hitze? Oder die Gefahr, hier und jetzt Sex zu haben und womöglich entdeckt und von aufgebrachten Frauen vertrieben zu werden? Meine Brüste schmerzten vom Zusammenpressen, und ich brachte kein Wort heraus.

»Mit dir bin ich noch nicht fertig«, flüsterte er und verschwand in einem Wirbel aus Dampf.

32

Lillys erste Lektion

»Bist du bereit?«

»Wofür?«

»Das Training beginnt.«

Lilly lächelte. Wieder einmal war sie glücklich, einen Freund wie Michael an ihrer Seite zu haben. Er war etwas früh dran. Verlegen blickte sie sich im Wohnzimmer um. Eigentlich wollte sie noch aufräumen. Schulsachen und Kleider der Zwillinge lagen verstreut herum, am Boden, auf dem Sessel, auf dem Esstisch. Lilly ärgerte sich, weil immer sie es war, die Ordnung machen musste.

»Was Mario wohl für mich plant?«, fragte sie und band ihr neues Blumenkleid mit einer Masche zu. Sie hatte es gestern gekauft, weiß mit Rosen, und vorgestern ein anderes, ein blaues mit Sonnenblumen. Die ungewohnt auffälligen und femininen Kleider symbolisierten den Wandel in ihr, fand Lilly. Sie war es leid, eine graue Maus zu sein. Sie wollte endlich leben, richtig leben. Intensiv.

»Lass dich überraschen«, sagte Michael grinsend. »Die Queen freut sich schon auf dich.«

Es läutete.

»Mario ist da!« Michael sprang fröhlich vom Sofa. In seinem roten Schlabberpulli wirkte er lässig und ein wenig verschlafen.

»Was? Hier bei mir zu Hause? Bist du verrückt geworden? Ich dachte, wir würden zu ihm gehen.« Lilly starrte ihren Freund mit aufgerissenen Augen an.

»Alles gut. Dein Mann und die Kinder sind ja am Fußballplatz. Da kannst du wohl ein Stündchen über ein wichtiges Thema nachdenken, nicht wahr?«

Noch bevor Lilly weiter protestieren konnte, hatte Michael bereits die Tür geöffnet und Mario mit einer Umarmung begrüßt.

»Schön, dass du dich mir anvertrauen möchtest«, sagte Mario lachend, als Lilly zögerlich in den Flur kam. Sein Strohhut passte perfekt zu seinem rosafarbenen Kleid.

»Ich habe heute wenig Zeit, Mario, ich wusste nicht, was Michael vorhat«, sagte Lilly verlegen. »Meine Familie wird wohl bald zurück sein, und ich habe ihnen nichts von unserem Training erzählt ...«

»Kurz ist besser als gar nicht. Das gilt manchmal auch für Sex«, entgegnete Mario fröhlich. »Lass uns die Zeit nützen und gleich loslegen. Wir können ja morgen weitermachen.«

Lilly lächelte Michael säuerlich an, während Mario im Schlafzimmer verschwand. Er spürte offenbar instinktiv, wohin er musste. Lilly folgte ihm schweigend.

»Also, was lernst du heute bei mir?« Mario sah Lilly begeistert an. Wie konnte ein Mensch nur so gut aufgelegt sein?

»Ich weiß es nicht«, antwortete sie resigniert.

»Du musst ein paar Dinge über dich wissen. Du bist wunderschön. Du bist strahlend. Du bist sexy, jung, aufregend, intelligent, witzig. Du bist perfekt. Der Grundstein liegt im Selbstbewusstsein. In der Selbstliebe.«

Hatte Mario tatsächlich gesagt, sie sei jung? »Selbstliebe?«
»Ohne Selbstliebe kein Glück, meine Liebe. Das ist eine
einfache, aber unumstößliche Wahrheit. Ob dein Busen klein
ist oder groß, hängt oder steht, ob du dünn bist oder dick,
reich oder arm, klug oder dumm, ist bedeutungslos. Du musst
dich so lieben, wie du bist. Wir starten also mit einer einfachen
Übung. Ich zeige sie dir vor.«

Mario zog sich aus. Er war auf einmal nackt, ganz nackt,
und setzte sich vor den Wandspiegel auf den plüschigen grau-
en Teppich, mitten in Lillys und Stefans Schlafzimmer. »Ich
bin schön, ich bin gesund, ich bin glücklich, ich bin heiß«,
sagte er, während er sich prüfend ansah. »Komm, jetzt bist
du dran.«

Mario gefiel ihr. Er hatte keine klassischen Modelmaße, aber
das spielte keine Rolle. Er war weich und warm. Wäre er eine
Frau gewesen, hätte Rubens, der berühmte Maler, nicht nur
Burglind gerne gemalt, sondern bestimmt auch ihn.

Da kam Sissi ins Zimmer, die Dackeldame, gefolgt von Gerti, der britischen Kurzhaarkatze. Gerti wunderte sich wahrscheinlich, dass der Spiegel besetzt war, denn normalerweise
war sie die Einzige, die sich lange davor aufhielt. Beide beäug-
ten Mario kritisch, dann stupste Sissi ihn zärtlich mit der Nase.
»Ein Wunder«, rief Lilly aus. »Sissi mag sonst niemanden!«
Das musste ein Zeichen sein.

Lilly zog sich aus. Sie konnte es selbst nicht glauben. Sie
warf einen Blick zur Tür, hinter der Michael wartete. Bestimmt
wäre er stolz auf sie. Die Goldkette mit dem Kreuz behielt sie
an. Gott würde sie bestimmt auch nackt lieben, dachte sie, als
sie sich ebenfalls vor dem Spiegel niederließ.

Als sie den Mund öffnete, um ebenfalls ihren Körper zu kommentieren, läutete es an der Wohnungstür. Der Schreck fuhr ihr durch alle Knochen. Rasch nahm sie das große gelbe Badetuch, das gebügelt auf ihrem Bett lag, band es sich um und lief zur Tür. »Ich mach das schon, Michael!«, rief Lilly ihrem Freund hastig zu. Durch den Spion sah sie einen Mann um die 35, gutaussehend, athletisch, mit stechend blauen Augen, vermutlich Mitte dreißig. Er trug einen Fahrradhelm und ein rot-schwarzes Fahrraddress. Lillys Herz raste. Hieß das, sie war erregt? Oder war das nur die Angst? Nervosität? Wer war der junge Mann? Was wollte er?

Lilly öffnete die Tür einen Spalt breit. Mit ihren blonden Locken sah sie manchmal aus wie ein Engel, das wusste sie. Da spielte auch das Alter keine Rolle. »Was kann ich für Sie tun?«

»Mein Name ist Maximilian Steiner«, sagte der Herr freundlich. »Ich war es, der Sie mit dem Fahrrad umgestoßen hat.«

33

Burglinds Feindin

»Meli, bist du da?«

Burglind betrat müde ihre Wohnung am Wiener Reumannplatz. Herbsttage mochte sie grundsätzlich nicht. Sie bedeuteten nur, dass sie noch lange auf ihre Lieblingsjahreszeit, den Sommer, warten musste. Seit ihrem unspektakulären Sexabenteuer mit Dominik und Tamara fühlte sie sich merkwürdig. Was sie auch tat, fühlte sich falsch und unbedeutend an. Nichts machte sie glücklich. Wenigstens ging es Jusufs Frau besser. Er rief nun wieder öfter an, doch ihre Gespräche kamen ihr oberflächlich vor. Vielleicht hatte sie ihm einfach nichts mehr zu sagen. Dabei liebte sie ihn. Das war die traurige, unerschütterliche Wahrheit. Meli, ihre ältere Tochter, erinnerte sie stark an ihn. Sie war ihrem Vater wie aus dem Gesicht geschnitten, was es nicht leichter machte. Wie er hatte die bald Fünfzehnjährige eng zusammenliegende Augen und eine hohe Stirn.

»Meli?«

Keine Antwort.

Ihre jüngere Tochter, Sonja, war bei einer anderen Familie und würde dort auch übernachten. Melinda steckte vermutlich bei ihrer besten Freundin, die im selben Haus wohnte.

Müde warf Burglind ihre Jacke über einen alten Holzstuhl und öffnete den Knopf ihrer mittlerweile viel zu engen Hose.

Es ärgerte sie, dass sie wieder zugenommen hatte. Zu viel Schokolade, zu viel Fett, zu wenig Bewegung. Sie legte sich auf die Couch und zog sich die Schuhe im Liegen aus. Ihre Beine schwollen in letzter Zeit immer öfter an. Ob das an ihrer ungesunden Ernährung lag? Sollte sie sich in einem Fitnessstudio anmelden? Ein Schuh plumpste auf den Boden, der andere auf das Sitzpolster. Egal. In der Wohnung herrschte ohnedies Chaos. Gut, dass die Putzfrau morgen vorbeikommen würde.

Burglind wischte sich mit einem zerknüllten Taschentuch den roten Lippenstift ab und warf es ebenfalls auf den Boden. In der Frauenzeitschrift *Elle* hatte sie gelesen, dass roter Lippenstift Frauen jünger aussehen ließe. Zumindest laut einer von Chanel durchgeführten Studie. Verjüngungseffekte im Gesicht ergeben sich häufig durch den Kontrast zwischen Augen, Haut und Mund. Je stärker der Kontrast, umso jünger sieht die Frau aus. Mit dem Alter nimmt der Kontrast ab. Die Haut wird rötlicher oder bräunlicher, der Lippenrand verblasst. Das ist der Grund, warum Gesichter älter und müder wirken. Rote Lippenstifte stärken den Kontrast, was dazu führt, dass die Trägerin jünger wirkt. Klingt logisch, aber glauben konnte es Burglind nicht. Ihre Lippen brannten. Sie hatte das Gefühl, älter denn je auszusehen. Das war sie auch. Älter denn je. »Ach Gottchen«, sagte sie frustriert zu sich selbst. »Die Mädels haben recht. Altern ist scheiße.«

Früher war Jusuf dreimal die Woche bei ihr, wenn auch immer nur für wenige Stunden. So war das Leben mit einem verheirateten Mann eben. Einfach war es nicht, und es dauerte nun schon mehr als 15 Jahre. Ihre Freundinnen hielten sie für verrückt und masochistisch, aber sie hing nun einmal an ihm und tat so, als wäre ihre Beziehung dennoch oder gerade deshalb perfekt.

Jusuf war Syrer und stammte aus einer konservativ-christlichen Familie. Scheidungen waren dort undenkbar. Rein rechtlich waren sie zwar möglich, und auch Frauen konnten sie beantragen, doch gesellschaftlich akzeptiert waren sie damit noch lange nicht. Vielleicht war es aber mehr als das. Vielleicht liebte Jusuf seine Frau tatsächlich. Burglind wusste es nicht. Sie sprachen niemals über seine Ehe. In all den Jahren war sie kein einziges Mal Thema gewesen.

Meli und Sonja, die beiden Töchter, liebte Jusuf aufrichtig. Er tat alles, um sie glücklich zu machen. Jusuf, der ein kleines Transportunternehmen leitete, zeigte sich stets großzügig, wenn es um Zahlungen aller Art ging. Neue Kleider? Schuhe? Skikurse? Urlaube am Meer? Kein Problem. Jusuf zahlte alles. Monatlich überwies er Burglind 5.000 Euro. Eine stattliche Summe. Ihr eigenes Gehalt konnte sie somit für sich selbst ausgeben. Kleidung. Schminke. Teure Abendessen. Massagen.

Er liebte Burglind, auf seine Weise. Ein Leben ohne sie konnte er sich nicht vorstellen, das sagte er oft, und sie glaubte ihm. Vermutlich wollte Jusuf alles haben. Burglind, die gut im Bett war, und die andere, von der Burglind hoffte, sie wäre es nicht. Dabei übersah Jusuf aber, wie Burglind litt, und die andere vielleicht auch. Denn Frauen spüren, wenn sie betrogen werden, oder etwa nicht? Irgendwann spüren es alle, davon war Burglind überzeugt. Würde sie jemals eines gewaltsamen Todes sterben, dann bestimmt, weil Jusufs Frau dahintergekommen war.

Apathisch starrte sie an die Decke. Sie fühlte sich deprimiert wie sonst nur während der Weihnachtsfeiertage. Nach ein paar gemeinsamen Stunden am Heiligen Abend fuhr Jusuf jedes Mal wieder zu seiner Frau. Über Nacht blieb er ohnehin nie, und Sex gab es nur nachmittags, wenn die Kinder nicht da waren. Lebte sie das Leben, nach dem sie sich gesehnt hatte? Sie stellte sich diese Frage immer öfter.

Burglind verreiste mit den Kindern sooft es ging und lenkte sich mit anderen Männern ab. In Spitzenzeiten hatte sie drei oder vier verschiedene Kerle im Monat. Im Moment waren es Peter, der hilfsbereite Portier, und der narzisstische Dominik, wenn auch nicht mehr so richtig. Ja, und dann gab es aktuell noch Bernd, den Gitarrenlehrer ihrer jüngeren Tochter.

Bernd kam manchmal 15 Minuten früher, um es Burglind rasch im Keller zu besorgen. Danach wollte er partout kein Geld für die Gitarrenstunde nehmen, sehr zur Verwunderung von Meli und Sonja. Doch Burglind bestand darauf und zahlte jedes Mal die volle Summe, fünfzig Euro.

Von all dem wusste Jusuf nichts. Er wollte es vermutlich auch nicht wissen. Jusuf wollte nichts gefragt werden und stellte selbst keine Fragen. Lange war das gut gegangen. Aber jetzt? Burglind hatte einen Pakt mit ihren Freundinnen geschlossen, den sie einhalten wollte. Konnte sie ihr Leben mit all den Lügen so weiterleben wie bisher?

Eines Tages würde sie alt sein, so richtig alt. Dann würde sie allein sein. Die Kinder würden aus dem Haus sein, und Jusuf würde bei seiner Frau bleiben, denn alt werden konnte ein Mann nur mit einer einzigen Frau, davon war Burglind überzeugt. Und es sah nicht so aus, als wäre Burglind diese Frau. Zum ersten Mal seit langem spürte sie eine tiefe Traurigkeit. Sie fühlte sich ungeliebt und einsam. Greta hatte recht. Altern war schlimm, und allein zu altern war das Allerschlimmste. Was hatte sie sich nur vorzumachen versucht?

Burglinds Handy läutete. Sie kannte die Nummer nicht. »Ja, bitte?«

»Tamara hier. Können wir reden? Bist du daheim?«

Burglind stockte der Atem. »Kindchen, was willst du?«, fragte sie nach einer Schrecksekunde genervt.

»Könntest du bitte ein wenig freundlicher sein, Burglind?«

»Warum sollte ich das?«

»Ich stehe vor deiner Haustür. Bitte mach auf.« Tamara klang verheult.

Oh Gott! Das hatte ihr gerade noch gefehlt! Burglinds Laune war schon schlecht genug. Andererseits hatte sie gerade erst einen wilden, wenn auch nur kurzen Ritt vor Tamaras Augen absolviert. Das verband die beiden auf gewisse Weise. »Na gut. Läute bei 22.«

Tamara wirkte verunsichert, als sie die Wohnung betrat. Burglind wohnte mit ihren Töchtern im zweiten Stock eines schönen Altbaus. Es war schon nachmittags recht finster auf der Etage. Ein höheres Haus, im Vorjahr gebaut, nahm dem einst sonnendurchfluteten Gebäude das Licht. Burglind störte das wenig, es passte zu ihrer momentanen Stimmung.

In der Wohnung war es unaufgeräumt, wie meistens. Schulsachen, Sweatshirts und Socken lagen herum. Sollte das Burglind etwa unangenehm sein? Keineswegs. Es war nur Tamara, die sie nicht ausstehen konnte. Das hatte nicht nur damit zu tun, dass sie mit Dominik vögelte. Tamara war schlicht die Art Frau, die Burglind unausstehlich fand. Sie hatte tolle Brüste und volle Lippen, war schlank und durchtrainiert, mit blonder Mähne, perfekt von oben bis unten. Tamara hatte einen Instagram-Account mit mehr als 100.000 Followern und auf TikTok erreichten ihre Beauty-Tipps jedes Mal Zehntausende Aufrufe. Mit einem Video war Tamara sogar viral gegangen. Zwei Millionen Menschen hatten dabei zugesehen, wie sie sich singend, Kekse essend und tanzend geschminkt hatte. Zwischendurch hatte »Miss Perfect« zu allem Überfluss auch noch akrobatische Kunststücke vollbracht und war mithilfe eines Schleuderbretts vom Flur mindestens drei Meter weit ins Bett gesprungen, ohne auch nur einen einzigen Keks aus ihren zarten Händen zu verlieren. Oh, wie sie diese Frau hasste!

»Du weißt, dass ich zuerst mit ihm geschlafen habe, richtig?«, fragte Burglind, kaum hatte sich Tamara ihr gegenüber an den Esstisch gesetzt.

»Es tut mir leid«, sagte Tamara beschämt und blickte auf die Tischplatte.

»Tut es dir nicht. Was willst du?«

Tamara schwieg. Burglind musterte sie streng. Ihre Konkurrentin wirkte zerknirscht. Heute sah sie richtig bieder aus. Sie trug ein rot-grün-kariertes Hemd und eine weite schwarze Hose. Im Büro hatte sie, so wie Burglind, meistens Miniröcke an. Das war auch beim Sex praktischer. Rock hochziehen und es konnte losgehen. Ob ihr Burglind unrecht tat? Nein, Tamara war eine Schlange, daran durfte sie nicht zweifeln. Und dennoch war Burglind auch nicht besser. Denn die meisten ihrer Liebhaber waren verheiratet oder verlobt. Sie schienen zumindest in diesem Punkt ähnlich zu ticken.

»Schätzchen, ich bin auch keine Heilige«, sagte Burglind nach einer kurzen Weile. »Es ist bloß nicht nett, dass du mir den Lover ausspannst, ohne zu fragen. Schließlich sind wir Kolleginnen. Also, was willst du? Hast du ein schlechtes Gewissen? Oder hat dir etwas an meiner jüngsten Nummer mit ihm missfallen? Ich würde mal sagen, ich besitze ein gewisses Vorrecht.«

»Ich brauche deine Hilfe«, murmelte Tamara. Sie schaffte es nicht, Burglind dabei anzusehen. »Ich bin schwanger.«

34

Ximenas schwere Entscheidung

»Heute um acht bei mir.«

Ximenas Herz raste, als sie seine Stimme hörte. Endlich hatte Thomas angerufen. Sie atmete tief durch und hoffte, er würde ihr die Aufregung nicht anmerken.

»Na, das nenne ich eine Begrüßung«, sagte sie mit gespielter Gelassenheit. »Wie wär's mit: ›Hallo, wie geht's‹?«

»Hallo, wie geht's? Heute um zwanzig Uhr.« Thomas klang, als hätte er es eilig.

»Heute geht's nicht, Thomas.«

»Heute oder gar nicht. Deine Brille ist noch bei mir.« Er legte auf.

Was für ein Freak, dachte Ximena. Und was für ein abgehobenes, eingebildetes Arschloch. Sie ärgerte sich über sich selbst. Was wollte sie von diesem arroganten Typen? Wo war ihr Stolz?

Ximena war seit Tagen gereizt. Mehr noch, sie war geradezu verzweifelt, weil Thomas nicht angerufen hatte. Der Detektiv hätte ihr ruhig sagen können, dass Thomas ein Psychopath war, das wäre fair gewesen. Bestimmt hatte er bisher noch jeder Frau das Herz gebrochen.

Ximena nahm sich vor, den Detektiv anzurufen, um ihm das für künftige Aufträge zu sagen. Sie wollte keine Psychos! Oder etwa doch? Sauer nahm sie ihre Gucci-Brille ab und legte sie auf den Schreibtisch. Eigentlich mochte sie die Brille nicht, zu pompös mit den dicken schwarzen Rändern. Sie sehnte sich nach ihrer Cartier-Brille, und sie sehnte sich nach Thomas.

Nervös stand sie von ihrem abgesessenen Bürostuhl auf und öffnete hastig das Fenster. Was sollte sie bloß tun? Willi, ihr Mann, hatte sie schon zweimal angerufen. Ximena wollte nicht mit ihm reden. Sie liebte ihn, aber jetzt war ihr einfach nicht danach. Willi war immer so nett, gut gelaunt und aufmerksam. Er war perfekt. Sicher und berechenbar. Ganz anders als Thomas.

Von draußen wehte sie ein übler Geruch an. Es roch nach Baustelle. Wann das Gebäude nebenan wohl endlich fertig sein würde?

Sie dachte an den Sex mit Thomas. Ximena mochte es, hart genommen zu werden. So kam sie manchmal sogar zweimal. Die meisten Frauen ticken im Bett anders als Männer. Sie brauchen Nähe, Wärme, oft viel mehr noch als Sex. Greta zum Beispiel, für die ein Orgasmus keineswegs eine ausgemachte Sache war, brauchte Zeit. Sie wollte ein Vorspiel, sie wollte gestreichelt werden, überall geküsst und verwöhnt. Welcher Mann war schon bereit, so ein Programm zu fahren? Noch dazu nach vielen Beziehungsjahren? Zugegeben, Ximena selbst war auch selbst ziemlich faul. Nur aus Fairnessgründen schlüpfte sie manchmal in eine aktive Rolle. Thomas schien das nicht zu stören. Er liebte es offenbar, der Held im Bett zu sein. Dass sie anscheinend zu den Frauen gehörte, die Arsch-

208

löcher anziehend fanden, ärgerte sie selbst. Und sie hasste sich dafür, Thomas zu begehren. Heute ging es aber wirklich nicht. Unmöglich. Ximena hatte ein wichtiges Treffen mit Kunden. Ein Abendessen, das lange dauern würde.

Gedankenverloren sah sie zu, wie sich zwei Krähen auf einen Baukran setzten. Sie stellte sich vor, wie Thomas sie küsste, ihre Beine auseinanderschob und in sie eindrang. War sie schon wie Greta? War das das Kopfkino, von dem ihre Freundin immerzu wie benebelt sprach?

Ihr Handy läutete.

»Ximena?« Nadine war dran.

»Schön, dass du dich meldest. Wie geht es dir?«

»Besser. Georg plant ein Wochenende in Paris für uns.«

»Das ist doch schön.« Ximena fragte sich, ob er seine Affäre beendet hatte.

»Ich rufe eigentlich wegen Bülent Ceylan an.«

»Ceylan? Du meinst diesen gutaussehenden Kabarettisten? Den Deutsch-Türken?«

»Er tritt in wenigen Wochen in Frankfurt auf. Lasst uns da alle hinfliegen. Ein Mädels-Wochenende wie in alten Zeiten. Greta, Lilly, Burglind, du und ich.«

»Tolle Idee!« Ximena freute sich. Etwas Abstand tat immer gut. Vielleicht ging ihr Thomas dann wieder aus dem Sinn. Vielleicht konnten sie Ceylan ja sogar backstage treffen. Ximena hatte gute Kontakte, Nadine noch bessere.

»Wollen wir das beim nächsten Jour fixe mit den anderen besprechen?«, fragte Ximena. Nadine sagte zu, was einem kleinen Wunder gleichkam, weil sie sich für die gemeinsamen Treffen schon lange keine Zeit mehr genommen hatte. Nervös

beendete Ximena das Gespräch. Ein virtuelles Meeting wartete, das behauptete sie jedenfalls. Die Wahrheit war, dass sie
eine Entscheidung treffen musste. Business-Abendessen oder
Sex? Beziehungsweise: Business-Abendessen oder der Sex ihres
Lebens?

35

Mein mieser Plan

Meine pinken Fingernägel hätten schon wieder einen Neuanstrich vertragen. Doch ich hatte es eilig, denn ich wollte pünktlich sein. Von unserer Wohnung bis zu Bonellis Praxis in der Sonnenfelsgasse in der Wiener Innenstadt waren es etwa vierzig Minuten, bei schnellem Gang dreißig.

Draußen roch es nach heißen Maroni. In der ganzen Stadt tauchten jetzt Stände als Vorboten des Winters auf, und am Naschmarkt gab es sie auch schon. Von links und rechts streckten mir Kaufleute Oliven, Falafeln und Käsestückchen entgegen, einmal schlug mir gar ein hitziges, auf Arabisch geführtes Streitgespräch entgegen.

Ich überquerte den Karlsplatz und ging am Hotel Sacher vorbei die Kärntner Straße entlang bis zum Stephansplatz. Die Sonne strahlte. Was für ein herrlicher Herbsttag! Ein paar Tage ohne starken Regen. Meine Laune hätte nicht besser sein können.

Bruno und ich in der Frauen-Therme. Eine unglaubliche Geschichte. Verrückter ging es kaum. Abgesehen von der sexpositiven Party. Sollte ich meinen Freundinnen von der Thermen-Sache erzählen? Ich war mir unsicher. Sie alle dachten, ich wäre Ben treu ergeben, trotz Kopfkino. Ich hatte Angst, ihr Bild von der loyalen Greta zu zerstören. Aber ich war nun einmal verliebt. Bruno spielte die Hauptrolle in meinem Film. Er war der Grund, warum ich mich wieder jung und schön fühlte. Ich spürte die Schmetterlinge in meinem Bauch. Ximena hatte recht. Das Gefühl der Verliebtheit, das Gefühl, noch einmal ein Abenteuer zu erleben, brachte uns die Jugend zurück. Wer jung ist, darf töricht sein und Fehler machen. Wie wunderbar!

Eine Astrologin hatte mir einmal gesagt, dass meine Venus im Zeichen des Zwillings stünde, was nicht einfach sei. Zwillinge liebten die Abwechslung. Sie wollten Aufregung, Spaß und schnelles Vergnügen. Sie würden niemals wirklich altern, allerdings auch niemals reifen. Ob sie recht hatte?

Ich eilte am Stephansdom und an den Fiakern vorbei die Rotenturmstraße hinunter. Am Lugeck bog ich ab. Nur noch ein kleines Stück bis zur Sonnenfelsgasse. Was wollte ich eigentlich von Bruno? Eine Beziehung? Die konnte ich mir nicht vorstellen. Ich wollte ihn küssen. Wieder und wieder. So wie in der Therme. Vielleicht wollte ich mehr. Mein Verlangen wurde stärker, aber mein Hängebusen stand mir im Weg. Und Ben? Ich liebte meinen Mann und wollte ihn auf keinen Fall verlieren. Ich war überrascht gewesen, als wir vor einigen Tagen und nach einer gefühlten Ewigkeit doch wieder Sex hatten. Ben war mitten in der Nacht aufgewacht und hatte sich zu mir gedreht. Irgendwie war uns beiden sofort klar gewesen, dass es geschehen würde. Ein Feuerwerk fühlte sich wohl anders an, dennoch war es schön. Auch ohne Orgasmus.

Eine Affäre mit Bruno würde nichts zwischen Ben und mir ändern. Im Gegenteil. Durch Bruno wäre ich stärker und noch dazu besserer Laune. Ich könnte Ben viel eher dabei helfen, seine Probleme endlich zu bewältigen. Und vielleicht würde unser Liebesleben dadurch auch wieder aufregender. Ähnliches sagte mir eine Bekannte einmal, als sie meinte, der Sex mit ihrem Mann sei viel besser, seit sie einen Freund habe.

Ich war da. Bonellis gediegene Praxis mit der gemütlichen Bibliothek kam mir bereits vertraut vor. »Herr Doktor, ich habe einen Plan.«

»Grüß Gott«, sagte Bonelli freundlich und wirkte dabei ein wenig überrascht. »Wollen Sie nicht zuerst Platz nehmen?« Er lächelte.

»Entschuldigen Sie bitte«, sagte ich etwas verlegen. Ich ließ meine Jacke in der Garderobe und ging ins Therapiezimmer. Fast zeitgleich nahmen wir auf der Couchgarnitur Platz. Hellbraunes Leder, die Bibliothek in Dunkelgrau gehalten. Die Farbkombination war warm und angenehm. Ich hatte mich bewusst leger angezogen, nichts Schrilles, nichts Enges. Jeans, Bluse, Pulli, Jeansjacke. Ich wollte nicht, dass er mir meine Midlife-Crisis schon von der Weite ansah, und ich wollte mich wohlfühlen.

»Sie haben also einen Plan?«

»Ich habe eine Freundin, Ximena. Sie ist eine starke, intelligente und attraktive Frau. Sie hat einen guten Job und einen wunderbaren Mann. Und sie hat eine außereheliche Beziehung. Sie wissen, was ich meine.«

»Eine Affäre.«

Ich nickte. »Das zeigt mir, dass es funktionieren kann. Sie hat eine Beziehung und ist dennoch glücklich. Ich frage mich, ob dieses Modell nicht auch für mich infrage käme. Mein Plan wäre, es zu probieren, also langsam, testweise. Vielleicht funktioniert es.«

Bonelli schwieg. Was für ein Mensch er privat wohl war? Er wirkte ruhig und besonnen, war gut angezogen, aber nicht übertrieben wie Nadines Mann, sondern eher lässig, geschmackvoll, mit hellblauem Hemd und dunklem Sakko.

»Viele Menschen wünschen sich eine abenteuerliche Affäre und eine erfüllende Beziehung. Und bei vielen scheint es zu funktionieren. Warum nicht auch bei mir? Wie denken Sie darüber, Herr Doktor?«

Ich merkte, wie ich mit meinen pinken Fingernägeln an meiner Hose kratzte, ich war nervös.

»Sind Sie sicher, dass Ihre Freundin ein glücklicher Mensch ist?«, fragte Bonelli schließlich. »Sie sagen, dass sie glücklich ist. Was macht Sie so sicher?«

Ich überlegte kurz. Neulich sagte Ximena, dass Thomas ihre Welt ins Wanken gebracht hatte. Ich wusste, was sie damit gemeint hatte. Ximena war eine Getriebene, aber sie hatte Spaß, viel Spaß, und den wollte ich auch. »Vielleicht ist sie nicht glücklich, aber sie hat Spaß«, sagte ich selbstsicher.

»Was ist Ihnen mehr wert? Spaß, also schnelles Vergnügen, oder tiefes Glück und ein erfülltes Leben?«

»Ich denke, man kann beides haben.« Ich merkte, wie meine Überzeugungskraft nachließ.

»Angenommen, Sie hätten eine Affäre. Was würde Ihr Mann dazu sagen? Wäre es für ihn in Ordnung?«

»Natürlich nicht«, antwortete ich. »Aber ich würde es ihm nicht sagen. Es hätte ja nichts mit unserer Beziehung zu tun.«

»Das hat es immer, ausnahmslos«, sagte Bonelli ruhig. »Kommt ein anderer Mensch ins Spiel, verändert sich die Konstellation. Es entsteht eine andere Dynamik. Dann sind da nicht mehr zwei, sondern drei, vier oder noch mehr Menschen, womöglich sogar Kinder. Was wäre, wenn Ihr Mann eine Affäre hätte?«

Was für ein Gedanke. Ben und eine andere Frau? Das wäre unerträglich. Ich schwieg. Mir war klar, worauf er hinauswollte. Leider hatte er recht.

»Wie geht es Ihrem Mann? Sie haben sich zuletzt Sorgen um ihn gemacht und daran gedacht, mit seinem Geschäftspartner zu reden.«

Ich war überrascht. Das hatte er sich gemerkt? »Ich wollte tatsächlich mit seinem Partner reden, aber irgendwie schaffe ich es nicht.«

»Was befürchten Sie?«

»Ich weiß es nicht.«

Bonelli sah mich verständnisvoll an. Er legte Block und Bleistift zur Seite und nahm die Brille ab, um sich kurz die Augen zu reiben.

»Ich habe Angst vor Veränderung«, begann ich zögerlich. »Ich will nichts hören, was mein Leben negativ verändern könnte. Was würden Sie an meiner Stelle tun, Herr Doktor?«

Bonelli überlegte kurz. Mit dieser Frage hatte er wahrscheinlich nicht gerechnet. »Ich würde ihn fragen.«

»Warum?«

»Weil Sie sich sonst womöglich etwas vormachen, was die Dinge nicht besser macht. In einer Lüge zu leben, hat noch niemanden glücklich gemacht.«

Lebte ich in einer Lüge? Wie lange schon? War mein Kopfkino etwa auch eine? Warum fühlten sich Lügen nur so wahr, so stark, so gut an?

»Ich weiß einfach nicht, was ich wirklich will. Irgendwie will ich alles«, seufzte ich laut auf.

»Sie sagen also, dass Sie auch eine Affäre haben wollen. Vielleicht wäre sie spannend, vielleicht sogar schön, aber der Preis dafür könnte hoch sein. Das sollten Sie wissen.«

»Wie meinen Sie das?«

»Was wollen Sie noch mehr als Sex mit einem anderen Mann?«

»Ich weiß es nicht.« Frustriert zuckte ich die Schultern.

»Doch, Sie wissen es«, sagte Bonelli begeistert. »Sie haben es mir bei unserem ersten Treffen gesagt. Erinnern Sie sich noch?«

Ich überlegte länger. »Mit Ben alt werden? Meinen Sie das?«

Ich fühlte mich wie ein Häufchen Elend. Mit Ben alt werden war mir wichtiger als ein Abenteuer mit Bruno. Aber konnte ich nicht beides haben?

»Vielleicht kann ich ja beides haben«, sagte ich leise.

Bonelli lehnte sich zurück. »Glauben Sie das wirklich?«

Nach unserem Gespräch spazierte ich zwei Stunden lang durch die Wiener Innenstadt. Ich fühlte tiefe Traurigkeit. Ich hatte einen anderen Mann geküsst. Ein großer Fehler, den ich auch vor Bonelli verheimlicht hatte. Ich schämte mich. Wie sollte ich die Sache mit Ben nur wieder hinkriegen? Und wie würde ich Bruno vergessen können?

Ich sah den Tauben am Stephansplatz zu, wie sie um Futter bettelten, und den Fiakern, die auf Touristen warteten. War das Leben wirklich so einfach? Essen, arbeiten, schlafen?

Als ich heimkam, saß Ben blass auf der Couch. Er wirkte krank. Das graue T-Shirt trug er schon seit gestern.

»Was ist los?«, fragte ich. »Warum bist du schon da?« Dabei zog ich meine weißen Sneaker aus und warf meine Jeansjacke auf die Couch.

»Was los ist? Das fragst ausgerechnet du?«

Ben hatte offensichtlich schlechte Laune. Er saß apathisch am Esstisch und stützte den Kopf auf seine Hände, als wollte er mich nicht sehen. Seit Wochen war er ein anderer Mensch. Ich setzte mich neben ihn und wollte ihn umarmen, aber er sprang auf und ging ins Vorzimmer. Der Sex neulich war wohl mehr Triebbefriedigung gewesen als echtes Begehren.

»Wohin willst du? Und wie meinst du das? Ausgerechnet ich? Ich bin nicht diejenige, die spätnachts betrunken nach Hause kommt«, sagte ich aufgebracht.

»Ach ja, ich bin es mal wieder.« Ben hatte die Türklinke schon in der Hand.

»Hör mal …« Ich lief schluchzend auf ihn zu und umarmte ihn. Er reagierte nicht.

Gut, dass Elias bei seinem Freund war. Er sollte uns nicht so sehen. Ich fühlte mich wie ein kleines Kind, das verzweifelt nach Liebe suchte. Was war nur aus uns geworden?

Als ich Ben kennenlernte, war ich Anfang dreißig gewesen. Ich war damals beim Privatfernsehen, moderierte eine Nachrichtensendung und war auf jeder angesagten Party der Stadt. Niemals hätte ich gedacht, dass sich mein Leben dermaßen verändern würde. Ich traf Ben auf einer Vernissage. Plötzlich stand er vor mir, groß und stark, mit ruhigen braunen Augen und dunkelblondem, halblangem Haar, umkreist von Frauen, die er nicht wahrzunehmen schien. Ben lächelte mich an, reichte mir ein Glas Wein, und wir bestaunten gemeinsam die bunten Bilder, die mich nicht wirklich interessierten und auf die ich mich nicht konzentrieren konnte.

Seither war viel Zeit vergangen. Es waren gute Jahre, vor allem zu Beginn. Wir reisten viel, liebten uns am Strand, zogen zusammen und bekamen ein Kind. Ben war einfühlsam und zärtlich, ein guter Liebhaber, ausdauernd und geduldig. Und jetzt?

Ich sah den Schmerz in seinen Augen. Es war schwer in Worte zu fassen, was ich fühlte. Wir hatten eine Chance. Ich spürte es. Es konnte wieder alles gut werden. »Was ist los? Bitte sag es mir«, flehte ich ihn an.

»Nicht jetzt, Greta, nicht jetzt. Ich weiß gerade nicht, wo mir der Kopf steht. Lass uns später reden.«

Er umarmte mich flüchtig, dann schlug er die Wohnungstür hinter sich zu. Was war das gerade? So verfahren wie jetzt war unser Leben noch nie gewesen. Klar, wir hatten nicht nur Höhen in unserer Beziehung, aber bisher waren wir mit allem zurechtgekommen, zum Beispiel, als ich meinen Job beim Fernsehen verloren hatte, weil ich nicht die Geliebte meines Chefs werden wollte, oder als Bens Eltern bei einem Autounfall gestorben waren. Es hatte lange gedauert, bis er sich von dem Schock erholt hatte.

Ben begann danach zu spielen. Saß in diesen schäbigen Wettlokalen und verbrachte Stunden vor den verdammten Automaten. Ich folgte ihm und stellte ihn zur Rede, aber es war sinnlos. Ben gab ein Vermögen aus, Zehntausende Euro, bis ich alle Konten sperren ließ. Wir hatten gemeinsame Konten, ein Segen.

Eine Therapie wollte er nicht machen, aber ich hatte tatsächlich das Gefühl, dass er es allein hinbekommen würde. Weil er stark war, ein richtiger Mann eben. Vielleicht hatte ich mich geirrt. Manchmal sind die Dinge nicht so, wie sie scheinen. Vielleicht war Ben schwach, immer schon. Vielleicht wollte ich es nur nicht wahrhaben.

Mein Telefon läutete. Ich wischte mir die Tränen aus dem Gesicht. Es war Bruno. »Ich stehe vor deinem Haus. Wo muss ich läuten?«

»Bist du verrückt?«

»Verrückt nach dir.«

»Das geht nicht. Ich weiß, was ich will. Ich will meine Familie. Das mit uns geht nicht.«

»Das macht es so reizvoll.«

Ich legte auf. War es für ihn nur ein Spiel? Er rief an, wieder und wieder, aber ich reagierte nicht und schaltete mein Handy auf lautlos. Fünf Anrufe in Abwesenheit. Bruno war hartnäckig.

Schließlich versuchte er es über die Sprechanlage. Ein heller Ton durchdrang die Wohnung. Auch das noch. Ben war noch nicht lang weg, vielleicht würde er Bruno sehen und ihn vielleicht sogar ins Haus lassen. Ich zitterte. Was hatte ich bloß angerichtet? Doch es blieb still. Kein Läuten mehr. Weder an der Eingangstür des Hauses noch hier bei mir oben im vierten Stock.

Verwirrt blieb ich auf der Couch im Wohnzimmer sitzen. Ich war zu kraftlos, um mich zu bewegen. Bruno wusste genau, dass ich vielleicht nicht allein sein würde. Warum kam er dennoch? Wollte er mich in eine unangenehme Situation bringen? Warum?

Nach etwa zehn Minuten läutete es an der Wohnungstür. Ich schrak auf und blieb wie erstarrt sitzen. »Bitte, lieber Gott, bitte nicht, ich will nur meine Ruhe«, flüsterte ich.

»Mama? Mama! Mach schnell auf!« Es war Elias, panisch schrie er vor der verschlossenen Tür nach mir. »Mama! Papa liegt im Stiegenhaus! Er bewegt sich nicht!«

36

Plötzlich war er weg

Kurz nach acht läutete Ximena an Thomas' Tür. Sie zitterte. Sie war erregt, obwohl er sie noch gar nicht berührt hatte. Da war es wieder, das Feuer der Jugend, dieses wunderbare Gefühl, etwas Aufregendes und noch dazu Verbotenes zu tun.

Ximena fühlte sich diesem Mann ausgeliefert. Als Thomas öffnete, wollte er etwas sagen, doch Ximena konnte es nicht schnell genug gehen. Sie küsste ihn im ganzen Gesicht und knöpfte hastig seine Hose auf. Ximena fühlte sich wie ein Junkie, der seinen nächsten Schuss brauchte. Zunächst etwas verblüfft und überrumpelt, drückte Thomas sie gegen die Wand und sah ihr ruhig in die Augen. »Runter vom Gas.«

Ximena spürte, wie sie errötete. Thomas trat einige Schritte zurück. Hatte sie sich lächerlich gemacht? Was dachte er jetzt wohl? Warum hatte er erst heute angerufen? Vermutlich war er sich gar nicht sicher, ob er sie noch einmal wollte. Wie ein Schulmädchen stand sie ihm gegenüber, verunsichert und blamiert. Ximena wollte gehen. Sie ertrug dieses Gefühl der Zurückweisung nicht. Mit gesenktem Blick wandte sie sich der Haustür zu, als Thomas ihre Hand nahm und sie zu sich zog. Er sah ihr in die Augen, dann drehte er sie entschlossen um, presste ihr Gesicht gegen die Wand, zog ihr den Rock hoch und schob seinen Penis rasch in sie hinein. Er hatte beim letzten Mal zweifellos bemerkt, dass es ihr von hinten am liebsten war. Mit beiden Händen hielt er ihre strammen Brüste fest. Sie spürte die Leidenschaft, mit der er es tat. Sie machte ihn ganz offensichtlich an, was sie in den siebten Himmel brachte. Endlich. Endlich war sie bei ihm.

Sie liebten sich an die Wand gelehnt, am Boden, auf dem Tisch, auf der Couch und im Bett. Meist nahm er sie von hinten oder von der Seite, nur kurz saß sie oben und übernahm das Kommando, was ihr besser als sonst gefiel. Ihr Zusammenspiel war perfekt. Das Leopardenhalstuch zog er ihr entschlossen vom Hals. Heute wollte er ihr nicht den Gefallen tun und daran ziehen.

Ximena kam vor ihm. »Mich wirst du nicht mehr los«, flüsterte er ihr ins Ohr, ehe er selbst kam, und das sehr laut. Ximena fühlte sich wie in einer anderen Welt. In einer Welt ohne Verpflichtungen. Aufgelöst und glücklich. In einem Schwebezustand schlief sie auf der Couch ein, gleich neben ihrer Cartier-Brille.

Als sie eine Stunde später aufwachte, war Thomas weg. Sie war allein in der Wohnung. Rasch schlüpfte sie in ein weißes T-Shirt, das vor ihr auf dem Boden lag und schlich durch alle Zimmer, vom Wohnzimmer ins Schlafzimmer und danach ins Arbeitszimmer. Nirgends eine Spur von ihm. Vielleicht konnte er neben ihr nicht einschlafen und wollte eine Runde gehen? Gut möglich.

Ximena mochte sein Apartment. Drei Zimmer, stilvoll eingerichtet, mit schönen alten Möbeln und vielen Büchern im Arbeitszimmer. An den Wänden hingen Bleistift-Skizzen von nackten Frauen. Sie waren alle schlank, hatten gute Proportionen und große Brüste. Wie Ximena. In seinem T-Shirt fühlte sie sich wohl. Es duftete herb nach Moschus, typisch für den Geruch von Testosteron. Am liebsten hätte sie es für immer anbehalten.

Ximenas Blick fiel auf ein Buch, das aufgeschlagen auf seinem Schreibtisch lag. Es war ein Liebesroman. Sie kannte den Autor nicht, doch das hatte nichts zu bedeuten. Ximena war keine Leseratte. Für Bücher fehlte ihr die Zeit. Sie brauchte jede Sekunde für ihre Arbeit, davon war sie überzeugt. Sie drehte das Buch vorsichtig um und las die Inhaltsangabe. Es ging um die Liebe zwischen einer verheirateten Frau und einem ungebundenen Mann. Offenbar hatte die Affäre für alle ungeahnte Folgen. Ximena legte das Buch zur Seite. Thomas war ein aufregender Mann. Sie wunderte sich, dass er Single war. Andererseits schien er etwas speziell zu sein. Wo er wohl steckte?

Sie zog sich an und wühlte in ihrer dunkelbraunen Ledertasche. Seltsam. Ximena konnte ihr Handy nicht finden. Ob sie es im Büro vergessen hatte? Sie war sich unsicher. Kurz bevor sie das Gebäude verlassen hatte, hatte sie noch mit Waltraud telefoniert, einer ihrer besten Mitarbeiterinnen, die für sie spontan bei dem wichtigen Business-Essen eingesprungen war. Und danach? Hatte sie das Telefon in ihre Tasche gesteckt?

Ximena ging nachdenklich zur Tür und drückte die Klinke nach unten. Nichts tat sich. Sie zog und rüttelte, doch die Tür ging nicht auf. Erst, als sie sich sicher war, nicht in einem bösen Traum gefangen zu sein, erlaubte sie sich, den Gedanken zu Ende zu führen, der bereits seit Sekunden in ihrem Hirn gereift war: Thomas hatte sie eingesperrt.

37

»Lilly, wer bist du?«

»Fangen wir dort an, wo wir beim letzten Mal aufgehört haben.«

»Was meinst du?«

»Zieh dich aus, Lilly. Komm schon. So weit waren wir schon.«

Mario strahlte Lilly an. Das Orgasmus-Selbstliebe-Training mit seiner neuen Schülerin bereitete ihm sichtlich Freude. Lilly zog sich aus, dieses Mal fiel es ihr bereits viel leichter, und wieder behielt sie nur ihre zarte Goldkette an. Unversehens saß sie nackt mitten in Marios gemütlichem Atelier, auf einem orangefarbenen Plüschteppich vor einem riesigen goldumrandeten Wandspiegel. Der Duft von Weihrauch strömte wohltuend in ihre Nase. Mario wusste, was gut war.

»Wie schön du bist, Lilly!«, sagte er. »Schon bald wirst du entdecken, wie viel Freude du mit deinem Körper haben kannst. Aber ich warne dich und kann es nicht oft genug sagen: Die meisten Männer sind Nieten im Bett und kommen viel zu früh. Du aber darfst dir alle Zeit der Welt nehmen. Entdecke dich! Wir finden heraus, was dich glücklich macht. Ob vaginal, klitoral oder anal, du sollst dich und deinen Körper genießen!«

Lilly mochte das Gefühl, das sie durchströmte. Was war das? Freude, Neugier, Aufregung, Liebe? Alles zusammen? Sie spürte sich zum ersten Mal in ihrem Leben. Sie spürte die Kraft und das Feuer der Jugend. Es lag an Max. An dem Radfahrer, auf den sie im genau richtigen Moment getroffen war. Vielleicht stimmte es ja: Die besten Dinge kommen nicht zu einem, wenn man sie sich am meisten wünscht, sondern, wenn man für sie bereit ist. Lilly hatte begonnen, sich zu öffnen, und es gab kein Zurück.

Maximilian. Ein edler Name. Er war einer dieser attraktiven Jungs, auf die Frauen flogen, und er war jünger als sie. Viel jünger. Sie schätzte ihn auf Mitte dreißig. Lilly wunderte sich über sich selbst. Sie war verheiratet, katholisch, gottesfürchtig, treu und sittsam. Und sie war eine echte Altenburg, eine Adelige aus nachweislich geschichtsträchtigem Hause. Doch all das war nach dem Gespräch mit Toni Faber in den Hintergrund gerückt. Sie wusste jetzt, dass sie Glück verdiente, Glück in jeder Hinsicht. Gott würde ihr verzeihen, dass sie auch nach sexuellem Glück strebte. Faber hatte recht, dessen war sie sich sicher. Ihr Gott war nicht zornig und auch nicht strafend. Er schwang nicht die Moralkeule. Er wollte, dass es ihr gut ging und dass sie ihr Leben liebte.

Nur ihre Mutter dürfte niemals erfahren, was in ihr vorging. Bestimmt würde sie eine verlorene Seele in ihr sehen, so wie in ihrem Vater. Elende Sünder, alle beide. Ach Mutter, dachte Lilly, welche Last hast du mir mitgegeben? Und schon wurde sie wieder unsicher. War sie dabei, sich lächerlich zu machen? Warum sollte ein junger, interessanter Mann eine Frau wie sie begehren? Eine Frau, die nicht mehr in der Blüte ihres Lebens stand? Lilly sah zwar wie 35 aus, mit ihren blonden Locken und der süßen Stupsnase, das wusste sie, aber sie war es nun einmal nicht mehr. Sie war zehn Jahre älter. So wenig war das nicht. Erst gestern hatte sie daran gedacht, es vielleicht doch auszuprobieren: sich die Falten auf der Stirn wegspritzen und die Lachfalten behandeln zu lassen. Bei Ximena sah es gut aus, warum nicht auch bei ihr? Da fielen ihr die Worte ihres Augenarztes Karli ein. »Mach bloß nichts an deinem Gesicht. Irgendwann hast du eine Fratze und siehst nicht mehr aus wie du selbst.« Diese Eingriffe würden süchtig machen, warnte er sie. Ob sich diese Sucht kontrollieren und dosieren ließ? Ob sie es merken würde, wenn es zu viel würde? Sie wusste es nicht. Auf keinen Fall wollte sie seltsam aussehen. Sie hatte schon zu viele Frauen kennengelernt, die das Problem mit ihrem Äußeren für alle sichtbar mit sich herumtrugen und geradezu lächerlich wirkten. Davor hatte sie Angst. Sie wollte lieber alt aussehen als wie ein Clown.

Lilly war abgeschweift. Der einfühlsame Mario hatte es offenbar gemerkt und lächelte sie an. »Männer denken mit dem Schwanz, Lilly«, fuhr er fort. »Egal aus welcher Kultur sie kommen. Das musst du wissen. Und du musst wissen, dass es nicht deine Aufgabe ist, irgendeinen Mann sexuell zu befriedigen. Die wichtigste Aufgabe ist, dass du Spaß hast, mit dir selbst und mit deinem Partner.« Sissi, die schlecht gelaunte Dackeldame, hatte sich wieder neben Mario auf den Teppich gelegt. Lilly hatte sie mitgenommen. Sie hatte geahnt, dass sie sich über Marios Anwesenheit freuen würde.

Lilly fragte sich, ob sie mit Stefan je Spaß im Bett haben würde. Hatte er tatsächlich nie bemerkt, dass sie die Orgasmen immer nur vorgetäuscht hatte? Vielleicht war es ihm ja auch egal. War er einer dieser Nieten, von denen Mario gerade gesprochen hatte? Wollte auch er bloß schnell kommen? Ob es mit Max anders wäre? Doch bevor sie an Max dachte, musste sie an sich selbst denken. Sie sollte sich zuerst annehmen, wie sie war, und sich selbst erforschen. Sie wusste ja noch gar nicht, was ihr Spaß machte.

Max hatte sie gestern zum Abendessen eingeladen, ins *Neni* am Naschmarkt, um sich bei ihr zu entschuldigen. Dabei wäre das nicht nötig gewesen. Sie war eindeutig in seine Spur gelaufen. Er konnte nichts dafür. Gestern wollte er es dennoch wiedergutmachen. Mit fantastischem Essen. Es gab mariniertes Hähnchen mit gerösteten roten Zwiebeln, zerdrückte Kartoffeln, Knoblauchcreme und Kräutersalat. Danach eine Flasche Sekt. Lilly fand das süß. Sie sprachen über alles mögliche. Über das Leben in Wien und Reisen nach Südamerika. Beide waren Brasilien-Fans. Und sie sprachen über Sport. Lilly war als Jugendliche eine ehrgeizige Tennisspielerin gewesen. Mit 16 hatte sie zu Österreichs besten Spielerinnen gehört. Max war begeistert, als sie es ihm erzählte. Der Sport ließ sich mit ihrem Glauben gut vereinbaren. Nach dem täglichen Training hatte sie weder Lust noch Kraft, mit ihren Freunden großartig auszugehen. Sie ging lieber zu Gebetskreisen oder in die Kirche. Eine Knieverletzung beendete schließlich ihre vielversprechende Karriere. Lilly musste ein Jahr pausieren, danach war es vorbei. Später studierte sie Tourismus-Management in Krems an der Donau und heiratete.

Max fragte sie nicht nach ihrem Alter. Dachte er, sie wären gleich alt? Schwer vorstellbar. Er faszinierte sie. Max war positiv, ein richtiger Sonnenschein, wie der junge Brad Pitt in *Thelma und Louise*. Die Frauen lagen ihm bestimmt zu Füßen. Er betrieb ein kleines Fahrradgeschäft am Naschmarkt, war sportlich, witzig und unglaublich süß. Lilly hatte Schmetterlinge im Bauch. Sie spürte, dass er sie ebenfalls mochte. Lilly merkte es an der Art, wie er sie ansah, bewundernd, fast schon ein wenig verliebt. Ob er mit ihr schlafen oder sie zumindest küssen wollte?

Mario holte Lilly aus ihren Tagträumen, sein Enthusiasmus war ansteckend. »Komm, Lilly, wir wiederholen Lektion eins. Schau dir jetzt ganz bewusst deinen schönen Körper im Spiegel an und sag dir, wie sexy du bist. Nimm dich so an, wie du bist. Das ist die Basis für ein erfülltes Leben.« Lilly hing an Marios Lippen.

»Setz dich in den Schneidersitz, so wie ich.« Marios Beweglichkeit überraschte Lilly. Sie tat, was er sagte, und fühlte sich immer wohler. Lächelnd sah sie im Spiegel ihren Oberkörper an. Sie hatte zarte, lange Arme und schöne, kleine Brüste. »Ich bin schön«, sagte sie unsicher.

»Lauter!«

»Ich bin schön!« Lillys Stimme wurde kräftiger, mutiger.

»Lauter!«, trieb Mario sie an.

»Ich bin schön!« Der Satz hallte von den Wänden wider. Er dröhnte in Lillys Kopf. Diesmal glaubte sie es. Ja, sie war wirklich schön!

»Kommen wir zu Lektion zwei«, sagte Mario lächelnd, während Lilly tief Luft holte. »Stärke deine Beckenbodenmuskulatur. Das Gerüst muss solide sein. Erst danach können wir weiterbauen.«

Lilly lachte. Aber Mario meinte es ernst. Er hatte sich gut vorbereitet und sich Videos einer bekannten Ärztin aus den USA angesehen. Die Gynäkologin hatte erklärt, dass die

Beckenbodenmuskeln bei Frauen aus verschiedenen Gründen geschwächt sein können, vor allem durch Schwangerschaften und Geburten. Und das könne es schwieriger machen, Orgasmen zu erleben. Lilly hatte noch dazu zweieiige Zwillinge zur Welt gebracht, und das ohne Kaiserschnitt. Zum christlichen Glauben gehörte auch Leiden. Deshalb hatte sie durchgehalten und auf Narkosemittel verzichtet. Es war die Hölle gewesen. Dass ihr Beckenboden nachgelassen hatte, merkte sie beim Laufen. Manchmal verlor sie etwas Urin, wofür sie sich schämte. Doch sie sprach mit niemandem darüber, weil sie glaubte, sie müsste es eben ertragen.

»Kind! Wo bist du wieder mit deinen Gedanken? Los jetzt! Machen wir unsere Beckenbodenübungen! Die wirken Wunder! Zieh das Innere deiner Vagina zusammen. Für zehn Sekunden. Dann lässt du wieder los. Das versuchen wir jetzt beide.«

»Wir beide?« Sie streifte ihren nackten Lehrer mit einem Blick. »Du hast zwar Brüste, aber keine Vagina.«

»Egal. Männer haben auch einen Beckenboden!«

Lachend hätten sie fast das Läuten an Marios Tür überhört.

»Schon wieder, wir haben nie Zeit für uns. Wer kann denn das sein?«, stöhnte Mario genervt.

Er stand auf, splitterfasernackt, ging zum Bett, nahm ein großes, rotes Baumwolltuch und band es sich rasch um seinen runden Körper.

Lilly betrachtete sich im Spiegel. Es wirkte, als würde sie leuchten. Ein Schimmer ging von ihrer hellen, reinen Haut aus. Sie hatte etwas in ihrem Innersten geweckt, das seit Jahren in einem Dornröschenschlaf gesteckt war. Nicht mehr lange, und dieses Etwas würde die harte Schale von schweigender

Duldung und stiller Sehnsucht durchbrechen und ihr Leben verändern.

»Was, um Himmels willen ...?« Lilly riss den Kopf herum. Stefan, Lillys Ehemann, blickte auf sie, als sähe er nicht die fromme Mutter seiner Kinder, die da gerade nackt im Schneidersitz vor einem Spiegel hockte, sondern ihre gespenstische, unheimliche Doppelgängerin. Das Entsetzen stand ihm ins Gesicht geschrieben. Es war das Entsetzen eines Menschen, dessen Welt soeben zerbrochen war.

Lilly hatte Stefan zwar erzählt, dass sie zu Mario Soldo wollte. Doch sie hätte nie gedacht, dass er hier auftauchen würde. Stefan mochte Lillys neue Freunde nicht, weder Mario noch Max, genauso wenig wie ihren plötzlichen Lebenswandel. In diesem Moment musste ihm klar geworden sein, dass Lilly nicht bloß eine kurze Phase durchlief. Sie meinte es ernst. Seine Frau hatte sich verändert, sie war ihm fremd geworden.

»Lilly, wer bist du?«, fragte Stefan mit zittriger Stimme. Dann drehte er sich um und ging durch den strömenden Regen davon.

38

Konfrontation

Burglind konnte Gretas Worte nicht vergessen. Immer wieder gingen sie ihr durch den Kopf. Vor Jahren hatten die beiden Freundinnen einen heftigen Streit gehabt. Burglind hatte sich über Gretas biederes Leben lustig gemacht, woraufhin Greta konterte, Burglind würde in einer Lüge leben. Ihr Leben eine Lüge? Anfangs war es wirklich eine gewesen. Sie hatte sich vorgemacht, Jusuf würde seine Frau verlassen und zu ihr ziehen. Doch daraus war nie etwas geworden. Burglind hatte es akzeptiert. Oder etwa doch nicht? Seit Tagen kreisten die immergleichen Gedanken durch ihren Kopf.

Während Burglind ihren kleinen Braunen trank und darauf wartete, dass Dominik endlich im Büro auftauchte, fragte sie sich, was passieren musste, damit Jusuf endlich zu ihr zog. Sie ärgerte sich über sich selbst. Wie konnte sie nach all den Jahren auch nur mit dem Gedanken spielen? Er war verheiratet. Vielleicht sogar glücklich. Außerdem brauchte sie ihn ja gar nicht, dachte sie mit traurigem Stolz. Sie hatte auch ohne Jusuf Spaß am Leben.

Burglind zog ihren roten Lippenstift nach. Sie sah gut aus, drei Kilo hatte sie abgenommen. Das war allerdings eher Glück als Disziplin, denn Töchterchen Meli hatte ein lästiges Magen-Darm-Virus mit nach Hause gebracht und sie damit angesteckt. Zum ersten Mal seit langem trug Burglind normale blaue Jeans und einen ziemlich durchschnittlichen Pullover, beigefarben und weit geschnitten. Er verdeckte ihre Brust gänzlich. Sie wollte heute keine Erotik ausstrahlen, was selbst ihr merkwürdig vorkam. In den letzten paar Tagen verspürte sie häufiger leichte Schmerzen im Unterbauch, was vermutlich vom Magen-Darm-Virus kam.

Dominik betrat das Büro. Er trug einen schwarzen Anzug, ein weißes Hemd und unfassbar hässliche rote Lederschuhe. Die Haare hatte er mit Gel nach hinten gekämmt. Vom Typ her erinnerte er sie stark an Nadines Ehemann Georg. Auch so ein Lackaffe.

Dominik begrüßte sein Team mit einem dröhnenden »Guten Morgen«. Wie hatte ihr nur entgehen können, was für eine peinliche Gestalt er war? Nie wieder würde sie mit ihm vögeln. Er war ohnehin kein guter Liebhaber, sondern ziemlich faul. Immer war sie die Aktive. Einmal hatte sie in die passive Rolle zu schlüpfen versucht, indem sie sich auf seinen Schreibtisch legte. Da hatte er gleich die Lust verloren. Vermutlich war seine Ehefrau die Einzige, die er in der Horizontalen beglückte. Wenn er sie überhaupt beglückte.

Als die Sache zwischen Tamara und Dominik begann, hatte Burglind überlegt, ob sich die Neue aus Kalkül an den Chef heranmachte. Aber als Tamara heulend und verzweifelt vor ihrer Tür aufgetaucht war, hatte sich ihre Meinung geändert. »Miss Perfect« tat ihr leid. Zumindest ein bisschen.

Burglind stapfte ins Zimmer ihres Chefs, ohne vorher anzuklopfen. »Dominik, wir müssen reden«, sagte sie bestimmt.

Dominik saß an seinem Schreibtisch und legte genervt das Handy neben seinen Computer. Offenbar hatte er gerade ein

Telefonat beendet. Er runzelte die Stirn und sah sie streng an, dann hellten sich seine Gesichtszüge plötzlich auf. Ihm schien etwas eingefallen zu sein. »Du meinst wegen neulich? Ich glaube, Tamara hat's auch gefallen. Du willst eine Wiederholung, nicht wahr? Soll ich Tamara fragen? Machen wir es zu dritt?«

Burglind wurde wütend. Dieses Arschloch! Wofür hielt der sich eigentlich? Ein Dreier, bei dem er faul herumliegen und sich von zwei Frauen bedienen lassen konnte? Sie fühlte eine diebische Freude, ihm seine überhebliche Geilheit zu versauen und platzte ohne Einleitung mit ihrer Information heraus.

»Tamara ist schwanger.«

»Schwanger?«, antwortete Dominik betont lässig und zog seine rechte Augenbraue hoch. Das hatte er bestimmt vor dem Spiegel geübt. »Von wem?«

»Rate.«

Burglind verdrehte die Augen. Eigentlich war sein Büro ein hässlicher Ort: keine Bilder an den kahlen weißen Wänden, wenige, schmucklose Möbelstücke, alles wirkte kalt, uninspiriert und stillos. Burglind wunderte sich, dass sie hier heiße Momente erlebt hatte. Welcher normale Mensch würde in so einem Raum vögeln wollen? War sie normal?

»Das glaubst du ihr? Was seid ihr jetzt? Beste Freundinnen?« Er lachte dreckig.

»Dominik, was willst du tun? Du hast eine Frau, du hast Familie. Tamara ist jung und verunsichert. Sie will das Kind behalten, und sie hat mich gebeten, mit dir zu reden. Vielleicht findet ihr einen Weg, das Kind gemeinsam zu versorgen.«

Dominik verdrehte angewidert die Augen. »Die Kleine kann tun und lassen, was sie will. Tamara ist eine dreckige

Schlampe. Die macht schnell mal die Beine breit. Sie ist nicht mein Kind, und sie muss allein mit ihren Problemen klarkommen. Und wisch dir den Lippenstift von den Zähnen, das sieht ekelhaft aus.«

Was hatte er da gesagt? Ihre Probleme – war das sein Ernst? Und was sollte das mit dem Lippenstift? Frechheit!

»Du bist ein Arschloch, Dominik«, zischte Burglind. Ein wenig mehr Anstand hätte sie sogar diesem Charakterschwein zugetraut. Den Lippenstift ließ sie, wo er war. Kampflustig starrte sie ihn an.

»Du bist gefeuert«, sagte er, ohne ihren Blick zu erwidern, »und die Kleine auch.«

»Das wagst du nicht. Ich werde ...«

»Was wirst du? Es meiner Frau sagen? Wer würde einer Hure wie dir schon glauben? Raus hier! Die Rechtsabteilung wird sich mit euch in Verbindung setzen. Sparmaßnahmen. Die Wirtschaftskrise schlägt in voller Härte zu. Ihr werdet finanziell fair behandelt, keine Sorge.«

Noch ehe Burglind die Tür hinter sich zuknallte, hörte sie noch, wie er sagte: »Und eines noch. Solltet ihr Probleme machen, erledige ich euch. Und zwar alle beide.«

39

Ximenas Dilemma

»Wo warst du?«

Diese drei Worte taten Ximena im Herzen weh. Und die gelogene Antwort umso mehr: »Das Meeting hat leider ewig gedauert.« In Boxershorts und mit zerzausten Haaren stand Willi verschlafen vor ihr. Sie schämte sich. Das hatte er nicht verdient. Ob er ihre Lüge glaubte?

Als sie am nächsten Morgen viel zu spät aufwachte, weil sie den Wecker vor lauter Müdigkeit überhört hatte, war ihr Mann bereits weg. Es war kurz nach neun Uhr. »So ein Mist«, fauchte sie. Rasch zog sie sich an und rief ein Taxi. Im Büro angekommen, warf sie wütend ihren Aktenkoffer auf den Schreibtisch. Die Luft im Raum war stickig. Zu wenig Sauerstoff, dachte Ximena. Sie wollte das Fenster öffnen, aber draußen war es windig, und sie hatte wenig Lust, dass der Staub der Baustelle in ihr Büro wehte. In fünfzehn Minuten würde sie an einem virtuellen Krisenmeeting mit der Personalchefin teilnehmen. Ximena musste drei langjährigen Mitarbeitern die Kündigung aussprechen. Leicht fiel ihr das nicht, aber es ging nicht anders.

Sie zog ihre Lederjacke aus und hängte sie über die Sessellehne. Erschöpft setzte sie sich hin, rückte ihre Brille zurecht und atmete tief durch. Sie musste dringend die Wäsche machen. Sie hatte kaum mehr Kleidung fürs Büro. Die blaue Latzhose war heute Morgen eine Notlösung gewesen.

Sie seufzte. Thomas hatte sich wie ein Arschloch benommen und sie stundenlang in seiner Wohnung festgehalten. Erst um halb drei Uhr morgens war er zurückgekommen. Ximena war kurz davor gewesen, ein Fenster zu öffnen und nach Hilfe zu rufen. Angeblich war er spazieren gewesen.

»Ich habe wohl aus einem Reflex abgeschlossen«, hatte er mit unschuldiger Miene behauptet, als er zurückgekommen war. »Woher soll ich wissen, dass du so spät noch wegwillst?« Das Handy hatte sie kurz darauf wieder in ihrer dunkelbraunen Ledertasche gefunden. Sie war sich ziemlich sicher, dass er es schnell dorthin zurückgesteckt hatte, nachdem er zurück in die Wohnung gekommen war. Merkwürdige Sache.

Was sollte das alles? Ximena hatte einen Code, er konnte ihr Handy also ohnehin nicht durchsuchen. Oder wollte Thomas verhindern, dass sie Hilfe holte, um aus der Wohnung zu kommen? Ximena war stinksauer. Für wie dumm hielt Thomas sie eigentlich? Sie glaubte ihm kein Wort. Schließlich kannte er ihre Situation. Er wusste, dass sie verheiratet war und nicht einfach über Nacht wegbleiben konnte.

Wo Thomas wohl hingegangen war? Bis halb drei Uhr morgens? Eines war sicher: Spazieren gegangen war er nicht. Eher hatte er in der Zwischenzeit eine andere gevögelt, so abgedreht wie er war.

»Du bist ein Idiot«, hatte sie Thomas im Hinausgehen angezischt. Wenigstens hatte sie daran gedacht, ihre Cartier-Brille mitzunehmen. Allerdings ließ sie dieses Mal ihren Leoparden-Seidenschal liegen.

Ob ihn der Sex mit ihr langweilte? Warum war er danach gleich verschwunden? Ximena machten diese Fragen verrückt. Warum wollte sie das überhaupt wissen? Zweifelte sie so sehr an sich selbst? Das war doch sonst nicht ihre Art! Sie hatte ihren Stolz!

Trotz allem konnte sie nicht aufhören, an Thomas zu denken. Noch einmal die Jugend spüren, Freiheit, Ungebundenheit, Leidenschaft. War das der Preis, den sie dafür bezahlen musste? Seltsam. Im selben Maße, wie sie an Thomas dachte, wurde ihre Sehnsucht nach Willi immer stärker. Sie vermisste ihren Mann! Seit Wochen schon hatte sie keinen Sex mehr mit ihm gehabt, und, schlimmer noch, kein langes gutes Gespräch. Anscheinend fragte er sich nicht, warum das so war. Ihm schien das Leben mit ihr auch weiterhin zu gefallen. Ihr Umgang miteinander war harmonisch und oft lustig. Doch für Ximena war das zu wenig. Das reichte ihr einfach nicht. Beziehung und Abenteuer? Liebe und Leidenschaft? Spontanität und Alltag? »Alles in einer Person geht nicht«, hatte schon ihre mexikanische Mutter Paula oft gesagt. Sie brachte ihre Liebhaber sogar mit nach Hause. Ximenas Vater kümmerte das kaum. In gewisser Weise spielte er mit. Er tat so, als wären es nur Freunde. Dabei wusste es Ximena schon als Kind besser.

Bei Willi würde das nicht durchgehen. Er durfte nichts von Thomas erfahren. Willi spielte keine Spielchen. Er war ehrlich und loyal. Er war aber auch kein Weichei, nicht so wie Stefan, Lillys Mann. Willi konnte stark und hart sein, das wusste Ximena. Er war ein Kämpfer. Seine Eltern waren beide erfolgreiche Sportler gewesen. Die Mutter spielte Handball in der

Nationalmannschaft, der Vater triumphierte immer wieder als Marathonläufer, und Willi verbrachte als Kind mehr Zeit auf dem Fußballplatz als zu Hause. Er lernte früh sich durchzusetzen, und die Mädchen waren verrückt nach ihm. Als Willi Ximena vor sieben Jahren wild tanzend in einer Disco sah, sprach er sie selbstsicher an. Kurz danach schliefen sie bereits miteinander, draußen auf einer Wiese, in der warmen Sommernacht. Weil Ximena schön, witzig und intelligent war, Letzteres war ihm besonders wichtig, blieb er bei ihr, wie er gern im Bekanntenkreis erzählte. »Da kommt nichts Besseres nach«, scherzte er immerzu.

Etwas in ihr, in ihrem tiefsten Innersten, konnte sie aber nicht ändern, und es machte ihr Angst. Sie litt gern. Sie ließ sich schon als junge Frau von Männern immer wieder schlecht behandeln. Je verrückter die Kerle, desto verrückter war Ximena nach ihnen. Nun war sie 45, und nichts daran hatte sich geändert. Trotz ihrer liebevollen Beziehung. Noch immer hatte sie diese destruktive Neigung, für die sie sich hasste. Auch jetzt wollte sie zu Thomas, der merkwürdige Spielchen mit ihr spielte.

Während sie am Schreibtisch saß, dachte sie wieder an den Sex mit ihm. Er war fantastisch, und sie wollte auf der Stelle wieder wild durch seine Wohnung gevögelt werden. »Ich bin verrückt und schlimmer als Greta«, stammelte sie vor sich hin. In einem Punkt ging es ihr tatsächlich wie ihrer Freundin. Sie war dabei, ihr Glück zu gefährden. Ich werde den Kerl nicht mehr sehen, beschloss sie. Ich darf nicht.

Entschlossen griff Ximena zum Telefon. Es würde nur kurz dauern, keine Minute. Sie rief Herrn Jäger an. »Bitte finden Sie einen Neuen für mich. Das Profil bleibt gleich: attraktiv, intelligent, sportlich, nicht älter als 55, wieder in relativer Nähe meiner Wohnung und nach Möglichkeit Single.«

»Ich habe schon jemanden im Auge«, antwortete Herr Jäger. »Er ist perfekt, aber kein Single.«

Ximenas Mutter Paula hatte einmal eine schallende Ohrfeige auf offener Straße kassiert, weil sie ein Verhältnis mit dem Bäckermeister gehabt hatte. Dessen Frau war fuchsteufelswild auf sie zugelaufen und hatte ihr mit voller Wucht eine geknallt. Ximena war danebengestanden. Was für ein Schock für ein kleines Mädchen. Ob sie auch mal eine kassieren würde?

Ximena seufzte. »Solange er nicht so irre wie der Letzte ist, soll es mir recht sein.«

Sie hatte jetzt nur noch wenige Minuten, ehe die Personalchefin anrufen und die zu kündigenden Mitarbeiter der Reihe nach dazuschalten würde. Schnell klickte Ximena auf Whatsapp und schrieb in die Gruppe der jungen Hühner. »Ich glaube, ich drehe durch. Thomas hat mich heute Nacht eingesperrt. Der Typ ist nicht ganz dicht. Ich Idiotin stehe trotzdem auf ihn.«

»Was?«, schrieb Lilly zurück. »Der Typ ist krank!!«

Burglind schien die Situation weniger schlimm zu sehen, was typisch für sie war. »Mach dir nichts draus. Davor schützt uns scheinbar auch die Erfahrung nicht. Ist es der Sex wenigstens wert?« Und dazu ein paar Smileys.

Dann kam eine Antwort von Greta: »Mach bitte nichts Dummes, Ximena. Ich muss jetzt zu Ben. Er hatte einen Unfall und liegt im Krankenhaus. Halte euch am Laufenden!«

40

Nur eine Nacht

Sanft streichelte ich über Bens Haare. Ich war erleichtert, dass er nur einen halbseitigen Kopfverband bekommen hatte. So schlimm konnte es also nicht sein. Ben lag im Wiener Hanusch-Krankenhaus, in einem verschiebbaren Einzelbett in Pavillon Nummer fünf. In dem Krankenhaus, in dem Bruno arbeitete. Bruno pendelte ständig zwischen zwei Spitälern und seiner Privatordination hin und her. Als ich ihn einmal fragte, warum er sich die viele Arbeit antue, meinte er, es gehe in Zeiten des Ärztemangels nicht anders. Sein Leben war ohne Arbeit wohl leer. Bruno wusste einfach nichts mit sich anzufangen. Deshalb kam er auf dumme Ideen, wie Auftritte in einem Frauen-Spa.

Er hatte Ben heute Morgen einen Besuch abgestattet. Lilly hatte ihn darum gebeten, gleich nachdem ich es in die Gruppe geschrieben hatte. Begeistert war ich von der Idee nicht gewesen, aber ich war zu ohnmächtig, um darüber nachzudenken. Ben sollte sich gut umsorgt fühlen, alles andere schien mir jetzt nicht wichtig.

»Ich vermisse dich. Ich vermisse uns«, flüsterte ich Ben zu.

»Ich vermisse uns auch.« Ben sah mich traurig an. Das Fenster stand weit offen, der Geruch von feuchtem Laub trug eine angenehme Frische in das triste Zimmer. Ben fasste sich erschöpft an die Brust und atmete schwer. Sein Kopf schmerze vom Aufprall, hatte er mir gesagt, es sei aber nichts Ernstes. In seinem blauen Krankenhauskittel wirkte er viel älter. Alterten Männer wirklich besser als Frauen? Ich war mir nicht mehr sicher. Lange Zeit hatte ich es angenommen, aber am Ende des Tages war es vermutlich gar nicht so. Stress macht alt, da ging es wohl Männern und Frauen gleich.

Als ich meinen Mann so schwach und unbeholfen vor mir sah, musste ich weinen. Ich wollte ihm so vieles erzählen, aber ich brachte kaum etwas über die Lippen. Wie hatte es nur so weit kommen können? Was hatte uns ruiniert? Ich erinnerte mich an einen Ausflug, den wir an Bens vierzigstem Geburtstag unternommen hatten. Wir waren mit dem Auto Richtung Salzburg und weiter nach Bayern gefahren, wo wir drei Tage auf einem kleinen Bauernhof verbracht und uns auf dem Heuboden geliebt hatten. Eine herrliche, sorglose Zeit.

Mit dem Tod seiner Eltern drei Jahre später hatte sich alles verändert. Er war wie ein Auslöser einer dunklen Episode, die kein Ende fand. Dabei hatte er nie ein sonderlich gutes Verhältnis zu seinen Eltern gehabt. Seine Mutter ertrug die Wutanfälle ihres Mannes nur scheinbar, Ben und seine Schwester litten schon als Kinder darunter. Der Vater, damals Chef eines Mobilfunkunternehmens, war viel im Ausland, und war er einmal zu Hause, ging er lieber mit seinen Freunden Golf spielen oder ins Wirtshaus anstatt mit seinen Kindern auf den Spielplatz.

»Ich spiele wieder, Greta«, sagte Ben mit ruhiger Stimme, den Blick zur Decke gerichtet.

Ich weiß, dachte ich traurig. Gleichzeitig quälten mich brennende Fragen. Wie oft? Wo? Wie viel hast du verspielt? Bist du völlig übergeschnappt? All das wollte ich wissen, doch ich konnte ihn jetzt nicht damit quälen. Er sollte gesund werden, alles andere war zweitrangig. Alles andere würden wir schaffen. Zumindest hoffte ich es.

»Ich bin pleite, Greta«, sprach Ben weiter. »Mehrere Großkunden stehen vor dem Konkurs und zahlen ihre Rechnungen nicht.«

Ich hatte mit vielem gerechnet. Ich dachte sogar insgeheim, er sei gelangweilt und meiner überdrüssig. Aber pleite? Ben, der Mann, der mir zu unserem ersten Jahrestag eine Rolex für 10.000 Euro geschenkt hatte, war pleite? Ich nahm seine Hand.

»Wir kriegen das hin, du wirst sehen«, sagte ich mit zittriger Stimme.

Ich drückte seine Hand. Ben hatte Tränen in den Augen. Als er etwas sagen wollte, ging die Tür auf. »Guten Tag, Herr Winkler, fühlen Sie sich besser?« Ich hatte befürchtet, dass Bruno kommen würde. Ich wusste, dass er mich sehen wollte.

Bruno wartete Bens Antwort nicht ab.

»Sie kommen mir bekannt vor«, sagte Bruno lächelnd und sah mich dabei herausfordernd an. »Ich bin der Arzt Ihrer Freundin Elisabeth. Erinnern Sie sich?«

»Ich erinnere mich. Lilly hat mir erzählt, Sie seien so nett gewesen, nach meinem Mann zu sehen.« Ich spürte, wie ich rot wurde.

»Mir geht es besser, danke«, sagte Ben leise. Ich hoffte, er würde die angespannte Atmosphäre nicht bemerken. Mit seiner linken Hand griff er nach der Halterung über seinem Kopf und zog sich hoch.

»Wann kann ich heim?«, fragte er Bruno.

Ben hatte nichts bemerkt. Wie sollte er auch ahnen, dass sein Arzt und ich beinahe eine Affäre begonnen hatten?

»Schon bald, wahrscheinlich morgen«, antwortete Bruno. »Die Untersuchungsergebnisse sind beruhigend, und auch die Elektroenzephalografie war zufriedenstellend.«

»Was ist das für eine Untersuchung?«, fragte ich.

»Sie misst die elektrische Aktivität des Gehirns und ähnelt dem EKG für das Herz. Auch wird ein EEG verwendet, um Reaktionen auf hervorgerufene Reize festzustellen. Anhand dieser Reaktionen können wir feststellen, in welchem Zustand sich die entsprechenden Bereiche des Gehirns befinden«, erklärte Bruno. »Und soweit wir sehen können, ist alles in Ordnung.«

»Ben, das sind wunderbare Nachrichten«, freute ich mich.

»Aus meiner Sicht können Sie spätestens übermorgen nach Hause gehen«, meinte Bruno mit Blick auf Ben.

Als ich die beiden Männer so miteinander sprechen hörte, wurde mir bewusst, in was für eine absurde Situation ich geraten war. »Ich muss jetzt los«, sagte ich, vielleicht etwas zu schnell. »Ruh dich aus! Ich hole Elias ab. Wir rufen dich später an.« Ich gab Ben einen flüchtigen Kuss. Es ärgerte mich, dass Bruno noch immer im Zimmer stand. Schnell verabschiedete ich mich von beiden und huschte an meiner Fast-Affäre vorbei. Vor dem Aufzug hörte ich Schritte hinter mir.

»Danke, dass du nach ihm siehst, aber darüber hinaus habe ich dir nichts mehr zu sagen«, sagte ich, als Bruno neben mir herlief.

»Warum nicht? Unsere Küsse im Dampfbad waren doch schön, oder etwa nicht?«

Bruno zwängte sich zu mir in den Aufzug. Mein Herz raste. Wollte er mich noch einmal küssen?

»Was soll das, Bruno?«

Ich war viel zu leger angezogen. In Sneakern kannte er mich noch gar nicht. War es mir immer noch wichtig, ihm zu gefallen?

»Was meinst du?«, fragte Bruno amüsiert.

»Warum verfolgst du mich?« Ich spielte die Empörte, dabei merkte ich, wie ein kleiner Teil in mir froh war über seine Hartnäckigkeit.

»Weil du das hier genauso willst wie ich und weil nichts, rein gar nichts dagegenspricht. Willst du nicht wissen, wie es sich anfühlen würde? Eine einzige, besondere Nacht?«

Bruno trat auf mich zu, nahm meine Hand und zog mich sanft zu sich. Ich spürte seine Erektion. In seinem weißen Ärztekittel war er unglaublich sexy. Fast berührten seine Lippen meinen Mund, mit beiden Händen umfasste er fest meinen Hintern. Der Aufzug hielt mit einem Ruck an und die Tür öffnete sich. Ich riss mich los und lief hinaus.

»Überleg es dir«, rief er mir lachend nach. Für ihn war die Sache einfach. Ein sexy Spiel. Während ich alles verlieren konnte. Und dennoch kam ich nicht von ihm los. Während ich aus der neongrellen Enge des Krankenhauses flüchtete, spürte ich am ganzen Körper, wie sehr ich ihn wollte. Und zwar für mehr als nur eine Nacht.

41

Ein zu perfektes Leben

Endlich liebten sie sich wieder, es war schon viel zu lange her. Willi küsste Ximena zärtlich. Dieses Mal hatten sie romantischen Sex. Sanft. Langsam. Ganz ohne Rollenspiele. Dennoch oder gerade deswegen war es wunderschön. Draußen regnete es, es war neblig und kalt. Bald würde der Winter ins Land ziehen, die Vorweihnachtszeit stand vor der Tür.

»Das sollten wir öfter machen«, sagte Willi danach zufrieden. Er zog das Kondom ab und lächelte Ximena an. Sie küsste ihn auf die Wange. Mit ihren dunklen Locken kitzelte sie seine Schulter. »Ja, das sollten wir.«

Sie war froh, ihre Vorstadtwohnung aufgegeben zu haben, um mit Willi in den neunten Bezirk, nach Wien-Alsergrund, zu ziehen. Sie fühlte sich hier wohl, es war ihre Lieblingsgegend, auch Lilly wohnte in der Nähe. Überall im Viertel waren Studentenkneipen und einige LGBTQ-Lokale. Ximena mochte die offene, tolerante Stimmung und die Mischung aus Jung und Alt. Die vielen langen und vergleichsweise breiten Straßen waren gesäumt von eleganten Gründerzeithäusern.

»Sind wir noch jung?«, fragte Ximena ihren Mann.

Willi sah sie überrascht an.

»Beschäftigt dich das?«

»Wen nicht?«

»Mich beschäftigt es nicht. Wir sind so alt, wie wir sind, und das ist gut so. Das Alter ist doch nur eine Zahl, weiter nichts.«

Ximena schubste ihn liebevoll. »Du siehst es locker, weil du ein Mann bist.«

»Du kannst es auch als Frau locker sehen. Du wirst immer schön sein, Ximena, anders als alle anderen.«

Er kniff ihr in den Po und zog ihr das Laken vom Körper. »Sieh dich an. Jede normale Frau würde mit dir tauschen wollen.«

Ximena freute sich. Es tat gut, das von einem Mann zu hören, der fast täglich junge Frauen sah. Willis Schülerinnen waren selten älter als 25.

»Vielleicht hätten wir doch ein Kind bekommen sollen, Willi.«

»Fragst du dich das wirklich? Das glaube ich dir nicht.« Willi streichelte sanft ihre Wange.

»Du hast recht.« Ximena wusste, was Willi meinte. In ihrem Leben stand sie an erster Stelle. Das merkte sie jedes Mal, wenn sie auf ihre kleine Nichte Katja aufpasste.

Willi stand auf und ging nackt ins Badezimmer. Ximena mochte seinen Körper. Willi war ganz anders als Thomas. Er hatte keine definierten Muskeln aus dem Fitnessstudio, aber er war stark, schlank und von Natur aus athletisch.

Sie hörte das Wasser auf den Boden prasseln. Willi duschte, das tat er nach dem Sex fast immer. Ximena dachte an Thomas und war froh, dass er sich nicht mehr gemeldet hatte. Er hatte ihre ganze Welt durcheinandergebracht, sie gestresst und verunsichert. Für Willi war sie schön und würde es auch bleiben. Das zu wissen, machte sie glücklich. Die Beziehung zu Thomas war gefährlich, toxisch, der Sex ein Feuerwerk, eine unkontrollierbare Sucht. Gut, dass dieses Kapitel beendet war.

Dumm, den Leopardenschal mit naheliegenden Hintergedanken bei ihm gelassen zu haben. Sie zwang sich, nicht mehr an Thomas zu denken, und nahm sich fest vor, früh am nächsten Morgen endlich die Wäsche zu machen.

Während sie im Bett auf Willi wartete, piepste ihr Handy. Jäger. »Morgen, Café Français, Währinger Straße, zwanzig Uhr. Dieses Mal weiß er Bescheid, es ging nicht anders. Er weiß, was Sie wollen. Können Sie es einrichten?«

Ximena blickte ins Badezimmer, wo sie Willies Körper im Spiegel sah. Alles schien so perfekt. Zu perfekt? Sie seufzte.

42

Wow! Bülent Ceylan!

Hin- und hergerissen wäre eine maßlose Untertreibung. Als ich Ben regungslos im Stiegenhaus liegen gesehen hatte, mit blutendem Kopf, hatte ich mehr denn je gespürt, was wirklich zählte. Affären waren es nicht. Manchmal müssen schlimme Dinge passieren, damit wir begreifen, was im Leben wichtig ist. Vor Jahren hatte ich den Weltbestseller der Australierin Bronnie Ware gelesen, *Fünf Dinge, die Sterbende am meisten bereuen.* Ware arbeitete als Krankenschwester auf einer Palliativstation und betreute dort todkranke Menschen. Ihre Geschichten berühren, weil sie veranschaulichen, wie wichtig es ist, Gefühle zu zeigen und Zeit mit den Menschen zu verbringen, die wir lieben. Unsere Freundschaften und Beziehungen zu pflegen. Unseren Werten treu zu bleiben. Liebe. Treue. Loyalität. Das war mir immer klar gewesen. Warum nur fiel es mir plötzlich so schwer?

Ein Blick auf mein Handy verriet, dass ich früh dran war. Es war fünf vor acht. Wo blieben sie nur? Oft kam ich als Letzte zum Jour fixe, jetzt war es ausnahmsweise andersherum. Viel Zeit hatte ich nicht. Ich wollte Ben noch einmal im Krankenhaus besuchen, nachdem ich gestern sein Zimmer so fluchtartig verlassen hatte, danach eine Story abgeben, Elias von der Schule abholen und ihn zum Training bringen. Hoffentlich würde sich alles ausgehen. Hauptsache, Ben ging es wieder gut.

Die Musik im *Motto am Fluss* war heute ganz nach meinem Geschmack. Chillout-Sound mit beruhigenden Basstönen zum Entspannen. Ich hatte es bitter nötig. Leo, der attraktive Kellner, kam und fragte lächelnd, ob er mir etwas bringen dürfe.

Ich war erleichtert, dass mein Kopfkino außer Betrieb war. Leos Anblick löste dieses Mal nichts in mir aus. »Bitte einen frisch gepressten Orangensaft und ein Croissant«, entgegnete ich. Seit einigen Tagen wurde mir beim Geschmack von Kaffee übel. Vielleicht hatte ich in den Wochen davor einfach zu viel davon getrunken. Oder der Stress veränderte meinen Geschmackssinn. Die Sache mit Ben hatte mich so durcheinandergebracht, dass ich seit ein paar Tagen überfällig war. Bereits früher waren meine Tage stressbedingt verspätet gekommen, manchmal sogar bis zu einer Woche. Jedenfalls beschloss ich, erst mal auf Kaffee zu verzichten. Das viele Koffein würde mich ohnehin nicht beruhigen. Irgendwie musste ich auch so durch den Tag kommen.

Bruno hatte ich auf meinem Handy blockiert. Ich konnte und wollte ihn nicht hören. Besser nichts riskieren. Besser der Versuchung nicht erliegen. Ich musste mein Leben wieder in den Griff bekommen, gemeinsam mit Ben. Bonelli hatte recht. Ich wollte mit Ben alt werden.

Lilly eilte durch die Tür unseres Stammlokals. Sie sah gut aus. So stark geschminkt hatte ich sie noch nie gesehen, und sie trug neue Sachen. Schon wieder. Dieses Mal hatte sie ein knielanges weißes Kleid an, dazu braune Stiefel und eine Jeansjacke im selben Farbton wie die Schuhe. Sie hätte glatt als erfolgreiche Country-Sängerin durchgehen können. Lilly sah aus wie ein Star, besser noch als Taylor Swift. Oder mindestens genauso gut. Neben ihr fühlte ich mich farblos. Ich trug gewöhnliche Sneakers, Jeans und einen weißen Kapuzenpulli.

»Greta! Wie geht es Ben?« Lilly umarmte mich. Sie roch nach dem neuen Chanel-Duft. Ich hatte selbst überlegt, ihn mir zu kaufen.

»Besser«, antwortete ich. »Er hatte großes Glück und hat sich bei seinem Sturz nur leicht verletzt. Morgen kann er nach Hause.«

»Gott sei Dank«, sagte Lilly erleichtert.

»Als ich ihn vor mir liegen sah, hatte ich schreckliche Angst, Lilly. In dem Augenblick bin ich aufgewacht. Ein Leben ohne ihn kann und will ich mir nicht vorstellen. Ich liebe ihn. Ich darf ihn auf keinen Fall verlieren.«

Lilly schwieg. Sie wich meinen Blicken aus. Ich merkte, dass etwas nicht stimmte.

»Ist alles okay?«

»Ich wollte es dir ja sagen, aber irgendwie konnte ich nicht. Ich habe Ben neulich vor einem Spiellokal gesehen, betrunken. Ich habe ihn gefragt, ob er wieder spielen würde.«

Ich kannte die Wahrheit bereits. »Ich weiß«, sagte ich resigniert. »Was hat er dir gesagt?"

»Er hat mich einfach ignoriert und ist wieder ins Lokal gegangen.«

»Ich habe es geahnt, schon länger. Und gestern hat er mir alles gestanden.«

»Was wirst du tun?«, fragte Lilly besorgt.

»Keine Ahnung. Aber wir kriegen das hin. Gemeinsam.«

Neben uns aß eine Frau warmen Apfelstrudel. Er duftete herrlich süß zu uns hinüber, fruchtig und nussig. Ich überlegte, mir diese Sünde zu gönnen. Nächstes Mal, dachte ich. »Wie schreitet die Orgasmus-Suche voran?«

Lilly lachte. »Gut, gut. Michael ist mit seinem Verlobten auf den Malediven. Ich denke, sie bleiben so richtig lange, zwei Monate, also bis ins neue Jahr. Ich ziehe das Training mit Mario jetzt allein durch. Macht Spaß. Und mit Stefan läuft es auch gut. Wir haben eine Pause eingelegt. Er wohnt jetzt woanders.«

»Er tut was?« Hatte die treue, fromme Lilly gerade allen Ernstes gesagt, ihr Mann sei ausgezogen? Fast wäre mir das Croissant im Hals stecken geblieben.

Lilly blieb cool und deutete dem Kellner, der mir gerade den Orangensaft und das Croissant gebracht hatte, mit einem Fingerzeig, ihr das Gleiche zu bringen. Ich starrte sie verwundert an. Wer war diese Frau?

Hinter Lilly tauchte ein Gesicht auf, das ich so lange nicht gesehen hatte, dass ich es zunächst für Einbildung hielt. Konnte das sein? Neben Ximena hatte Nadine das Restaurant betreten. Schon von weitem funkelte mir Nadines Swarovski-Schmuck entgegen. Sie sah umwerfend aus in ihrem dunkelgrünen Business-Kostüm. Wie eine Staranwältin aus Manhattan. Der enge Rock reichte ihr bis zu den Knien und betonte ihre langen Beine. Irgendetwas musste in der Luft liegen. Meine Freundinnen brachten heute nicht nur jugendlichen Elan mit, sondern auch viel Stil und Klasse. Mir gefiel auch Ximenas blaue Latzhose gut, doch ich ahnte, dass sie selbst nicht sonderlich von ihrem Casual Look begeistert war. Vermutlich hatte sie mal wieder keine Zeit gehabt, die Wäsche zu machen, und musste mit Resten vorliebnehmen. Oder hatte ihre Nacht mit diesem verrückten Thomas etwas damit zu tun?

»Oh! Hoher Besuch«, rief ich Nadine entgegen.

Ich freute mich, sie nach so langer Zeit wieder zu sehen. Ob ihr Ximena von Georgs Affäre erzählt hatte? Vermutlich nicht. Sie würde es nicht übers Herz bringen. Ich auch nicht. Manchmal war es besser zu schweigen. Vielleicht würde Nadine mit Georg ja wieder glücklich werden. Vielleicht hatte er die Affäre beendet. Dann hätten wir dieses Glück nur grundlos zerstört. Oder war es falsch zu schweigen? Ich wusste es nicht. Zu viele alte Gewissheiten waren ins Wanken geraten.

Nadine fiel mir um den Hals. Ich mochte sie sehr, denn sie war ein lieber, sensibler Mensch, korrekt und ehrlich. Ihre Einstellungen und Werte waren vorbildlich, sie hatten etwas Absolutes, Endgültiges. Für Nadine waren Treue und Loyalität Heiligtümer. Da verstand sie keinen Spaß, zumindest hatte sie das immer betont. Lilly war davon natürlich begeistert. Zumindest die alte Lilly. Bei der neuen Lilly war ich mir da gar nicht mehr so sicher.

Da fiel mir ein Gespräch zwischen Lilly, Nadine und mir ein, das bereits Jahre zurücklag. Ich meinte damals, dass ich Ben verlassen würde, wenn er fremdginge. Sie hatte mich damals mit ernster Miene angesehen und gemeint, ihr wäre das nicht genug. Sie würde Georg betäuben, an eine Bank binden, mit dem Blick nach oben, dann einen Spiegel an der Decke befestigen und ihn, sobald er aufwachte, foltern. Er sollte sein eigenes Leid mitansehen. »Ich schiebe ihm kleine, hohle Eisenstangen in den Penis, fein beträufelt mit Honig, und dann jage ich Ameisen hindurch«, hatte sie mit leicht irrer Stimme geflüstert.

Schwer vorstellbar, dass sie das tatsächlich einmal gesagt hatte. Nadine wirkte still und klug, sanftmütig und diszipliniert.

Aber manchmal sind die Dinge eben nicht so, wie sie scheinen. Was für jeden gilt. Menschen lügen, betrügen, führen Doppelleben und zimmern sich ihre eigene, wirre Realität zusammen. Oder sie schwelgen in Rachefantasien, während sie nach außen seriös und unerschütterlich wirken.

»Wo warst du die ganze Zeit, Nadine? Wir haben dich vermisst«, sagte ich.

»Krise mit Georg. Wir kennen das ja alle. Aber es geht schon wieder.« Sie lächelte professionell, ganz die erfahrene Anwältin. »Nächstes Wochenende fliegen wir nach Paris. Tut unserer Beziehung gut.« Am liebsten hätte ich ihr gesagt, dass sie sich vor uns, ihren engsten Freundinnen, nicht zu verstellen brauchte. Als habe sie meine Gedanken gelesen, wechselte sie das Thema: »Wie geht es Ben? Ich habe mir Sorgen gemacht, als du es in die Gruppe geschrieben hast.«

»Es geht ihm gut, wirklich, macht euch keine Sorgen. Er ist wohlauf, ich hatte nur einen Riesenschreck. Wo ist eigentlich Burglind?«

»Hast du nicht in die Gruppe geschaut? Sie hat uns geschrieben, dass sie eine wichtige Sache klären muss. Mit Dominik und Tamara«, sagte Ximena, während sie ihre geliebte Sonnenbrille in einem handgenähten Etui aus Leder verstaute. Hoffentlich wusste Burglind, was sie tat. Ich hatte bei Dominik noch nie ein gutes Gefühl gehabt.

»Hört mal«, ergriff Nadine das Wort. Ihr perlenbesetztes Armband rasselte leise, während sie lebhaft gestikulierte. »Ich habe eine Überraschung für euch. Ich habe Karten besorgt. Wir fliegen alle zu Bülent Ceylan nach Frankfurt, schon übernächstes Wochenende. Ist das nicht großartig? Vielleicht können wir ihn sogar backstage treffen. Das kläre ich gerade ab. Ihr müsst es unbedingt einrichten.«

»Wow! Das ist etwas spontan, aber ja, es ist großartig!« Ich freute mich wirklich. Ich fand Bülent Ceylan genial. Er war eine Wucht. Die Babysitterin würde hoffentlich einspringen, solange Ben nicht fit war.

»Ich habe neulich auf Youtube einen Auftritt von ihm in Halle gesehen, in dem er seinen Vater aufs Korn nahm und sich über die Aussprache türkischer Namen lustig machte. Zum Brüllen«, erzählte Ximena.

Ein Blick auf die Uhr ließ mich hochfahren. Ich stopfte den letzten Rest Croissant in mich hinein und spülte ihn mit dem Orangensaft hinunter. So eine Heißhungerattacke hatte ich schon lange nicht mehr gehabt! »Ich muss los, Mädels«, sagte ich und legte das Geld für mein Frühstück auf den Tisch. »Es tut mir so leid, aber ich habe es eilig. Ich möchte noch mal zu Ben.«

Ich warf einen Blick aus dem Fenster. Wind und Regen. Die Sonne war hinter dunklen Wolken verschwunden, als würde sie nie wieder auftauchen. In den Nachrichten war allerorts von Überschwemmungen zu lesen.

»Warte bitte noch eine Minute«, sagte Lilly. »Ich muss euch etwas Wichtiges sagen.« Sie griff nach dem kleinen Kreuz in ihrem Ausschnitt. »Ich habe jemanden kennengelernt. Es ist noch alles recht frisch. Er ist jünger als ich, und trotzdem frage ich mich nicht mehr, ob ich alt aussehe. Ich fühle mich so gut, richtig gut. Burglind hatte völlig recht. Was soll das ganze Gejammere? Wir holen uns unsere Jugend, unser Leben zurück! Unser Pakt wird Wirklichkeit!«

Ximena und Nadine sahen Lilly schweigend an. Ich ahnte, was sie dachten, wahrscheinlich das Gleiche wie ich. Ein Abenteuer war nichts für Lilly. Allen außer ihr selbst schien das klar zu sein. Lilly war nicht Burglind, und sie war auch nicht Ximena, und sie war auch nicht wie ich. Was tat sie da nur? Ich konnte nicht glauben, dass auch sie bereit war, ihr ganzes Leben für eine Affäre aufs Spiel zu setzen. Dachte sie gar nicht an ihre Kinder?

»Er heißt Maximilian«, erzählte Lilly glücklich. »Er war es, dem ich ins Rad gelaufen bin.«

Auch das noch.

43

Die Stadt der Liebe

Paris war für Nadine eine besondere Stadt. Mit 18, gleich nach der Matura, arbeitete sie in den Sommerferien in einer Sprachschule, direkt im Quartier Latin, dem traditionellen Studentenviertel. Es hieß so, weil sich hier früher die Studenten und Gelehrten der nahegelegenen Elite-Universität Sorbonne auf Latein unterhielten. Auch Nadine war sattelfest in Latein, zumindest schriftlich.

In Paris gab sie Franzosen Deutschunterricht, und es gefiel ihr so gut, dass sie ihren Aufenthalt um ein halbes Jahr verlängerte. Nebenbei kellnerte sie in einem kleinen Restaurant, das sie liebte. Sie traf dort interessante Menschen aus aller Welt und verdiente gut. Kurz vor ihrer Abreise lernte sie einen jungen Pariser kennen, Olivier, schön wie die Sünde, mit grünen Augen und dunklen Haaren. Sie verliebte sich ein bisschen und hatte mit ihm ihren ersten Sex. Für Olivier war sie eine von vielen, das war ihr klar, aber er war charmant und zärtlich. Der Rest spielte in dieser Phase ihres Lebens keine Rolle.

Sie konnte sich noch gut daran erinnern, wie sie mit Olivier auf dem Eiffelturm stand. Sie fühlte sich glücklich und frei.

Mehr als 25 Jahre später stand sie an derselben Stelle mit Georg. Ihr Mann war attraktiv, groß und schlank, aber stocksteif und schien schon im Anzug zur Welt gekommen zu sein.

Immerzu wollte er perfekt aussehen, von der Sohle bis zum Scheitel, das Gegenteil von seinem Vater, einem verwahrlosten Trinker aus ärmlichen Verhältnissen.

Georg sei verklemmt, meinte Nick, Nadines großer Bruder oft. Er fand ihn peinlich und sagte ihm das am liebsten ins Gesicht. »Wie siehst du schon wieder aus?«, knallte er ihm bei jeder Begegnung anstelle eines Grußes entgegen. Georg hatte meist tonnenweise Gel im Haar, alles musste wie angegossen sitzen. Eine bemitleidenswerte Gestalt, fand Nick, der lässig war und es mit Software-Unternehmen zu einem ansehnlichen Vermögen gebracht hatte. Nadine wusste selbst nicht genau, warum sie sich in Georg verliebt hatte. Vermutlich, weil er klug war und sich für die Welt interessierte. Er hatte Charme und Humor, war begeisterungsfähig und besaß die Gabe, binnen kürzester Zeit jede Menge Wissen aufzusaugen.

Nadine sah ihn an. Sie wollte Georg küssen, hier und jetzt, auf dem Eiffelturm. So wie Olivier sie vor einer gefühlten Ewigkeit genau hier geküsst hatte. Der Wind blies ihnen heftig ins Gesicht, die Luft war klar und frisch. Endlich waren sie ihm entkommen, dem Gestank am Ufer der Seine, einer Mischung aus Eisen, Fisch und Urin.

Nadine atmete durch. Sie spürte, dass Georg keine Lust auf Küsse hatte. Für ihn war Romantik schon lange überflüssig. Sie hielten zwar Händchen, aber Georg redete pausenlos. Er erzählte von seiner kranken Mutter und einem anstrengenden Klienten und davon, wie er mit Nadine noch auf die Malediven wolle, um endlich zu entspannen. Nadine war dennoch glücklich. Endlich hatte er sich Zeit für sie genommen. Es war fast wie früher, nur eben weniger romantisch.

Vom Eiffelturm schlenderten sie zu dem kleinen Restaurant, in dem Nadine einst gearbeitet hatte. Es hieß »Chez moi«.

»Was möchtest du essen?«, fragte Georg, während er sich die Karte ansah. Rechts standen die Speisen in großer Schrift auf Französisch, links in kleinerer auf Englisch und Deutsch.

Nadine zog ihr Swarovski-Armband zum Ellbogen hinauf, ihre kleine Armani-Handtasche mit den vielen Kreditkarten im Portemonnaie stellte sie auf den Tisch. Still beobachtete sie, wie der Kellner am Nebentisch Zwiebelsuppe servierte, eine Spezialität des Hauses. Sie roch würzig und kräftig. Nadine fragte sich, ob sie noch so gut und kräftig wie damals schmecken und ob sie danach Mundgeruch haben würde.

In dem Lokal verkehrten Künstler und Studenten. Es war noch immer ein Geheimtipp für Touristen, die die Pariser Seele hautnah spüren wollten. Nadine sah, wie sich ein junges Paar verliebt küsste. Sie wünschte, bei ihr und Georg wäre es noch genauso.

Fast alles in dem kleinen Raum leuchtete in Rottönen, nur die Wände und die Tischdecken waren weiß. Ansonsten gab es feuerrote Luster und Sessel, einen Boden aus dunkelrotem Stoff und eine weinrote Bar. Für Pariser Verhältnisse war das alles völlig normal, für Nadines Geschmack sah es zu sehr nach Puff aus, was sie aber nicht störte. »Ich denke, ich probiere die Zwiebelsuppe«, sagte sie. »Danach nehme ich *bar moucheté*, gefleckten Wolfsbarsch. Und du?«

Georg tat es ihr gleich. Er nahm meistens, was Nadine aß. Sie war der Gourmet von ihnen. Auch dieses Mal sollte sie recht behalten. Der Fisch schmeckte herrlich. Danach fuhren sie mit dem Taxi zur Oper. *Don Pasquale*, eine komische Oper in drei Akten, die Geschichte des alternden Junggesellen Don Pasquale, der auf einmal die Lust verspürt zu heiraten.

Nadine wäre lieber ins *Cabaret* gegangen, am liebsten ins berühmt-berüchtigte *Moulin Rouge*, aber Georg liebte die Oper. Sie gab nach und richtete sich nach ihm, wie so oft. Nur bei der Essensauswahl gab Nadine den Ton an.

Das Stück war gut inszeniert, die Sänger sangen exzellent, doch Nadine war müde, und Georg gähnte ebenfalls. Gegen elf Uhr fuhren sie mit dem Taxi ins Hotel zurück, ins noble *Ritz Carlton*, wo die Nacht mehr als zweitausend Euro kostete. Doch Geld spielte keine Rolle.

Die Suite hatte zwei Räume und ein luxuriöses Badezimmer. Es gab echten Steinboden, echtes Holz und teure Bettwäsche. Von der großen Regendusche war Nadine besonders begeistert. Es war ein wenig wie zu Hause, fand sie. Die beiden putzten nebeneinander die Zähne. Georg trug jetzt ein weißes Shirt und dazu passend weiße Boxershorts. Nadine hatte ein weißes Unterhemd und einen weißen Slip an. Unbeabsichtigter Partnerlook, dachte sie und legte sich ins Bett.

»Schlaf gut. Danke, dass du mit mir hier bist«, flüsterte Georg zärtlich. Er gab Nadine einen Kuss, umarmte sie und drehte sich zur Seite. Doch damit gab sie sich nicht zufrieden. Nicht dieses Mal. Ihr letzter Sex war zu lange her, viel zu lange. Als er tat, als wäre er schon eingeschlafen, zog sie sein Shirt hoch und liebkoste seinen Rücken. Rasch streifte sie ihm die Boxershorts ab und begann ihn überall zu küssen.

Er stoppte sie. »Ich bin müde, Nadine. Morgen, okay?«

Sie richtete sich auf und sah ihn wütend an. Dabei wusste sie, dass sie gut in dem war, was sie tat.

Georg schien zu verstehen. Dieses Mal kam er nicht so leicht davon. Sie hatte genug von seinem Herumgezicke. Er wechselte in ein anderes Programm. Lustvoll sah er sie an und küsste sie mit einem Lächeln auf den Lippen.

Nadine fragte sich, ob er es wirklich wollte. Sie wollte es jedenfalls unbedingt. Der Sex mit Georg war gut. Das war das Problem. Georg war ein toller Küsser, und er war gut im Bett. Er wusste, wie er eine Vulva küssen musste. Nach all dem sehnte sie sich.

Erregt schloss Nadine die Augen, während Georg ihr das Unterhemd auszog. Rasch war er bei ihren Brüsten angelangt. Schade, dass er ihr Gesicht nicht noch etwas länger geküsst hatte, auch mit ihrer Vulva wollte er anscheinend nicht spielen. Oder war er plötzlich wirklich so scharf auf sie?

Nadine hatte irgendwo gelesen, dass mehr als siebzig Prozent der Männer beim Sex an eine andere dachten. Die Zahl schockierte sie. Das wären weit mehr als die Hälfte. Ob Georg das auch tat? An wen er wohl gerade dachte?

Nadine wunderte sich. So leidenschaftlich hatte sie ihn schon lange nicht mehr erlebt. Jetzt war auch sie ganz bei der Sache. Ihr Ärger war verflogen. Georg befreite sie von ihrem Slip und drang in sie ein. Es dauerte länger, als sie gedacht hatte. Fünfzehn, vielleicht zwanzig Minuten oder noch länger. Nadine kam. Georg hatte ihre Erwartungen erfüllt, aber offenbar wollte er auf keinen Fall riskieren, dass sie schwanger wurde. Er kam auf ihrem Bauch. Bloß kein Kind zeugen. So hatte er schon immer gedacht.

44

Zufälliges Wiedersehen

Kurz nach zwanzig Uhr traf Ximena im *Café Français* ein. Auf dem Weg von der Straßenbahn hatte sie der Regen erwischt. Sie hatte lange überlegt, was sie anziehen sollte und sich schließlich für eine blickdichte, dunkelviolette Strumpfhose und ein kurzes, schwarzes Kleid entschieden. Das klassische, von dem wohl jede Frau eines im Kleiderschrank hatte.

Der Zeitpunkt war ihr nur recht. Ximena hatte viel Arbeit und saß dieser Tage lang im Büro. Willi würde nicht vor 23 Uhr mit ihr rechnen.

Ein Mann mittleren Alters wartete auf sie. Er saß am letzten Tisch. Helles Hemd, dunkle Hose, so wie ihn der Detektiv heute Morgen am Telefon beschrieben hatte.

Ximena war sich unsicher. Eigentlich wollte sie wieder gehen. Ein attraktiver Mann, gewiss, aber eigentlich nicht ihr Typ. Sie dachte an Willi, an gestern Nacht, und fragte sich, warum sie diesen Mist hier brauchte. In ihrem Leben lief doch alles gut. Der Sex mit Willi war ohne Übertreibung gut gewesen, sehr gut sogar. Wozu also? Sie wusste es selbst nicht. Es war wohl ihre destruktive Ader, die sie zum Tisch des Mannes führte und Platz nehmen ließ. Im *Café Français* war an dem Tag wenig los, nur eine Handvoll Tische waren besetzt. Sie hatte alle Gäste im Blick. Kein bekanntes Gesicht darunter. Das war gut so.

»Ich bin keine Schlampe«, sagte sie forsch anstelle einer Begrüßung.

»Das hatte ich auch nicht angenommen«, entgegnete der Unbekannte freundlich.

Beide lächelten, und unversehens entspann sich ein gutes, unaufgeregtes Gespräch. Er hieß Rudolf und kam aus der Welt der Kunst. Sein Vater führte eine Galerie, er selbst war Bildhauer. Ximena war beeindruckt. Je länger sie miteinander sprachen, umso besser gefiel er ihr. Ximena mochte seinen unkonventionellen Kleidungsstil. Bei näherer Betrachtung war sein helles Hemd fantasievoll gemustert und seine Jeans kunstvoll zerrissen. Sie unterhielten sich über Literatur und berühmte Maler und Sänger. Rudolf kannte den vielseitigen österreichischen Künstler André Heller persönlich. Sein Vater war mit ihm befreundet. Ximena fragte sich, ob er sie wohl mit ihm bekanntmachen könnte, irgendwann einmal.

»Werden wir Sex haben?«, fragte Rudolf sie unvermittelt.

Ximena lächelte. Die Frau am Nebentisch lachte laut auf. Ximena hoffte, dass es nicht ihretwegen war. Vielleicht hatte sie ja gelauscht.

»Ich weiß es nicht«, sagte sie leise. »Bist du verheiratet?«

»Ich bin geschieden und jetzt wieder verlobt. Und du?«

»Verheiratet.«

Ein ungebundener Mann wäre ihr lieber gewesen. Die schallende Ohrfeige, die ihre Mutter Paula, die Mexikanerin, von der eifersüchtigen Ehefrau des Bäckers kassiert hatte, war ihr nur allzu gut in Erinnerung geblieben.

Rudolf und Ximena sahen einander in die Augen. Es knisterte. Da bemerkte Ximena eine Hand auf ihrer rechten Schulter. Sie hatte Angst sich umzudrehen und war starr vor Schreck. Ob sie jemand erwischt hatte? Sie würde Rudolf als ihren Geschäftspartner ausgeben. Aber was, wenn sie nicht glaubwürdig war?

»Hallo Ximena! Schön, dich zu sehen. Wie geht es dir?« Thomas.

Ein merkwürdiges Gefühl überkam sie. Konnte das Zufall sein? Anscheinend war er gerade beim Joggen. Er trug einen hellblauen Jogginganzug, passend zu seinen Augen, und war verschwitzt. Kleine Schweißperlen kugelten von seinen Wangen. Er sah zum Niederknien aus. Sie zitterte vor Aufregung und konnte nicht fassen, wie verliebt sie in ihn war.

»Schön, dich zu sehen«, sagte sie verlegen.

»Es ist schon viel zu lange her«, meinte Thomas amüsiert. »Ist der Herr dein Mann?«

Hatte er sie das eben wirklich gefragt?

»Mein Mann? Nein, Rudi ist ein alter Freund.«

Ximena spürte, dass sie feuerrot wurde, und auch Rudolf merkte anscheinend, dass etwas nicht stimmte. Er räusperte sich. Womöglich ahnte er, dass zwischen ihnen etwas lief. Fragend sah Rudi sie an.

»Was für ein Zufall«, sagte sie leise. »Die Herren entschuldigen mich jetzt aber bitte. Ich muss mal kurz für kleine Mädchen.« Sie nickte Thomas zu. »Alles Gute.«

Hastig stand sie auf und eilte zur Toilette. Ihr Herz trommelte gegen ihre Brust. Sie war verrückt nach dem Kerl.

Warum gefiel er ihr nur so? Sein bloßer Anblick genügte, dass sie alles um sich vergaß.

Ximena drehte den Hahn auf und bespritzte ihr Gesicht mit kaltem Wasser. Die wasserfeste Schminke verwischte nicht. Wenigstens etwas, was hielt, dachte sie. Sie hörte, wie die Tür aufging.

»Was machst du hier?«, fragte sie mit zittriger Stimme, als sie Thomas im Spiegel sah.

»Wiedersehen macht Freude. Ist das dein Neuer? So schnell hast du mich ersetzt?«

Ximena verdrehte die Augen. Sie tat, als würde er sie nerven. Das Gegenteil war der Fall. »Hör mit dem Mist auf, Thomas. Das mit uns war ganz nett, aber es ist vorbei.«

»Ganz nett?« Thomas ging lächelnd auf sie zu. »Es hat erst begonnen, Ximena«, flüsterte er ihr ins Ohr.

Sie war erregt, als sie seinen Atem spürte. Mit festem Griff drängte er sie in die Toilettenkabine und verriegelte die Tür. Er drehte sie um und presste ihr Gesicht gegen die Wand. Dann schob er ihr enges Kleid nach oben und riss ihre Strumpfhose samt Slip fast bis zu den Knien hinunter. Heftig nahm er sie von hinten. Mit der linken Hand stützte er sich dabei an der Wand ab, mit der rechten hielt er ihre Brüste fest. Es war fantastisch. Genauso liebte sie es, und das wusste er. Wieder verwendete er keinen Gummi, aber es kümmerte sie nicht. Thomas wirkte gesund, und ihre fruchtbaren Tage waren gerade vorbei. Wie leichtsinnig.

Er kam wie immer laut, und es schien ihm egal zu sein, ob ihn jemand hörte. Danach drehte er sie um und küsste sie mindestens genauso lang, wie er sie gefickt hatte. Waren es vier, fünf oder sechs Minuten? Sie konnte es nicht sagen, sie fühlte sich benommen, und alles erschien ihr unwirklich. Aber es fühlte sich besser an als in ihren kühnsten Träumen. Ohne ein Wort zu sagen, verließ Thomas die Toilette. Ximena zog ihren Slip und die Strumpfhose hoch, brachte ihr Kleid und ihre Haare in Ordnung und ging leicht wankend zurück zu Rudolf.

»Alles okay?«, fragte er verunsichert.

45

Neuigkeiten

»Herr Doktor, Ben und ich wollen an unserer Beziehung arbeiten.«

Ich war froh, Bonelli zu sehen. Unser letztes Gespräch war Wochen her. Bonelli hatte keine Zeit für spontane Termine, und in meinem Leben schien Planung unmöglich. Ständig geschah Unvorhersehbares.

Im Zimmer war es angenehm warm. Ich war froh, dem heftigen Wind und der Novemberkälte entkommen zu sein. Heute Früh hatte es erstmals nur um die fünf Grad. Auf dem Weg zu Bonelli bewunderte ich die glitzernden Schaufensterdekorationen, auf den Straßen roch es nach gebratenen Kartoffeln und Maroni.

Aus den Medien hatte ich erfahren, dass Bonellis Frau ein Buch über ihr Leben mit Mann und Kindern geschrieben hatte. Ich bewunderte das tiefe Glück der Familie. Ob ich es auch je spüren würde? So richtig tief? So, dass kein Kopfkino mehr Platz haben würde?

»Das sind gute Neuigkeiten«, antwortete er. »Ich nehme an, Sie haben mit ihm gesprochen?«

Ich nickte. »Sie hatten recht. Das hätte ich früher tun sollen.« Ich brachte den Kragen meines Wollhemds in Ordnung und schlug die Beine übereinander. Meine Stoffhose war viel angenehmer als die engen Röhrenjeans, die ich sonst meistens trug. Bonelli sollte merken, dass sich etwas verändert hatte.

»Wie war das Gespräch mit Ihrem Mann?«

»Ben hatte einen kleinen Unfall. Er ist gestürzt, nichts Ernstes. Er war zwei Tage im Krankenhaus und ist schon wieder zu Hause.«

Bonelli schwieg. Er wartete vermutlich auf mehr. Anscheinend war er ernsthaft an meinem Leben interessiert. Meine Fingernägel glänzten in zartem Braun. Von Pink hatte ich vorerst genug. Vielleicht hatte er das auch schon bemerkt. »Ben hat mir endlich erzählt, dass er wieder spielt.«

»Hat er Ihnen einen Grund genannt?«

»Probleme im Job. Sein Geschäft läuft schlecht.«

Bonelli machte sich Notizen.

»Ben möchte sein Leben in den Griff kriegen«, fuhr ich fort. »Er hat Termine bei der Bank und geht zur Schuldnerberatung.«

»Was empfinden Sie?«

»Erleichterung. Hoffentlich schaffen wir es finanziell. Ich möchte unsere Wohnung behalten. Ich denke, wir kriegen das hin.«

Ich fragte mich, ob Bonellis Frau ihn bei der Auswahl der Kleidung beriet. Bei Ben und mir war es so. Oft legte ich meinem Mann die Sachen, die er ins Büro anziehen sollte, aufs Bett. Bonelli wirkte immer so ordentlich. Heute trug er ein weißes Hemd und dazu passend braune Cordhosen. Er sah nach jemandem aus, der sein Leben im Griff hatte.

Ich dachte an Bruno, der sein Leben vermutlich genauso wenig im Griff hatte, wie ich meines. Ich zögerte, ehe ich Bonelli von ihm erzählte. »Bruno, der Arzt, der mir so gefällt, hat mich gebeten, eine Nacht mit ihm zu verbringen«, erzählte ich weiter.

»Wie haben Sie reagiert?«

»Gar nicht. Ich konnte nichts sagen. Ich war wie gelähmt. Ich begehre ihn, ich kann es nicht ändern. Wenn ich ihn sehe, geht mein Kopfkino los.«

»Ihr Herz ist stärker als ihr Bauch, wenn Sie es möchten. Mit Herz und Verstand werden Sie Ihre Bauchgefühle überwinden. So werden Sie bekommen, was Sie wirklich wollen.«

Ich wusste, was er meinte. Ich wollte mit Ben alt werden, mehr als alles andere. Aber ich wollte auch den Pakt mit meinen Freundinnen in die Tat umsetzen und meine Jugend spüren. Und mit Bruno tat ich genau das. Ich fühlte mich jung, frei und schön.

»Mein Mann und ich waren in den vergangenen Monaten grausam zueinander. Ich habe mir vorgestellt, mit anderen zu schlafen. Ist ein Neuanfang überhaupt möglich? Vielleicht ist einfach zu viel passiert.«

»Hier sind schon viele Menschen mit vielen Geschichten gesessen«, sagte Bonelli ruhig. »Ich erinnere mich an einen Mann, der mit anderen Frauen schlief und seiner Frau davon erzählte, um sie zu demütigen. Dieses Paar ist bereits seit vielen Jahren wieder glücklich. Ich hatte Drogensüchtige und Gewalttäter, die an sich arbeiteten. Ihnen ist auch ein Neuanfang geglückt.«

»Wie ist das möglich?«

»Oh, vieles ist möglich.«

Bonellis Worte machten mir Mut.

»Gibt es Dinge, die niemals passieren dürften? Hat nicht alles Grenzen?«

»Der Punkt ist immer: Bereuen wir aufrichtig? Bereuen wir, was wir getan haben?« Bonelli lehnte sich etwas zurück, als wollte er seinen Worten mehr Raum geben. »Wollen wir uns wirklich ändern, und schmerzt allein der Gedanke an die Verletzung, die wir einem geliebten Menschen zugefügt haben? Reue ist das beste Heilmittel. Echte, tief empfundene Reue.«

Bereute ich das Kopfkino mit Bruno? Tat es mir leid und wollte ich es tatsächlich nicht mehr? Ich wusste es nicht. Ich wusste nur, dass ich meine Jugend zurückhaben wollte, und dafür musste ich am Pakt, den ich mit den jungen Hühnern geschlossen hatte, festhalten. Ich wollte im besten Alter sein. Bruno war dafür aber nicht die einzige Möglichkeit.

»Ich weiß nicht, ob ich Reue empfinde«, sagte ich zu Bonelli. »Ich werde jedenfalls mein Kopfkino ausknipsen. Ich möchte meinem Leben eine Wende geben. Vieles wird sich ändern.«

»Was haben Sie vor?«, fragte der Psychiater interessiert.

Ich atmete tief durch. Stress war nicht der Grund, warum meine Regel ausgeblieben war. Der Harndrang, der veränderte Geruchs- und Geschmackssinn, die Übelkeit, der Heißhunger, der Schwindel. Ich hatte es die ganze Zeit geahnt, doch erst in diesem Moment erlaubte ich mir, es laut auszusprechen.

»Ich denke, ich bin schwanger.«

46

Lilly goes Salzburg

Lilly lächelte siegessicher. Sie stand vor dem großen Wandspiegel im Schlafzimmer und bewunderte sich in ihrem neuen Kleid. Es war aus dunkelroter Wolle, knielang und saß wie angegossen. Heute hatte sie ein Vorstellungsgespräch im noblen Hotel Sacher. Aufgeregt zog sie an ihrem kleinen goldenen Kreuzanhänger. In der Früh hatte Stefan die Zwillinge wie fast jeden Morgen gegen halb acht abgeholt, um sie zur Schule zu bringen. Meistens brachte er sie um 17 Uhr wieder nach Hause. Drei Tage in der Woche blieben sie sogar über Nacht bei ihm. Auf Stefan war Verlass, wie immer. Er wohnte jetzt in einem Loft einige Straßen weiter.

Lilly wollte sich vor dem Bewerbungsgespräch noch ein wenig vorbereiten und etwas Zeit für sich haben. Sie kam mit der Trennung gut zurecht. Im Grunde dachte sie nicht darüber nach. Ihre Gedanken kreisten vielmehr um Max und um sich selbst. Stefan war ohnehin für sie da, es hatte sich nicht viel verändert.

Sie hatte nicht das Gefühl, auf etwas verzichten zu müssen. Der Sex mit Stefan fehlte ihr kein bisschen. Im Gegenteil. »Viel Glück«, hatte ihr Mann Lilly zugerufen, als er mit den Kindern die Wohnung verlassen hatte. Leicht war es ihm nicht gefallen, das hatte Lilly in seinen Augen gesehen. Er liebte sie noch immer, das wusste sie, aber Stefan war Realist. Ihr war nicht nach Beziehung und schon gar nicht nach ihm, das spürte er wohl. Sie war seit ihrem Gespräch mit Dompfarrer Toni Faber ein anderer Mensch geworden. Einer, der vom Leben sein ungeschriebenes Recht auf sexuelle Erfüllung einforderte.

Lilly wollte Wort halten. Sie nahm den Pakt der Jugend, den sie mit ihren Freundinnen geschlossen hatte, immer ernster. Sie wollte mehr vom Leben, so wie Ximena, die mit Thomas schlief, oder wie Burglind, die mit vielen schlief. Oder so wie Greta, die immerhin ihr eigenes Kopfkino hatte. Und Nadine? Nein, ein Leben wie Nadine wollte sie nicht führen. Dann doch lieber Stefan als Georg.

Lilly hatte beschlossen, ihr Leben in die Hand zu nehmen. Sie rasierte sich fast täglich die Beine, tönte ihre Haare wöchentlich und kaufte sich jeden dritten Tag ein neues Kleidungsstück. Auch machte sie wieder viel Sport, ging abends am Donauufer joggen und legte Wert auf gesunde Ernährung. Morgens gab es Haferflocken, mittags warmes Gemüse mit magerem Huhn und nachmittags den letzten Snack des Tages. Sie wollte auch wieder arbeiten. Ein Management-Job im Hotel Sacher war genau die Herausforderung, nach der sie sich sehnte. Lilly wollte die ausgeschriebene Stelle um jeden Preis.

»Wann geben Sie mir Bescheid?«, fragte sie am Ende des Gesprächs selbstsicher.

»Der Job ist zeitintensiv. Nur wenige wollen sich das heutzutage noch antun. Also bald«, sagte die Personalchefin mit ruhiger Stimme.

Lilly lächelte. »Ich bin ein Arbeitstier. Sie werden es nicht bereuen.«

Sie sah sich schon als Managerin. Die Rezeption des renommierten Hotel Sacher zu leiten, reizte sie. Sie saß mit der Personalchefin im hoteleigenen Restaurant *Rote Bar*. Über ihnen hing ein imposanter Kronleuchter. Er musste ein Vermögen wert sein. Alles war, wie der Name der Bar verriet, in Rot gehalten, und zwar in einem satten, dunklen Ton. Die Personalmanagerin, Hilde Rufus, war freundlich, aber Lilly wurde aus ihr nicht schlau. War sie interessiert? Stimmte die Chemie? Ihr Lebenslauf war jedenfalls beeindruckend, und Lilly hatte betont, dass sie gerne an Wochenenden arbeitete und gerne Überstunden machte. Ganz sicher war sie sich ihrer Sache trotzdem nicht. Glaubte ihr Frau Rufus?

Lilly liebte den Kontakt mit Menschen aus aller Welt. Je internationaler, desto besser. Als Studentin war sie Rezeptionistin in bekannten Wiener Hotels gewesen, etwa im *Bristol* und im *Imperial*. Nach ihrem Studium ging sie nach Paris, wo sie im berühmten *Four Seasons* die Buchungen managte, sehr zur Zufriedenheit ihres Chefs. Dort lernte sie Nadine kennen, die zu der Zeit als Kellnerin jobbte und Deutsch unterrichtete. Nadine sollte ihr später Ximena vorstellen, die wiederum Burglind und Greta kannte, und so schloss sich der Kreis der fünf Frauen. Es waren schöne Jahre. Manchmal gelang es Lilly anfangs, ihre Freundinnen zum Gottesdienst mitzunehmen, doch nach einigen Malen gab sie es auf. Sie gingen lieber ins Kaffeehaus als in die Kirche.

In Wien leitete Lilly einige Jahre lang ein 5-Sterne-Hotel, das allerdings pleiteging. Seither konnte und wollte sie beruflich nicht mehr so richtig Fuß fassen. Lieber verbrachte sie Zeit mit den Zwillingen. Sie hatte sogar überlegt, noch ein drittes Kind zu bekommen, kam allerdings wieder davon ab. Lilly wollte das alles nicht noch einmal: stillen, Windeln wechseln, Geschrei. Ximena verstand sie da am besten. Sie wollte ja nicht einmal ein Kind bekommen. So schlimm war es bei Lilly zwar nicht, aber ein großes Verlangen nach einem dritten hatte sie auch nicht. Und Stefan war ohnehin mit allem zufrieden, was Lilly wollte.

»Danke für das Gespräch, Frau Sagmeister.«

Lilly bedankte sich ebenfalls, gab der Personalmanagerin die Hand und verließ aufgeregt das Sacher. Egal, was dabei herauskommen würde, es war gut, es überhaupt versucht zu haben. Es war ein wichtiger Schritt zu einem neuen, selbstbestimmten Leben. Woran Max nicht unbeteiligt war. Binnen kürzester Zeit hatte er ihre Welt auf den Kopf gestellt. Er brachte Dynamik und Jugend. Ein jüngerer Mann belebte, das stimmte schon.

Sie ging zu Fuß zur U-Bahn-Station am Karlsplatz. Sollte sie noch bei Greta vorbeischauen? Oder ins Fitnesscenter gehen? Lilly sah auf die Uhr. Es war fast elf. Später, als sie gedacht hatte. Sie winkte ein Taxi herbei. Gut, dass es in der Gegend viele gab. In zweieinhalb Stunden würde Max sie abholen, und sie wollte sich noch in Schale werfen. Beine und Achseln nachrasieren. Auch den Intimbereich, für die Psyche, denn sie hatte nicht vor, mit ihm zu schlafen. Sie wollte auch eine neue Haartönung ausprobieren.

Lilly war aufgeregt. War es wirklich in Gottes Sinn, was sie da als verheiratete Frau machte? Etwas musste sie ändern, so viel wusste sie, und Max konnte ihr dabei helfen. Toni Faber, Mario Soldo und ihr bester Freund Michael waren auf ihrer Seite. Michael schickte ihr von den Malediven fast täglich lustige Whatsapp-Aufforderungen, es mit Max zu probieren. Wie sie Michael vermisste! Am liebsten wäre sie zu ihm geflogen.

Max war zehn Jahre jünger. Das war ein großer Unterschied, aber war das nicht egal? Greta hatte recht. Wenn Männer mit jungen Frauen rummachten, durften das Frauen umgekehrt genauso.

Lilly war jedenfalls vorbereitet. Mario hatte ihr geholfen, sich wieder schön, jung und sexy zu fühlen und sich so anzunehmen, wie sie war. Er hatte ihr außerdem Beckenübungen gezeigt. Sie konnte nun den Beckenboden abwechselnd anspannen und entspannen. Mal mit mehr Kraft, mal mit weniger, mal länger, mal kürzer, all das zur Förderung der Lust.

Tausend Gedanken kreisten durch ihren Kopf. Gut, dass sie darauf bestanden hatte, getrennte Zimmer zu buchen. Die Kinder würden bei Stefan übernachten. Sie würden alle drei nicht mitkriegen, dass Lilly die Nacht auf Samstag nicht zu Hause sein würde.

Max kam pünktlich. Er begrüßte sie mit einem hastigen Kuss auf den Mund und trug ihre kleine Reisetasche in sein Auto. »Bist du nervös?«, fragte sie ihn mutig, als sie am Beifahrersitz Platz nahm. Sie trug eine hellblaue Bluse, die ihre Augenfarbe betonte, und wusste, dass sie darin großartig aussah.

»Yep. Und du?« Er drehte sich zu ihr und sah sie verliebt an. Sie fuhren gerade auf die Westautobahn auf.

»Es fühlt sich großartig an.« Lilly lachte und spielte vergnügt mit ihrem goldenen Anhänger. Max sah sexy aus, fand sie. Seine rote Winterjacke ließ ihn wie ein Skistar wirken, frisch und mutig.

Das Eis war gebrochen. Auf der Fahrt nach Salzburg unterhielten sie sich über alles mögliche, wie schon neulich im *Neni* am Naschmarkt. Max erzählte von seiner sorglosen Kindheit in den Salzburger Bergen, von seinen sieben Geschwistern und seiner Sehnsucht, eines Tages wieder hinzuziehen.

Lilly mochte ihn, sehr sogar. Er hatte etwas Unschuldiges an sich.

In Salzburg hatte Max das traditionsreiche Gasthaus *Hinterbrühl* gewählt, wo es seiner Meinung nach den besten Kaiserschmarrn der Welt gab. »Das Gasthaus war schon da, als die Hotelzimmer in Salzburg noch Fremdenzimmer hießen«, erzählte er stolz. »Schau dort. Die essen Schokotörtchen mit flüssigem Kern«, flüsterte er so, dass es nur Lilly hören konnte.

Sie sah sich um. »Schmeckt das gut?«, fragte sie die beiden Frauen am Nebentisch.

»Wunderbar.« Beide lachten.

Max errötete. »Dann wissen wir jetzt ja, was wir zum Nachtisch nehmen. Einmal Kaiserschmarrn und einmal Schokotörtchen? Was meinst du?«, fragte er ein wenig verlegen. Lilly lächelte.

In der Salzburger Altstadt weihnachtete es. Überall duftete es nach fruchtigem Punsch. Händler verkauften auf kleinen Ständen selbstgemachten Schmuck, Kekse, aber auch Mützen und Handschuhe.

Max hatte sich verliebt. Lilly merkte es. Er lief rot an, wenn er sie ansah. Mitten in der Salzburger Altstadt fasste er sich

Mut, nahm ihre Hand, zog sie zu sich und küsste sie. Minutenlang standen sie da und küssten sich wie verliebte Teenager. Das wieder zu erleben, war wunderschön. Max streichelte sanft ihre Wangen, mit beiden Händen, und sah Lilly dabei tief in die Augen. Es war wie in einem dieser kitschigen Liebesfilme, in denen der Held der Geschichte seiner Heldin ewige Liebe versprach. Stefan schien in weiter Ferne, er war wie jemand aus einem früheren Leben.

Es war spät und kalt geworden. Hand in Hand gingen sie ins Hotel zurück. Max begleitete Lilly auf ihr Zimmer. Schweigend öffnete sie die Tür. Der ganze Tag hatte sich so unwirklich angefühlt, dass auch dieser Schritt Lilly nur folgerichtig erschien. Was sie sich vor kurzem nicht hatte vorstellen können, würde nun Realität werden. Es war, als könnte sie ihre gesamte Jugendzeit, die erste Verliebtheit, den ersten Kuss, das erste Mal, an einem einzigen Tag wiederholen.

Max folgte ihr. Sie küssten sich abermals. Langsam zog er ihr die Jacke und den Pullover aus, danach die Bluse und den BH. Dann berührte er ihre Brüste zärtlich. Lilly war erregt, es gefiel ihr. Sie fühlte sich wohl in ihrer Haut, wohler als in dem weißen Nachthemd, das sie sich für den Sex mit Stefan immer nur schnell hochgezogen hatte. Max schob seine Hand in Lillys Hose und berührte sanft ihre Klitoris. Vorsichtig machte er kreisförmige Bewegungen, ehe sie liebevoll aufs Bett schubste und sich selbst den Pullover auszog.

Max lächelte. Mit seinen Zähnen zog er Lilly verspielt den Slip aus und küsste sie. Er ist erfahren, dachte Lilly, und es fühlte sich gut an, doch dann geschah etwas, das immer geschah, wenn sie erregt war: Es war vorbei, noch ehe es richtig angefangen hatte. Da wusste Lilly, dass der Sex auch mit Max so sein würde, wie er immer war. »Lass uns bitte nichts überstürzen«, sagte sie. »Ich möchte heute lieber allein schlafen.«

47

Burglinds Triumph

»Mach dir keine Sorgen, Kindchen. Wir kriegen das hin.«

Wenn es nur nicht so schrecklich kalt gewesen wäre. Burglind saß neben Tamara im Auto, in ihrem alten Mercedes GLK. Burglind liebte das Auto, obwohl es fast 400.000 Kilometer auf dem Buckel hatte, und sie wie immer nur hoffen konnte, dass es nicht schon wieder stehenbleiben würde. Außerdem funktionierte die Heizung nicht mehr richtig. Burglind fror.

Ein wenig wärmte sie ihre Aufregung, da ging es ihr wahrscheinlich genau wie Tamara. Burglind spürte, wie ihr schwarzer Lederrock sie einschnürte. Er war ihr viel zu eng geworden. Die Magen-Darm-Sache war ausgestanden, und sie hatte wieder zugenommen. Zwei oder drei Kilo in nur einer Woche. Das war zu viel. Verdammter Jojo-Effekt! Dazu kamen die Schmerzen im unteren Rücken, die stärker geworden waren. Eindeutig zu viel Stress. Bestimmt war Dominik schuld, dieser Dreckskerl.

Eine Frau mittleren Alters kam aus einem Wohnhaus. Sie hatte lange blonde Haare, war zierlich und klein, mit einem hübschen, etwas zu stark geschminkten Puppengesicht. Von weitem glänzte ihr knallroter Lippenstift. Burglind gefiel er. Sie hätte den poppigen Farbton gerne für ihre eigene Sammlung gehabt. An ihrer Hand hielt die Frau ein Mädchen, nicht älter als sechs oder sieben Jahre. Die beiden stiegen in einen dunkelblauen VW Tiguan und fuhren los.

Burglind und Tamara folgten ihnen. Der SUV hielt vor einem großen Gebäude. Es musste eine Schule sein, denn davor wimmelte es nur so von Kindern. Das Mädchen gab der Frau einen Wangenkuss und sprang aus dem Auto. Burglind und Tamara hielten etwa zwanzig Meter hinter ihnen.

Als sich der Tiguan wieder in Bewegung setzte, nahmen Burglind und Tamara die Verfolgung auf. Ach Gottchen! Musste es gerade jetzt regnen? Noch dazu erbarmungsloser Schneeregen? Nach etwa zehn Minuten hielt der Wagen vor einem Sportzentrum. Die Frau stieg aus, nahm eine Sporttasche von der Rückbank und ging hinein.

»Wollen wir das wirklich?«, fragte Tamara. Sie hatte einen braunen Pelzmantel an. Burglind fragte sich, wie sie ihn sich leisten konnte. Ob er von Dominik war?

»Wie kannst du daran zweifeln? Der Mistkerl hat unser Leben zerstört, Schätzchen. Deines mehr als meines.« Burglind übertrieb mal wieder, das wusste sie.

»Aber er ist der Vater meines Kindes, ich will ihm nicht schaden«, jammerte Tamara.

»Jetzt sag ich dir mal etwas: Dieser Mistkerl wird noch viele vaterlose Kinder zeugen, wenn wir nichts dagegen unternehmen. Willst du das? Wir geben seiner Frau nur einen Hinweis, mehr nicht. Wir klemmen diesen Zettel hinter ihre Windschutzscheibe, und wenn sie auch nur einen Funken Verstand hat, wird sie seine Handschrift erkennen.«

Tamara betrachtete das kleine weiße Stück Papier in ihren Händen. Dominik hatte es ihr kurz vor ihrem ersten Sex zugesteckt. »Ich will dich! Komm in mein Büro um 17 Uhr! Ich mach dich glücklich, du Schönheit!«

Er meinte tatsächlich, er könne Frauen glücklich machen. Unglaublich, dachte Burglind. Beim Sex dachte Dominik nur an einen Menschen, und das war er selbst. Dazu war er unvorsichtig und dumm. Wie sonst konnte er so eine Nachricht hinterlassen? Anscheinend hatte er den Boden unter den Füßen verloren. Narzissten konnte so etwas durchaus passieren, dachte sie. Würde seine Frau die Handschrift erkennen und zwei und zwei zusammenzählen?

Der Schneeregen schien Tamara nichts auszumachen. Sie fasste Mut und wollte aus dem Auto steigen, als Dominiks Frau aus dem Fitnesscenter zurückkam. Was machte sie da? Warum wollte sie schon wieder weg? Sie ging, ohne Sporttasche, zu ihrem Auto, stieg ein und fuhr los. Burglind und Tamara fuhren ihr hinterher.

»Was ist los mit ihr?«, ärgerte sich Burglind.

»Ihre Tasche ist im Fitnesscenter. Vielleicht will sie nur schnell was besorgen und kehrt gleich wieder zurück«, meinte Tamara.

»Kann sie das nicht später machen?« Burglind war sauer, weil die Beschattungsaktion nun länger dauerte als erwartet. Ihr Mantel war zu dünn. Allzu lang würde sie es in ihrem Mercedes nicht durchhalten.

Vor einem kleinen Hotel wurde der SUV langsamer, und der Blinker leuchtete auf. Das Hotel war eines von der Sorte, wo die Zimmer noch echte Schlösser und Schlüssel hatten. Burglind kannte es. Vor Jahren hatte sie dort ungeplanten Sex mit einem holländischen Badegast gehabt. Es lag an der Alten

Donau und bot kleine und große Apartments zu guten Preisen. Die zartrosa Fassade bröckelte an mehreren Stellen ab, die Fenster brauchten dringend frische Farbe. Dafür war die Gegend umso schöner. Der Tiguan rollte auf den Hotelparkplatz, und Dominiks Frau ging hinein.

»Bleib du im Auto! Gib mir den Zettel, ich mach das«, sagte Burglind forsch.

Tamara saß schweigend und mit ineinander verkrampften Händen neben ihr. Sie hatte offenbar Angst, erwischt zu werden. Vielleicht hatte sie aber auch nur Angst vor Burglind.

Burglind stieg aus und lief zum Tiguan hinüber. Sie wollte den Zettel hinter den Scheibenwischer stecken und zurück zu Tamara laufen, doch dann überlegte sie es sich. Auf halbem Weg kehrte sie um und lief ins Hotel. Warum, das wusste sie selbst nicht, und sie wusste auch nicht, warum sie dabei ihren zu dünnen Baumwollmantel aufknöpfte.

Entschlossen ging sie zum Portier. Mit Portieren kannte sie sich aus. »Entschuldigen Sie bitte. Eben kam eine zierliche blonde Frau an. Ich muss ihr dringend etwas geben. Es ist eine private Sache. Könnten Sie mir ihre Apartmentnummer sagen? Bitte.« Burglind sah ihn flehend an.

Er überlegte kurz. Burglind merkte, wie der Mann immer wieder auf ihr Dekolleté starrte. Nach einer Serienkillerin sah sie bestimmt nicht aus. »Apartment 15, zweiter Stock«, sagte er schließlich und zwinkerte verschmitzt. Seine Augen funkelten dabei.

Eigentlich ein recht attraktiver Mann, fand Burglind. Kräftig gebaut. Milde braune Augen. Schnauzbart. Er gefiel ihr. Auf seinem Namensschild stand Beppo, Beppo Maurer. Er erinnerte

Burglind an Jusuf, aber für eine schnelle Nummer war jetzt wirklich keine Zeit. Sie bedankte sich charmant lächelnd und ging zu Fuß die Treppen hinauf in den zweiten Stock. Leise klopfte sie an die Tür von Appartement Nummer 15. Nichts.

Mutig drückte sie die Türklinke nach unten. Die guten alten Zeiten, ohne elektronische Sicherung, ohne Karte, ohne Surren. Stattdessen echte Klinken. Wie schön!

Die Tür war unversperrt. Burglind trat vorsichtig ein. Wenn Dominiks Frau sie konfrontieren würde, würde sie behaupten, sie habe sich in der Tür geirrt.

Burglind stand jetzt in einem kleinen Wohnzimmer. Couch, Fernseher, Mini-Bar. Daneben war das Schlafzimmer, vermutlich mit angrenzendem Bad. Die Tür des Schlafzimmers stand einen Spalt breit offen. Sie merkte es, als sie auf Zehenspitzen heranschlich.

Ach Gottchen!

Burglind war überrascht, obwohl sie es schon geahnt hatte. Die Frau ihres Chefs ließ es sich gerade besorgen, auf allen vieren von hinten. Sie konnte ihren Augen kaum trauen. Offenbar musste die gute Frau ihren Dominik auch ständig reiten und brauchte eine erfrischende Abwechslung. Passiver Sex hatte durchaus seinen Reiz, fand Burglind. Der Kerl, der es Dominiks Frau besorgte, war ziemlich muskulös, vermutlich ein Aufriss aus dem Fitnesscenter, und wild. Offenbar machte ihr Personal Trainer sie glücklich. Sie wimmerte vor Lust. Kindchen, Kindchen, dachte Burglind, das ist jedenfalls besser als an den Kraftmaschinen zu schwitzen.

Sie zückte ihr Smartphone und machte Fotos. Gut, dass die Kamera lautlos war. Auf einmal drehte Dominiks Frau ihr lustverzerrtes Gesicht nach rechts, als würde sie absichtlich für Burglind posieren. Ihr Profil war gut erkennbar. Ihre Augen waren geschlossen. Sonst hätte sie Burglind wahrscheinlich gesehen. Dein Leben könnte sich in Zukunft ein bisschen ändern, dachte Burglind. Deines und das deines Mannes. Sie lächelte allwissend. Was für ein Triumph.

Als sie zurück zu ihrem Mercedes ging, in dem Tamara bleich und stumm auf sie wartete, war ihr wieder warm, obwohl ihr Mantel noch immer offen stand. Es hätte nicht besser laufen können. Auf einmal freute sie sich auf den Wochenendtrip mit ihren Freundinnen. Sie freute sich auf Bülent Ceylan und darauf, den Pakt, den sie geschlossen hatte, zu erneuern. Endlich fühlte sie sich wieder stark und jung. Nur noch vier Tage bis zum Abflug!

Mädelstrip

Das *Westin Grand* in der Frankfurter Innenstadt war beeindruckend. Unten, inmitten der weitläufigen Empfangshalle, konnten wir mehrere Stockwerke hinaufsehen. Glasfassaden und warmes Holz sorgten für Wohlfühlambiente und Flair. Alle Achtung! Das Hotel war weihnachtlich dekoriert, überall leuchteten kleine bunte Lichter, und im Foyer stand ein aufwendig geschmückter Weihnachtsbaum mit goldenen Kugeln.

Nadine hatte eine knapp 150 Quadratmeter große Suite gebucht, die Präsidenten-Suite. Sie erstreckte sich über zwei Stockwerke. Die Schlafzimmer befanden sich auf der oberen Etage, wo wir ein riesiges Badezimmer inklusive Badewanne hatten. Der Aufenthalt hätte ruhig länger dauern können. Lilly und ich teilten uns ein Bett, Nadine schlief mit Ximena im zweiten und Burglind bekam ein schönes Zustellbett. Ich fühlte mich wie zu Schulzeiten bei einem dieser Ausflüge, wo ich mit meinen liebsten Freundinnen in einem Zimmer liegen durfte.

Obwohl Nadine sich nichts anmerken ließ, wusste ich, dass sie ihr Leben an Georgs Seite alles andere als glücklich machte. Sie tat mir leid. Vielleicht war diese Reise Kompensation für ihr unglückliches Eheleben? Nadine bezahlte alles für uns, Flüge und Hotel. Die Top-Karten für Ceylan bekam sie von einem Klienten geschenkt, der Ceylans Manager kannte. Ich war ihr dankbar und hoffte, diese Reise würde ihr bringen, was auch immer sie sich davon erhoffte.

Nachdem wir ausgepackt hatten, gingen wir shoppen. Also eigentlich nur die anderen, ich musste sparen. Ich half Ben lieber dabei, unser Haushaltsbudget zu sanieren, aber das war schon okay so. Hauptsache, ich war schwanger.

Das Wetter war auf unserer Seite. Strahlender Sonnenschein im November. Was für ein Luxus. Ich zog meine Sonnenbrille aus der Tasche und schlenderte gedankenverloren meinen Freundinnen durch die Frankfurter Innenstadt hinterher. Ximena kaufte sich Dessous einer noblen Marke. Ich konnte mir schon denken, für wen. Sie hoffte wohl, Thomas würde sich melden. Lilly besorgte sich zwei schöne Kostüme für weitere Bewerbungsgespräche, weil sie offenbar nicht so richtig daran glaubte, den Job im Sacher zu bekommen, und Burglind shoppte für ihre beiden Töchter unnützen Kram. Eine Faschingsmütze? Warum auch nicht. Nadine hatte sich inzwischen ein Goldcollier geleistet, dieses Mal war es aber nicht von Swarovski. Ob dieser Kaufrausch auch mit ihrer Ehe zu tun hatte?

Nachdem wir uns im Hotel noch ein wenig ausgeruht und hergerichtet hatten, aßen wir im Restaurant des *Westin Grand* zu Abend. Ich bestellte herrliches Sushi und trank dazu ein Mineralwasser. Es hätte mir nichts ausgemacht, einfach hier sitzen zu bleiben und den ganzen Abend mit meinen Freundinnen zu tratschen. Aber Nadine trieb uns zur Eile. Nachdem wir aufgegessen hatten, folgten wir ihr in die Lobby, wo bereits ein Chauffeur auf uns wartete.

Lachend, kichernd und kreischend fuhren wir zu Bülents Show. Ich fühlte mich wieder jung, und dafür war kein Mann nötig. Meine besten Freundinnen waren mehr als genug.

Kaum hatten wir unsere Plätze eingenommen, wurde klar, was heute Abend auf uns zukommen würde: Bülent war laut, er war wild und er war lustig. Seine Show vermittelte die Atmosphäre eines Rockkonzerts, während er einen Witz nach dem anderen riss.

Wir saßen tatsächlich in der ersten Reihe, nur wenige Meter von Ceylan entfernt. Er war attraktiv, wortgewandt und sympathisch. Kein Wunder, dass ihm die Frauen zu Füßen lagen. Eine Nacht mit Bülent war wohl die Krönung eines biederen Hausfrauenlebens. Vielleicht war es die Krönung jedes Frauenlebens. Fast jedes Frauenlebens. Denn ich hatte mich im Griff. Kein Kopfkino mehr. Mein Wunsch, noch einmal Mutter zu werden, ersetzte es. War das nicht ein kleiner Sieg?

Ceylan würde das vielleicht anders sehen. »Hey«, würde er jetzt vielleicht sagen, »die da dort drüben, die in der ersten Reihe, mit dem komischen Hut und dem glitzernden Schal. Die denkt ständig an Sex mit anderen Männern, was ihr Mann nicht weiß. Aber sie denkt nicht an Sex mit mir. Was ist los mit der? Hey, was passt Ihnen denn nicht? Ich bin feurig wie ein Deutscher und pflichtbewusst wie ein Türke – oder war's andersrum?«

Ich musste über meine Phantasie lachen. Ja, das hätte Ceylan vielleicht gesagt, hätte er meine Gedanken lesen können. Gut, dass ich mir das nur einbildete. Aber nanu! Was war das denn? Ich merkte, wie mich Ceylan ansah. Er stand da und sah zu mir rüber. Ceylan erinnerte mich mit seiner schwarzen Hose, dem schwarzen T-Shirt und den zum Zopf zusammengebundenen schwarzen Haaren an einen Magier, der gerade dabei war, mich für seinen nächsten Trick auf die Bühne zu bitten. »Sie da! Ja, genau Sie da! Sie sind doch bestimmt nicht aus Frankfurt.«

Um Himmels willen!

»Ja, Sie! Sehe ich gleich, dass Sie keine Frankfurterin sind. Ja, Sie da mit dem Hut. Na, woher kommen Sie?«

Ich spürte, wie ich rot anlief. Alle lachten. Mein Herz schlug wie verrückt. Was sollte ich nur sagen? Ich hatte ihm stellenweise tatsächlich nicht zugehört.

»Ich bin aus Wien«, antwortete ich zaghaft. Ob er mich überhaupt gehört hatte?

»Aus Wien!«, rief er. »Kein Wunder, dass Sie es nicht leiwand finden. Ein Türke auf so einer großen Bühne, das will in Österreich doch keiner!« Das Publikum kreischte vor Vergnügen, ich jedoch musste all meinen Mut zusammennehmen.

»Doch! Ich finde Sie toll!«, rief ich diesmal lauter.

Die Leute lachten, und Ceylan auch. Ich entspannte mich ein wenig, und Ceylan fuhr mit seinem Programm fort. Ein Segen. Erleichtert atmete ich auf. Meine Freundinnen sahen mich von der Seite bewundernd an.

»Super Reaktion«, flüsterte Lilly.

»Danke. Weißt du, was das Beste ist? Ich habe gesiegt. Mein Kopfkino, es ist weg. Der Basketballtrainer ist mir egal. Der Kellner auch. Und sogar Bruno erscheint mir wie ein Mensch aus meiner Vergangenheit.«

Lilly lächelte nur. Sie wollte Ceylan zuhören, nicht mir. Also schwieg ich. In dem Moment war ich froh, nicht mit

Bruno geschlafen zu haben. Gut, dass ich widerstanden hatte. Bonelli hatte recht. Es wäre ein Fehler gewesen. Ich sah zu Ximena hinüber. Wer mit dem Feuer spielt, verbrennt sich. Ihre Situation war verfahren. Manchmal ist es besser, nein zu sagen. Und die Klappe zu halten.

Bruno hatte noch viermal angerufen, zweimal mit verdeckter Nummer. Ich war mir sicher, dass er es gewesen war. Zwischendurch hatte ich seine Nummer sogar blockiert. Gut, dass er schließlich aufgegeben hatte. So konnte ich mich besser auf meine Familie konzentrieren und Ben dabei unterstützen, einen Weg aus dem Schlamassel zu finden. Ich hatte endlich wieder Pläne. Ich hatte Visionen. Wer beschäftigt ist, zermartert sich den Kopf erst gar nicht unnötig. Alter, Falten und anderer Unsinn verschwinden aus den Gedanken. Irgendwann müssen wir akzeptieren, dass die Dinge so sind, wie sie eben sind.

Nach dem Schlussapplaus standen wir auf. Lilly, Nadine und Burglind lachten fast pausenlos. Es war schön, sie so glücklich zu sehen. »Schnell, kommt!«, rief uns Nadine zu und deutete auf die Seitentür.

Wir drangen in den Backstage-Bereich vor und nahmen dort Platz. Der Raum war groß, mit vielen bunten Scheinwerfern. Dreißig, vielleicht sogar vierzig Menschen waren da. Das Catering-Personal hatte ein kleines Buffet aufgebaut. Ein großer, hagerer Mensch aß schmatzend Käsewürste mit Senf.

Nach wenigen Minuten kam Ceylan. Er war so wie auf der Bühne. Witzig, charmant, gutaussehend, charismatisch. Selbstbewusst ging Nadine auf ihn zu. »Hallo, Herr Ceylan!« Sie stellte sich lächelnd vor und berief sich dabei auf ihren Klienten, der die Backstage-Karten organisiert hatte.

Ceylan wusste vermutlich nicht, wovon sie sprach, aber er blieb höflich, und es schien ihm ohnehin egal zu sein, woher Nadine die Karten hatte. Er freute sich und umarmte sie sogar. Dann bot er uns allen etwas zu trinken an, verschwand aber gleich wieder. Ich war erleichtert, dass er mich nicht fragte, warum ich ihm nicht zugehört hatte.

Etwa fünfzehn Minuten später kam er zurück und winkte Nadine zu sich. Sie setzten sich auf eine große, braune Couch und unterhielten sich.

»Ich habe Nadine schon lange nicht mehr so fröhlich gesehen«, flüsterte Ximena mir zu, während Burglind und Lilly Brötchen aßen.

»Ja, ich weiß. Sie scheint auch mit Georg wieder glücklich zu sein.«

»Glücklich? Mit Georg? Das ist unmöglich.«

Ich wunderte mich, dass gerade sie sich als Richterin aufspielte. Ximena war alles andere als eine Heilige. »Wegen des Seitensprungs? Der jungen Frau, die er im Regen geküsst hatte? Das war nicht in Ordnung, Ximena. Aber Menschen machen Fehler. Wir sind alle nicht perfekt. Mein Psychiater sagt, dass wir, wenn wir aufrichtig bereuen, trotz Fehlern eine Chance auf wahres Glück haben. Wenn ihm also leidtut, was er getan hat, kann alles wieder gut werden.«

»Glaubst du wirklich, Georg bereut irgendetwas?« Sie nahm ihre Cartier-Brille ab und rieb sich müde die Augen. Ich nahm eine Falte um ihre Lippen wahr, die vorher noch nicht dagewesen war.

»Warum nicht?«

»Weil Georg ein Arsch ist. Er hat schon immer jedem Rock hinterhergegiert.«

Ich erinnerte mich an seine plumpen Flirtversuche, Georg machte offenbar nicht einmal vor Nadines Freundinnen halt. Da hatte Ximena recht.

»Mag sein, aber vielleicht hat er sich verändert.«

»Glaub mir«, sagte Ximena und in ihrem Gesicht lag eine Härte, die ich sonst nicht von ihr kannte. »Jemand wie er ändert sich nicht.«

Ich wollte schon fragen, was sie so sicher machte, da winkte uns Nadine zu. Sie lachte so fröhlich, dass ich nicht mehr über Georg nachdenken wollte.

»Kommt schon!«, rief sie. »Der Künstler ist bereit, Autogramme zu geben!«

49

Nadines Entdeckung

Nadine betrat ihre Kanzlei in der Wiener Innenstadt. Sie hatte um zehn Uhr ihren ersten Termin mit einem Klienten, sein Fall war kompliziert. Immer wieder dachte sie an das Wochenende mit ihren Freundinnen, das ihre Erwartungen mehr als erfüllt hatte. Ceylan hatte sogar mit ihr geflirtet. Zumindest wollte sie das glauben.

Sie setzte sich an ihren Schreibtisch, um sich vorzubereiten. Sie zog an ihrem neuen Goldschmuck, einem siebentausend Euro teuren Collier, das sie sich zum Abschluss in Frankfurt geleistet hatte.

Draußen nieselte es. Nadine sehnte sich nach der Sonne. Wäre es doch nur so schön wie in Frankfurt, dann wäre auch die Kälte erträglicher.

Nadine hatte gehofft, dass Paris alles verändern würde. Dort hätte Georg merken sollen, dass dieses romantische Wochenende nur der Beginn einer neuen Phase ihrer Beziehung sein sollte, in der sie sich wieder stärker aufeinander konzentrierten, einander zuhörten, sich gegenseitig Aufmerksamkeit und Liebe schenkten. Jetzt kam sie sich naiv vor. Nichts davon war passiert. Nach ihrer Rückkehr war Georg gewesen wie immer. Kalt und abweisend, und Nadine fragte sich seitdem jeden Tag, ob er beim Sex mit ihr vielleicht doch an eine andere gedacht hatte. Sie bemerkte Zeichen, die sie früher nicht gesehen oder gekonnt verdrängt hatte. Flüchtige Blicke aufs Handy. Leere Stunden, für die Georg keine plausiblen Geschichten hatte. Zum ersten Mal sah sie genauer hin. Und was sie sah, das verstörte sie.

Nebenan hörte sie Stimmen. Georg und die Praktikantin. Eine Studentin aus Kärnten. Sie sah zwar nicht sonderlich gut aus und war viel zu stark geschminkt, aber sie war jung, Mitte zwanzig. Sie hatte einen großen Busen, den sie gern betonte.

Es war schwer, gutes Personal zu finden. Gelangweilt stand sie auf und ging zur Tür. Ihr beiger Hosenanzug drückte seitlich ein wenig. Nadine ärgerte sich, ihn nach langem Überlegen doch gekauft zu haben.

Neben dem Bücherregal stand ein Krug Wasser, den sie auf den Besprechungstisch stellen wollte. Da hörte sie die junge Frau nebenan kichern. Nadine öffnete leise die Tür einen Spalt breit. Sie sah, wie sich Georg über die Studentin beugte, um ihr etwas auf dem Computer zu zeigen. Die Art, wie er es tat, gefiel ihr gar nicht. Mit seinem Körper streifte er wie beiläufig ihren Rücken.

Nadine fragte sich, ob die Studentin seinen Penis spüren konnte. Auf den war Georg stolz, denn er war groß, wobei das Nadine nie wichtig gewesen war. Früher hätte Nadine wohl die Tür geschlossen und nicht weiter darüber nachgedacht. Doch nun zwang sie sich, hinzusehen. Georg rückte noch ein Stück näher an die junge Frau heran.

»Georg?«

Ihr Mann erschrak. Es war, als hätte sie einen kleinen Jungen bei einem Lausbubenstreich erwischt. Nach einem kurzen

Moment hatte er sich wieder unter Kontrolle, aber es war zu spät. Nadine hatte die Schuld in seinem Gesicht gesehen.

»Kommst du bitte?«

Die Studentin errötete und senkte verlegen den Blick. Georg ging zu Nadine und schloss die Tür leise hinter sich.

»Was war das gerade? Warum presst du dein Ding gegen ihren Rücken? Ist das jetzt unsere neue Methode der Mitarbeiterführung?«

»Mein Ding? Nadine, nicht so laut. Du siehst Gespenster.« Georg brachte hastig seine blaue Krawatte in Ordnung.

»Erzähl mir keinen Unsinn. Wenn du Pech hast, zeigt sie dich an und zerstört alles, was wir aufgebaut haben. Willst du das?«

»Ich habe nichts Schlimmes gemacht.«

Georg wollte den Vorfall offenbar verharmlosen, aber das würde sie nicht durchgehen lassen. »Bitte halte mich nicht für dumm. Also, willst du wegen einer ziemlich durchschnittlichen Zwanzigjährigen alles kaputt machen?«

»Nein.« Georg schmollte.

»Dann hör mit diesem Mist auf.« Damit war die Unterhaltung für Nadine beendet.

Georg schloss leise die Tür hinter sich. Bestimmt wollte er nicht, dass Kollegen ihren Streit mitbekamen. Ansehen und Geld waren ihm schon immer am wichtigsten gewesen, vor allem anderen, auch vor ihr, das wurde Nadine immer klarer.

Ihr fiel der Rat von Ximena ein. Damals, in ihrem Haus, als Ximena ihrer Freundin empfohlen hatte, Georg beschatten zu lassen. Die Zeit des Wegschauens war vorbei. Sie musste Gewissheit haben. Nadine griff zu ihrem Handy und wählte eine

Nummer. »Guten Tag«, sagte sie, nachdem sich die Verbindung aufgebaut hatte. »Ich habe einen gut bezahlten Auftrag für Sie. Wann können wir uns treffen?«

50

Späte Wahrheit

Lilly war begeistert. Heute würde Zuckerblume, die eigentlich Angela hieß, in ihr Fitnesscenter kommen. Darauf wartete sie schon seit Monaten. Zuckerblume war eine bekannte Influencerin, der auf Instagram mehr als 150.000 Menschen folgten. Lilly bewunderte sie, weil sie herzlich war und charismatisch. Sie sah gut aus, war um die dreißig, mit blonden Haaren, hellen Augen und schneeweißer Haut, so wie Lilly. Zuckerblume liebte Hunde und sie hatte Werte, für die sie einstand, auch das hatte sie mit Lilly gemeinsam.

Wobei sich Lilly fragte, ob sie ihre eigenen Werte nicht schon verraten hatte. Aber nein! So durfte sie nicht denken! Der Dompfarrer hatte ihr doch gesagt, dass sie ein Recht auf diese menschliche Art von Glück habe. Dass sie ihr Leben genießen und endlich auch einmal an sich denken solle.

Zuckerblume gehörte nicht zu der Sorte von Social-Media-Stars, die im Bikini und stark geschminkt posierten. Sie stand für die richtigen Dinge, fand Lilly, für Liebe, Harmonie und den Einklang mit sich selbst und der Natur. Sie war überaus aktiv, unterrichtete Yoga und hielt sich am liebsten im Freien auf. Zuckerblume sollte nun künftig einen Yoga-Kurs in Lillys Fitnesscenter leiten. Jeden Donnerstagmorgen würde sie eineinhalb Stunden lang leichte und schwere Übungen vorzeigen. Genau meins, dachte Lilly. Schließlich war Yoga gut für die Körperhaltung und beugte Verspannungen vor.

So schnell wie an diesem Morgen war Lilly sonst nie fertig. Ihre Morgenroutine im Bad dauerte normalerweise dreißig Minuten, heute schaffte sie es in knapp fünfzehn. Als sie sich noch rasch die Zähne putzte, läutete es an der Tür. Lilly erwartete ein Amazon-Paket mit neuen Trainingsklamotten. Gut, dass es so schnell angekommen war. Mit zerzausten Haaren und noch etwas Zahnpasta im Mund öffnete sie. Lilly schluckte und verzog dabei das Gesicht. Sie hasste den Geschmack von scharfer Zahnpasta. »Max? Was machst du denn hier?«

»Es hat an dieser Tür begonnen. Wird es hier enden?«

»Na ja, eigentlich hat es an der Ringstraße begonnen. Als du mich umgefahren hast.« Lilly lächelte verlegen. Sie wollte die Situation auflockern, als sie merkte, dass er traurig war. Scherze zu machen, war noch nie ihre Stärke gewesen. Maximilians gelbes Fahrradtrikot war ein wenig nass, es regnete wohl noch immer.

»Du rufst nicht zurück. Heißt das, dass es vorbei ist?« Max nahm seinen Fahrradhelm ab. Sollte sie ihn hereinbitten? Danach war ihr nicht.

»Ich bin verheiratet, Max. Das weißt du. Auch wenn zwischen Stefan und mir gerade nichts läuft. Ich brauche einfach Zeit.«

Max trat von einem Bein aufs andere. »Wie lange soll ich warten?«

Es war ihm offensichtlich ernst. So schnell würde er nicht aufgeben. Deshalb gab sie ihm eine ehrliche Antwort. »Ich weiß es nicht«, sagte sie.

Lilly hoffte, dass ihr das Schicksal den richtigen Weg zeigen würde. Früher oder später.

»Melde dich«, sagte Max. Dabei trat er einen Schritt auf sie zu und gab ihr einen langen Kuss auf den Mund, den Lilly erwiderte. Scharfe Zahnpasta schien ihn nicht zu stören.

Lilly mochte Max, ihren Fahrradjungen. Sie fühlte sich zu ihm hingezogen, aber sie wusste nun, dass ihr Mangel an sexueller Erfüllung nicht oder zumindest nicht nur an Stefan lag. Sie wollte nicht noch einmal das Gleiche mit Max erleben. Zuerst musste sie sich mit sich selbst befassen.

Wortlos wandte sich Max ab. Was sollte sie ihm nachrufen? Auf bald? Mach's gut? Ich rufe dich an? Dann lieber gar nichts.

Als er verschwunden war, band Lilly ihre blauen Nike-Schuhe zu, warf den Rucksack über die Schultern und lief die fünf Kilometer zum Fitnesscenter in 25 Minuten. Es hatte zu regnen aufgehört, aber dunkle Wolken bedeckten den Himmel.

Lilly stellte fest, dass Zuckerblume wie ein ganz normaler Mensch in der Damenumkleidekabine stand. Ohne Schminke, von Natur aus schön, unter vielen anderen Frauen, im Schlabberlook und mit wilder Mähne. Lilly staunte. Sie fasste Mut und sprach sie an. »Ich liebe deine Fotos und alles, wofür du stehst«, sagte sie mutig. Das hätte sie sich vor einigen Wochen noch nicht getraut. »Ich finde es schön, dass du mit deinem Mann so glücklich bist und es auch öffentlich zeigst.«

Was Zuckerblume mit ihrem Mann, Carlos, zu haben schien, musste tatsächlich etwas Besonderes sein. So stellte sich Lilly wahre Liebe vor. Auf den Fotos wirkten die beiden nach all den Jahren noch immer verliebt und so, als würden sie nicht die Finger voneinander lassen können. Was wohl ihr Geheimnis war?

Lilly hätte Zuckerblume am liebsten danach gefragt. Denn nach genau diesem Glück sehnte sie sich. Nach körperlicher und seelischer Erfüllung. Wer nicht?

»Das freut mich«, lächelte Zuckerblume und gab Lilly das Gefühl, als würde sie sich tatsächlich freuen. »Kommst du zu meinem Training? Es beginnt in zehn Minuten.«

»Deshalb bin ich hier.«

Zuckerblume begann mit der bekannten Yoga-Übung »herabschauender Hund«. Dafür ging sie in den Vierfüßler-Stand und streckte Beine, Rücken und Arme gut durch. Der Kopf bildete die Verlängerung der Wirbelsäule. »Euer Po sollte gerade zum Himmel gestreckt sein. Dreht die Schultern nach außen, weg von den Ohren. Denkt immer daran: Beim Yoga braucht ihr einen siegreichen Atem. Atmet also von der Nase bis tief in den Brustkorb ein und dann wieder aus dem Bauch heraus nach oben.«

Die Freude an der Übung war Zuckerblume anzumerken. Sie lächelte fast die ganze Zeit. Ihr Elan beeindruckte Lilly. Nach einer Weile wurden die Übungen schwieriger, und Zuckerblume zeigte Ashtanga-Yoga vor. »Das mache ich nur für Wissbegierige. Wer noch nicht so weit ist, soll nur zusehen«, sagte sie zu ihnen, einer Gruppe von etwa dreißig Frauen.

Ashtanga ist die Königsdisziplin unter den Yoga-Stilen, die selbst erfahrene Yogis ins Schwitzen bringt. Zuckerblume führte eine akrobatische handstandartige Übung vor. Anfangs hielt Lilly mit, doch dann stieß sie an ihre Grenzen. Sie wollte es sanft angehen und ihren Körper nicht überfordern. Unauffällig verließ sie den Trainingssaal. Nächstes Mal würde sie bis zum Schluss durchhalten, schwor sie sich.

Lilly duschte, zog sich an, packte ihren kleinen Rucksack und ging die Wipplingerstraße hinauf zum Kohlmarkt. Sie musste noch zum Optiker.

Die Straßen in der City waren wie immer voller Touristen mit Einkaufstaschen. Lilly hörte, wie sie Spanisch, Italienisch und Französisch sprachen. Sie mochte die Weihnachtszeit und nahm sich fest vor, alle Geschenke rechtzeitig nächste Woche zu besorgen. Den Zwillingen wollte sie eine Wochenendreise nach Paris ins Disneyland schenken, ausnahmsweise hatten sich beide das Gleiche gewünscht.

Ihr Handy läutete.

»Frau Sagmeister?«

»Ja, bitte?«

»Hier Meyer, Hotel Sacher. Wir freuen uns, Sie in unserem Team willkommen zu heißen. Bitte machen Sie sich einen Termin mit Frau Rufus von der Personalabteilung aus, Sie haben ihre Kontaktdaten.«

»Heißt das, ich habe den Job?«

»Deshalb rufe ich Sie an.«

Lilly war überglücklich. Was für ein Tag! Zuerst Max, dann Zuckerblume, dann der Job. Sie spürte es. Sie war tatsächlich im besten Alter, Burglind hatte recht. Sie war eine begehrenswerte Frau. Stefan wollte sie, es durfte nicht anders sein, Max sowieso und ein Wiener Luxushotel ebenfalls. Der Pakt hatte wahre Wunder bewirkt.

Lilly hätte am liebsten einen Luftsprung gemacht. Sie musste ihre Freude teilen. Jetzt sofort. Aber mit wem? Mit Greta und Burglind? Oder Ximena? Ja, aber nicht gleich. Mit Michael? Der war auf den Malediven, den würde sie später anrufen. Lilly wusste, was sie wollte. Sie wollte ihn! Nur ihn! Sie wollte ihr Glück mit ihm teilen, so wie sie es immer getan hatte. Sie wollte mit ihm reden und lachen und über das Leben sinnieren. Sie wollte ihn ansehen, seine Wangen streicheln und mit ihren Händen in seinen Haaren spielen. Lilly wollte zu Stefan, und zwar gleich.

Sie lief los. Wahrscheinlich war er heute im Homeoffice. Sie rannte so schnell sie konnte durch die Wiener Innenstadt hinauf zur Währinger Straße. Beim kleinen Juwelierladen am Eck angelangt, bog sie in die Nußdorfer Straße ein. Vielleicht würde sie zwanzig Minuten brauchen, vielleicht dreißig, vielleicht auch länger. Egal. Sie wollte Stefan mit den guten Neuigkeiten überraschen, gleich würde sie bei ihm sein. Lilly war aufgeregt und spürte, dass sie erregt war. Sie wollte ihn spüren, ihn küssen und mit ihm schlafen, egal ob mit oder ohne Orgasmus. Sie wollte Stefan nah sein, so wie früher.

Lilly sah ihn vor seinem Hauseingang stehen. Er war nicht allein. Anja, die gelegentlich auf die Zwillinge aufpasste, stand dicht neben ihm. Sie hatte rotes, auftoupiertes Haar und war in knallige Farben gekleidet. Vom Stil her fast ein wenig wie Greta, sehr körperbetont. Nur sah sie im Gegensatz zu Greta billig aus, richtig vulgär. Lilly rümpfte die Nase. Sie hatte Anja noch nie leiden können. Das hatte sie Stefan immer wieder gesagt. Lilly sah, wie die Rothaarige auf einmal ihren Arm um Stefan legte, sich an ihn schmiegte und ihn küsste.

Oh Gott, nein. Lilly zitterte. Was sollte sie tun? Wie angewurzelt blieb sie stehen. Stefan und Anja gingen die Canisiusgasse hinauf in Richtung *Blaustern*, einem bei Studenten beliebten Restaurant. Sie hatten Lilly nicht gesehen. Sie wollte ihnen folgen und sie zur Rede stellen, dabei hatte sie kein Recht dazu. Das wusste sie. Sie war an allem selbst schuld. Sie war es, die sich auf Orgasmus-Suche begeben hatte.

Langsam ging Lilly auf das Haus zu, in dem Stefan jetzt wohnte. Eigentlich wollte sie daran vorbeigehen, den beiden hinterher, doch dann sah sie, wie Arbeiter Möbel hineintrugen. Ob Anja schon einziehen würde? So schnell? Vielleicht waren es gar nicht ihre Sachen, tröstete sie sich. Schließlich hatte das Haus bestimmt dreißig Wohnungen. Lilly verlor die Fassung. Sie setzte sich auf die kalten Stufen im Erdgeschoß und weinte.

»Kann ich Ihnen helfen?«

Eine Frau Mitte fünfzig hatte eine Wohnungstür geöffnet.

»Danke, nein, es geht schon.«

»Ich bin die Hausmeisterin. Sie können hier nicht einfach so sitzen und weinen. Sie wohnen ja nicht einmal hier.« Die Frau sah sie entsetzt an.

»Entschuldigen Sie, ich gehe gleich.«

»Sind Sie sicher, dass Sie keine Hilfe brauchen?«, fragte die Hausmeisterin sanft. Sie trocknete ihre Hände in ihrem grauen Kittel ab und sah Lilly mitleidsvoll an.

»Mir kann niemand helfen. Stefan scheint frisch verliebt zu sein. Offenbar wohnen die beiden schon zusammen. Hier, in diesem Haus.«

»Stefan?« Die Frau zog die Augenbrauen hoch. Bei genauerer Betrachtung wirkte sie ein wenig unheimlich, fand Lilly, so ähnlich hatte sie sich die Hexe aus »Hänsel und Gretel« immer vorgestellt. Lilly nickte.

»Sie meinen Herrn Sagmeister?«

Lilly nickte wieder. Ihr Herz pochte laut.

»Und Sie meinen Fräulein Anja?«

Lilly starrte sie verängstigt an. In was war sie da hineingeraten, an diesem Tag, der doch so gut begonnen hatte?

»Die beiden sind schon lange zusammen«, sagte die Frau verwirrt. »Bestimmt seit drei oder vier Jahren. Ich pflege ihren Schrebergarten in der Donaustadt und putze dort auch ihre Zweitwohnung.«

51

Das Elend mit den Narzissten

Ximena saß an ihrem Schreibtisch. Das Fenster stand weit offen. Baustellengeräusche drangen herein. Wie lange musste sie noch damit leben? Konnten die nicht schneller bauen? Genervt schloss sie das Fenster.

Ihr war zum Heulen. Ob sich Thomas noch melden würde? Sie war fast verrückt vor Sehnsucht. Ihr Handy piepste. Thomas? Nein. Es war Rudi, der Künstler. Sie nahm ihre Cartier-Brille ab und rieb sich enttäuscht die Augen.

»Habe Stress in der Arbeit«, schrieb Ximena zurück. Dabei stimmte das nicht. Zumindest war sie nicht mehr so eifrig an allem dran wie noch vor wenigen Wochen. Die Gedanken an Thomas hielten sie vom Business ab.

»Lass uns wenigstens reden. 19 Uhr im Orient. Sag an der Rezeption, dass du zu mir kommst.«

»Ich will keinen Sex. Habe es mir anders überlegt.«

»Ich mache nichts, was du nicht willst.«

Sie antwortete nicht mehr. Sie hatte keine Zeit und auch keine Lust auf Rudi.

Alles Irrsinn, dachte sie, als sie die Kündigungslisten durchsah. Sie musste sich von noch mehr Mitarbeitern trennen. Es

311

nahm kein Ende. Hinter jedem Menschen standen ein Schicksal, Familie, oft Kinder und Schulden. Ximena konnte sich nicht konzentrieren. Ob sie Greta besuchen sollte? Lieber als der Sex mit Rudi wäre ihr ein Treffen mit André Heller gewesen. Rudi hatte behauptet, den berühmten Künstler zu kennen. Ein Mittagessen mit ihren Freundinnen und André Heller, das wäre fast so gut wie noch ein Abend mit Bülent Ceylan.

Vielleicht sollte sie sich ja doch mit Rudi treffen. Bloß wozu? Sie hatte ja Willi und war glücklich mit ihm. Er brachte sie zum Lachen. Er liebte sie. Er verstand sie und war ein guter Liebhaber. Willi war perfekt. Zu perfekt. Warum hielt sie genau das nicht aus? Und wieso wollte sie es, obwohl sie es nicht aushielt, auf keinen Fall vermasseln, so wie es ihre Mutter mit ihrem Vater vermasselt hatte?

Doch so war sie nun einmal, und so kannte sie sich seit langem. Sie musste immer etwas tun, was alles Schöne zerstörte.

»In Ordnung, wir sehen uns«, schrieb sie Rudi nun doch zurück, »aber es muss eine Stunde früher sein.« Sie wollte nicht zu spät bei Willi auftauchen.

Nach der Arbeit richtete sich Ximena noch schnell im Büro her. Sie zog ihren weinroten Lippenstift und den schwarzen Lidschatten nach. Dann schlüpfte sie in Jeans und knöpfte sich die enge weiße Bluse zu. BH trug sie keinen. Sie wusste, dass das vor allem Thomas verrückt machte. Schade, dass nicht er es war, der auf sie wartete. Ximena rief ein Taxi.

»Wohin darf ich Sie bringen?«

»Bitte?« Sie war so in Gedanken versunken, dass sie einen Moment vergessen hatte, wo sie sich befand.

»Wohin wollen Sie?« Der Taxifahrer blieb freundlich.

»Ach so. Hotel Wimberger bitte, am Gürtel, siebenter Bezirk.«

Ximena versuchte, nicht an Thomas zu denken und auch nicht an ihren Mann. Es war nur Sex. Rudi war nur Sex, sagte sie sich, und sie brauchte ihn. Sex tat ihr gut.

Da fielen ihr Gretas Worte ein. Bonelli, der Psychiater, hätte gesagt, dass es niemals »nur« Sex sei. Menschen würden sich das nur einreden, aber »nur« Sex sei es nie. Hatte er recht? Warum fühlte sich Ximena heute nicht gut? War es wegen Willi? Hatte sie ein schlechtes Gewissen? Oder war es die Sehnsucht nach Thomas, die sie so zerriss?

Sie hasste sich für ihre wirren Gedanken. Vor dem *Wimberger* stieg sie aus und zündete sich eine Zigarette an. Gestern hatte sie welche gekauft, zum ersten Mal seit fünf Jahren. Sie nahm einen Zug und schaute nach oben. Krähen kreisten über den Dächern. Der Himmel war aufgeklart.

Neben ihr bremste abrupt ein schwarzes Auto. Das Seitenfenster fuhr nach unten. Sie kannte den Fahrer. Es war Thomas. Thomas? Hier? Jetzt? Bildete sie sich das ein? Wie neulich auf der Toilette erschien ihr alles unwirklich.

Er saß in einem teuren Sportwagen. War es ein Jaguar?

»Was machst du hier?«, fragte sie ihn irritiert.

»Ich spioniere dir nach. Merkst du das nicht? Es gibt keine Zufälle. Zuerst im *Café Français*, jetzt hier, vor diesem Hotel.« Er lachte gekünstelt. Sie fand es überhaupt nicht komisch und sah ihn wütend an.

»Steig ein.« Es war keine Bitte, auch keine Einladung. Es war ein Befehl.

»Nein.« Ximena sah sich nach einem Mülleimer um, in dem sie ihre Zigarette ausdrücken konnte. Sie wollte ihn provozieren, was ihr gelang.

»Wirf die Zigarette weg und steig ein.« Thomas schrie sie nun an, er hatte die Geduld verloren. Zum ersten Mal erlebte sie ihn so emotional. Endlich zeigte er ihr, was er fühlte.

»Ich habe eine Verabredung.« Ximena blieb ruhig. Sie sah den Krähen zu, die über den Dächern ihre Kreise drehten.

»Du willst dich von diesem Kerl in den Arsch ficken lassen?«

Ximena merkte, dass Thomas endgültig die Fassung verloren hatte. Wie konnte er nur so vulgär mit ihr reden?

»Er fickt nicht meinen Arsch«, sagte sie ganz ruhig. »Er fickt meine Muschi, und das macht er richtig gut.« Sie wunderte sich, dass sich ihre Lüge in diesem Moment so gut und so wahr anfühlte.

Wütend sprang Thomas aus dem Auto und riss die Beifahrertür auf. »Du steigst jetzt ein, und zwar sofort. Wenn du es nicht tust, zwinge ich dich dazu.«

Ximena wusste nicht, was sie davon halten sollte. Sie fand die Aktion krank, total krank, zugleich wünschte sie sich nichts mehr als seine Nähe.

»Gut, ich steige ein, aber nur, um diesen irren Scheiß mit dir ein für alle Mal zu beenden.«

Thomas fuhr los. Wortlos saßen sie nebeneinander. Ximena nahm ihr Handy und schrieb Rudi eine kurze Nachricht. Ein familiärer Notfall, sie würde sich melden.

»Hast du brav abgesagt?«, fragte Thomas zynisch. Er schien sich beruhigt zu haben.

»Das geht dich nichts an.« Ximena schaltete ihr Handy aus. Sie hatte Angst, Willi oder Rudi würden anrufen.

»Thomas, ich kann das nicht mehr, ich kann so nicht mehr weitermachen. Ich habe Gefühle für dich. Mir tut die Sache nicht gut. Wir müssen sie beenden.«

Thomas fuhr in die Garage seines Hauses. Er hielt an. »Endlich sagst du es.«

»Was?«

»Dass du Gefühle für mich hast. Warum willst du es beenden, wenn du Gefühle für mich hast?«

»Ich habe einen Mann.«

»Das interessiert mich nicht. Du bist du. Ich bin ich. Aber ich mag es nicht, wenn Fremde ihren Schwanz in dich stecken.«

»Zwischen Rudi und mir ist nichts passiert«, sagte sie leise.

Thomas drehte sich zu Ximena, nahm zärtlich ihr Gesicht in die Hände und küsste sie. Seine Zunge war weich und warm. Er stieß sie nicht tief hinein. Vielmehr verstand er es, ruhige, sanfte Bewegungen zu machen und seine Lippen zwischendurch sinnlich zu schließen. Es war fast so unschuldig wie zu Schulzeiten, als Ximena zum ersten Mal verliebt war und mit Matthias Berger am Sportplatz hinter den Büschen knutschte.

Im Aufzug umarmte Thomas Ximena. Kein wilder Sex. Nur eine Umarmung. Ximena war überrascht. Sie genoss es und kuschelte sich an ihn. In der Wohnung nahm er ihre Hand und zog sie hinter sich ins Schlafzimmer. Ximena wusste nicht recht, was sie tun sollte. Er zog sie aus, zuerst die Jacke, dann die Bluse, die Jeans und ihren durchsichtigen, schwarzen Slip. Er schubste sie mit einer sanften Bewegung aufs Bett. »Ich will dich ansehen. Nur ansehen«, sagte er.

Ximena war verunsichert. Sie wusste, dass sie einen schönen Körper hatte, aber es war seltsam, so inspiziert zu werden. Minutenlang sah Thomas sie nur an. »Du bist wunderschön.«

Er nahm ihren Leoparden-Seidenschal von der kleinen Ablage neben dem Bett und streichelte damit sanft ihre Vulva. Sie hatte den Schal schon vermisst. Thomas allerdings noch viel mehr.

»Ich sehe nichts, was nicht vollendet wäre«, sagte er leise. Ein Zitat aus *Quo vadis*, einem bekannten Liebesfilm aus den frühen Fünfzigerjahren. Den Satz hatte der Held der Geschichte seiner Geliebten zugeflüstert. Ximena kannte den Film. Zum ersten Mal hatte ihr Thomas Komplimente gemacht.

Sanft küsste er Ximenas Vulva und umspielte mit seiner Zunge geschickt ihre Klitoris. Das hatte er noch nie zuvor bei ihr getan, doch auch das beherrschte er bravourös. Sie kam nach etwa 15 Minuten. Vielleicht waren es auch mehr. Es spielte keine Rolle.

Das war es, dachte sie. Das war besser als das Feuer der Jugend. Das war das Feuer tiefer Leidenschaft. Das war die Erfahrung, die nur die Reife des Alters mit sich bringen konnte. Thomas hatte ihr Zeit gelassen. Er dachte dabei nur an sie.

»Das war toll, Thomas. Danke.« Sie küsste ihn liebevoll und sah ihm dabei tief in die Augen.

Thomas verdrehte leicht genervt die Augen. »Bedanke dich nicht für Sex, Ximena. Das hat eine Frau wie du nicht nötig.«

Aua. Sie hatte es schon wieder getan. »Es tut mir leid.« Ximena war verlegen. Sie wollte nicht so wirken, als hätte sie es nötig. Selbst wenn es so war.

»Vergiss es.« Thomas lachte.

Erst jetzt zog er seine Jogginghose samt dem weißen T-Shirt aus, plötzlich hatte er es eilig. Er wollte rasch in sie eindringen. Ximena wusste, dass Thomas am liebsten fickte und das lange und richtig fest.

»Bitte nimm heute einen Gummi, ich habe meine fruchtbaren Tage«, bat Ximena und küsste seine Wange.

Doch Thomas tat, als hätte er nichts gehört. Jetzt konnte es ihm gar nicht schnell genug gehen. Er presste Ximenas Arme fest gegen die Matratze, als er sie nahm. Sie konnte sich nicht wehren. Sie wollte sich auch nicht wehren. Sie war wieder in einer ganz anderen Welt.

»Verlass ihn. Komm zu mir«, stöhnte Thomas ihr ins Ohr, während er sich auf und ab bewegte.

»Das geht nicht«, hauchte sie.

Sie merkte Wut in ihm aufsteigen. Er bewegte sich nun immer schneller, was sie noch mehr erregte. Thomas küsste dabei unentwegt ihren Hals und ihre Lippen. Ximena genoss es. Sie fühlte sein unglaublich starkes Begehren, als wäre sie für ihn die einzige Frau auf der Welt.

»Zieh ihn raus«, sagte Ximena, als sie merkte, dass er bald kommen würde. »Zieh ihn raus, komm auf meinen Brüsten. Ich habe meine fruchtbaren Tage. Bitte.«

Doch das wollte Thomas nicht. Er stieß noch einmal heftig in sie hinein und schrie beim Orgasmus laut auf. Dann blieben sie eine Weile stumm nebeneinander liegen. Was für ein Elend mit diesen Narzissten!

52

Forever young

Endlich wussten sie, was Sache war. Endlich hatte ich ihnen gesagt, dass ich schwanger war.

»Schön! Ich freu mich für dich!«, rief Lilly begeistert. Heute hatte sie einmal kein Kleid an, der grüne Pullover stand ihr bestens.

»Alles richtig gemacht«, freute sich Ximena. Sie strahlte mich an, wirkte dabei aber irgendwie abwesend und verloren. Ihre Haare hätten eine Wäsche vertragen, und ihr schwarzes Business-Kostüm war an den Ärmeln schmutzig. Ich machte mir Sorgen um sie. Was war nur los mit ihr? Sie hatte doch sonst immer alles unter Kontrolle. Was war passiert? Vielleicht hatte sie nur keine Zeit gehabt, ihre Sachen zur Reinigung zu bringen. Aber konnte das nicht Willi übernehmen?

»Wo sind Nadine und Burglind?« Ich war enttäuscht, dass die beiden nicht gekommen waren.

»Mach dir nichts draus. Nadine trifft heute einen Detektiv, und Burglind ist bei ihrem Chef«, sagte Ximena und biss in ihre Buttersemmel.

Nadine und ein Detektiv? Sollte ich nachfragen? Lieber nicht. Ich ahnte, dass sie nicht mit Ximenas Methode nach Liebhabern suchte, sondern dass es etwas mit Georg zu tun hatte. Je weniger ich wusste, umso besser. Auch Lilly hakte nicht nach.

Das *Motto am Fluss* war an diesem Morgen wie ausgestorben. Merkwürdig. Ich fragte mich, wo die vielen Touristen hingekommen waren. Der Christkindlmarkt vor dem Wiener Rathausplatz hatte vor wenigen Tagen aufgesperrt. Eigentlich müsste es doch überall nur so vor Menschen wimmeln.

Zufrieden nippte ich an meinem Cappuccino. Ich hatte es geschafft. Ich war schwanger. Das wurde mir nun immer bewusster. Babyfüßchen küssen, Windeln wechseln, in den Schlaf singen, mit dem Kinderwagen spazieren gehen. Schon seit einigen Tagen hatte ich das Gefühl, das neue Leben in meinem Bauch zu spüren, so groß war meine Vorfreude. Ich war wohl wirklich mehr als bereit für mein neues Leben! Und ich freute mich auf einen starken Schuss Schwangerschaftshormone. Das humane Choriongonadotropin, kurz hCG, würde mir jugendliche Kraft verleihen, und Östrogene würden nicht nur meine Stimmung aufhellen, sondern Alterungsprozesse hemmen. Ich war mein eigener Jungbrunnen! Die Frau im Fleischerladen am Naschmarkt würde bestimmt dumm aus der Wäsche schauen, wenn sie es wüsste. Ha! Ich war noch lange keine Oma! Während die doofe Nuss sicher schon im Wechsel war, stand ich in der Blüte meines Lebens. Sie würde meinen dicken Bauch schon noch zu sehen bekommen!

Eine Weile schwiegen wir. Trotz meiner freudigen Nachricht lag eine ungewohnte Schwere in der Luft. Lilly und Ximena wirkten bedrückt. »Okay«, sagte ich. »Was ist los?«

Ximena sah mich traurig an. »Die Sache mit Thomas ist vorbei.«

Ich bemerkte, dass sie wieder ihren Leopardenschal trug, und auch die Cartier-Brille. Vielleicht ein Zeichen dafür, dass es ihr Ernst war. Ihre Lieblingssachen waren wieder dort, wo sie hingehörten.

»Was ist passiert?«, fragte Lilly interessiert.

»Er will eine Beziehung, denke ich. Er wollte, dass ich Willi verlasse. Außerdem hat er mich verfolgt, glaube ich. Er ist einfach irre.«

Ximena war den Tränen nahe. Unglaublich, sie war noch immer verknallt in den Kerl. Und wie! Noch vor kurzem dachte sie, eine Affäre würde ihr die Jugend zurückbringen. Jetzt zerstörte sie fast ihr Leben.

»Stefan ist auch irre«, sagte Lilly mit steinerner Miene. Ich kannte diesen Gesichtsausdruck gar nicht bei ihr.

»Wie meinst du das?«, fragten Ximena und ich sie fast zeitgleich.

»Er ist offenbar schon seit Jahren mit Anja zusammen. Der Krankenschwester, die immer wieder auf die Zwillinge aufpasst und mit ihnen lernt. Jetzt ergibt alles Sinn. Jetzt weiß ich, warum sie so oft anrief. Die Kinder hatten damit eher wenig zu tun.«

Ich konnte nicht glauben, was sie da sagte.

»Die Dinge sind oft nicht so, wie sie scheinen, Greta«, sagte Lilly. »Das weißt du doch am besten. Sagt das nicht immer deine Mutter? Stefan hat mich über viele Jahre übel getäuscht. Er hat ein Doppelleben geführt. Er und diese Frau haben sogar einen gemeinsamen Schrebergarten. Wie ein altes Ehepaar!« Sie lachte düster. »Könnt ihr das glauben? Dafür soll er in der Hölle schmoren!«

Es gibt nichts, was es nicht gibt, hatte Bonelli einmal gesagt. Jetzt wusste ich, was er gemeint hatte. Lilly war wütend. Kein

Wunder. Von dem braven Stefan hätten wir es wohl alle am wenigsten erwartet. Aber die Braven sind oft die Schlimmsten. Was für eine verrückte Geschichte! Sie stellte alles andere in den Schatten. Mein Kopfkino. Jusufs Ehefrau, von der Burglind zumindest wusste, Ximenas Selbstzerstörungstrieb und Bens Spielsucht – alles halb so wild, verglichen mit Stefans geheimem Doppelleben. Der liebe, gute, sanftmütige Stefan. Ein Riesenarschloch!

»Unfassbar.« Ximena sah Lilly mit großen Augen an. Vielleicht tat es ihr gut zu hören, dass nicht nur ihr Leben verkorkst war. »Oh Lilly ...«

»Alles okay, Ximena. Die Wahrheit ist den Menschen zumutbar. Hat das nicht schon die große Ingeborg Bachmann gesagt?«

Ximena hustete laut. Offenbar war ihr ein Stück ihrer Semmel im Hals stecken geblieben. Lilly klopfte ihr auf den Rücken.

Mir wurde übel. Wegen Stefan? Vielleicht war er nur der Auslöser. Schon seit Stunden spürte ich ein starkes Ziehen in der Bauchgegend. Und da bemerkte ich sie. Die Feuchtigkeit zwischen meinen Beinen. Wortlos stand ich auf und lief zum Klo. Als ich die Tür hinter mir verschloss, hatte ich Angst. Ich wollte meine Hose nicht öffnen, weil ich wusste, was passiert war. Dann tat ich es doch. Blut. Es rann langsam meine Beine hinunter. Schnell griff ich in meine Tasche. Dort hatte ich Notfalltampons. Ich hatte das Kind verloren, das spürte ich.

Im Hintergrund spielten sie *Forever young* von Alphaville. Das Lied war auch auf der Toilette zu hören. Es kam mir vor wie blanker Hohn. *Forever young, I want to be forever young. Do you really want to live forever?* Für immer jung sein?

Die Worte schmerzten wie kleine Pfeile. Unsere verzweifelte Suche nach Jugend hatte uns nur Kummer und Elend gebracht.

53

Das blaue Kuvert

»Dominik, ich habe eine Überraschung für dich.«

Burglind betrat triumphierend das Zimmer ihres Chefs. Es war ihr letzter Arbeitstag. Sie war stolz auf sich, weil sie in nur vier Tagen mindestens eineinhalb Kilo abgenommen hatte. Von wegen Jojo-Effekt! Bloß ihre Beine waren noch immer etwas angeschwollen, aber das würde sicherlich auch noch vergehen. Gestern hatte sie sich einen neuen Minirock gekauft, blau und eng. Zum Rock trug sie eine enge schwarze Bluse. Sie gefiel sich. Jawohl. Es musste endlich wieder aufwärts gehen!

»Was machst du hier?« Dominik verdrehte die Augen, als sie ins Zimmer hereinkam.

»Schätzchen, ich bleibe nicht lang. Du hast mich ja gefeuert. Keine Sorge, ich will keinen passiven Sex mehr mit dir. Ist mir zu langweilig auf die Dauer. Es ist auch bald 17 Uhr, und wie ich sehe, hast du eine neue Praktikantin eingestellt, auf die du schon wartest.« Burglind genoss es, Dominik zu provozieren.

»Raus mit dir!«

Burglind ging auf ihn zu. Kurz vor seinem Schreibtisch blieb sie stehen und griff in ihre knallrote kleine Stoffhandtasche. Sie zog ein blaues Kuvert heraus und knallte es ihm vor die Nase.

»Was ist das?« Dominik sah sie genervt an.

»Das ist Geschlechtsverkehr. Sex. Von hinten, so richtig intensiv und schön tief. Deine Frau, vermutlich mit ihrem Fitnesslehrer. Oder mit einem Trainingspartner. Er sieht jedenfalls gut aus. Den hätte ich auch gern mal. Vielleicht lässt sich da was machen. Ich kann sie bei Gelegenheit nach seinem Kontakt fragen.«

Dominik wurde blass. Er öffnete das Kuvert, nahm die Fotos heraus und erkannte das von Lust verzerrte Gesicht seiner Frau. Ach Gottchen, so glücklich hatte er sie bestimmt schon lange nicht mehr gesehen, lachte Burglind schadenfroh in sich hinein. In seiner Selbstverliebtheit glaubte er wahrscheinlich, dass sie eine glückliche Ehe führen würden. In Wirklichkeit trieb sie es mit einem anderen Mann und hatte dabei sichtlich Spaß. Burglind konnte sie fast hören, die vielen Fragen, die durch seinen Kopf ratterten. Warum nur? Warum? Es fehlte ihr doch an nichts. Geld, schöne Urlaube, er bot ihr doch alles, was eine Frau sich wünschte. Aber welche Frau will schon einen Lackaffen im Bett? Mit Ausnahme von Nadine, versteht sich.

Im Grunde war Dominik ein armseliges Würstchen. Das war es, was unterm Strich blieb.

»Hinaus«, sagte er mit zittriger Stimme.

Dominik stand unter Schock, das war offensichtlich. Burglind freute sich. In seinem biederen schwarzen Anzug und den roten Prolo-Schuhen tat er ihr fast schon leid.

»Nicht so schnell, Dominik. Die Wahrheit ist den Menschen zumutbar. Das hat schon die große Ingeborg Bachmann gesagt, falls du weißt, wer das war. Ich möchte eine Gehaltserhöhung und versetzt werden, in eine andere Abteilung, weg von dir. Und Tamara will das Gleiche. Außerdem will sie einen Vaterschaftstest, um nach der Geburt Alimente zu bekommen.«

»Ihr träumt wohl«, sagte er wütend und öffnete den obersten Knopf seines blau-weiß gestreiften Hemds.

Armer Dominik. Offenbar brauchte er mehr Luft.

»Du willst nicht? Dann verschicke ich diese Fotos an alle Mitarbeiter. Ich stelle dich bloß, darauf kannst du wetten. So eitel wie du bist, wäre das dein Untergang. Denn einen wie dich betrügt man nicht, richtig?«

Der letzte Rest an Farbe wich aus Dominiks Gesicht.

Burglind strahlte. Dreckskerl, dachte sie. Beschwingt verließ sie das Zimmer. Die Tür ließ sie gleich für die Praktikantin offen, die bereits darauf zusteuerte. Die Gute war Mitte zwanzig, mit großen Brüsten und billigem Gesicht, das Übliche. Unerfahren, naiv und zu allem bereit. Zumindest schätzte Burglind sie so ein, Tamara war ja im Grunde ähnlich gestrickt.

Sie sah, wie die Praktikantin innehielt und bemerkte aus den Augenwinkeln, dass Dominik sie mit einer Handbewegung gestoppt hatte. Tja, ich bin eben eine Partybreakerin, murmelte Burglind leise vor sich hin. Heute würde wohl nichts aus dem Schäferstündchen.

Lächelnd nahm sie ihre Sachen vom Schreibtisch und aus den Laden und Fächern, schließlich war es ihr letzter Tag an diesem Platz. Dann packte sie alles in eine große Sporttasche und ging hinunter zum Portier.

Ihm war sofort klar, was sie wollte. Peter war bereit. Burglind folgte ihm in das kleine Zimmer hinter der Rezeption, sperrte ab und knöpfte ihm seine Hose auf. Heute hatte sie sogar ein Kondom dabei. Entschlossen stülpte sie es ihm über und setzte sich auf ihn. So wie früher auf Dominik, mit dem Unterscheid, dass es ihr dieses Mal viel mehr Spaß machte.

Weihnachten konnte kommen.

54

Beweismaterial

Nadine kaute nervös an ihren Fingernägeln. Mit dieser Angewohnheit hatte sie schon als Kind gekämpft. Sie war sogar noch als Teenagerin Nagelbeißerin gewesen. Erst auf der Uni hatte sie es sich qualvoll abgewöhnt, indem sie sich einen bitteren Lack draufgeschmiert oder künstliche Nägel aufgeklebt hatte. Jedes Mal eine Tortur! Nägelkauen sei eine Sucht, hatte sie Ximena einmal erklärt, so wie Rauchen, Alkohol oder Essen. Wer einmal Gefallen daran fand, kam schwer wieder davon los. 25 lange Jahre hatte sie es geschafft, dieser Sucht zu trotzen, doch heute war es, als hätte es diese Jahre nicht gegeben.

Es war kurz vor neun Uhr. Sie saß in der Konditorei *Aida* am Stephansplatz, oben im ersten Stock, und blickte auf den belebten Platz vor dem berühmten Haas-Haus, das ein Hotel und ein nobles Restaurant im vierten Stock beherbergte. Draußen schüttete es in Strömen, was zu ihrer schlechten Laune passte.

Wie um sich zu schützen, nicht nur vor der Kälte, hatte sie ihren Fuchspelzmantel anbehalten. Sie wusste, sie sollte keinen echten Pelz tragen, aber der Mantel war ein Erbstück ihrer verstorbenen Großtante Anita, die ihr in besonders guter Erinnerung geblieben war. Denn Anita war eine begnadete Witzeerzählerin gewesen, sie hatte vermutlich Hunderte gekannt, darunter Nadines Lieblingswitz von Fritzchen und Hänschen.

Fritzchen: »Mein Vater ist ein richtiger Angsthase.«

Hänschen: »Warum denn?«

Fritzchen: »Immer, wenn Mami nicht da ist, schläft er bei der Nachbarin.«

Als sie den Witz zu Ende gedacht hatte, wurde ihr leicht übel. Für solche Witze war jetzt der denkbar schlechteste Zeitpunkt.

Christian Jäger kam pünktlich, mit einem lockeren »Grüß Gott, schöne Frau« auf den Lippen. »Ich habe leider keine guten Nachrichten für Sie«, fügte er gleich hinzu.

»Die Wahrheit ist dem Menschen zumutbar«, zitierte Nadine mit gespielter Gelassenheit die große Ingeborg Bachmann, so wie es auch ihre Freundinnen immer wieder taten. Nadine richtete sich auf, sie wollte das Urteil erhobenen Hauptes hören.

»Ihr Mann hatte in den vergangenen zehn Tagen Sex mit zwei Frauen.« Jäger zupfte an seinem billigen braunen Sakko. Die Nähte am Revers waren an zwei Stellen aufgegangen.

»Mit zwei Frauen? Zwei?« Nadine begann an ihrem Daumennagel zu kauen. Sie konnte es nicht glauben. Es war, als würde sie innerlich zusammenbrechen. Wie blind war sie all die Jahre gewesen? Wie dumm? Jägers Worte wuchsen zu einer Abrissbirne zusammen und vernichteten das Haus aus Lügen, in dem Nadine all die Jahre gelebt hatte. Nun saß sie zwischen den Trümmern. Nach außen wirkte sie vermutlich gefasst, darin hatte sie lange Übung. Aber Weihnachten würde heuer ins Wasser fallen, so viel war sicher.

»Die eine war Ende zwanzig, eine Jura-Studentin. Sie kennen sie. Sie hat sich bei Ihnen in der Kanzlei beworben. Relativ groß. Volles Gesicht. Lange Haare.«

»Ich erinnere mich. Ihr hat nur noch eine Prüfung für den Abschluss ihres Studiums gefehlt. Sie wollte danach bei uns Konzipientin werden.«

Nadine nippte an ihrem Kaffee. Das Mädchen hatte ihr nicht gefallen. Sie konnte es nicht ausstehen, wenn Frauen wie Huren aussahen. Knallrosa Lippenstift, enges Top, kurzer Rock. Wer stellt sich so in einer renommierten Kanzlei vor? Besonders hell schien sie auch nicht zu sein. Ihr Studium zog sich schon viel zu lange hin. Hätte sie daneben gearbeitet, wäre das kein Problem gewesen, aber anscheinend tat sie nichts, außer ihren Instagram-Account mit Beauty-Tipps zu bespielen. Nadine und Georg hatten gemeinsam mit ihr gesprochen und waren danach zu dem Schluss gelangt, dass sie nicht zur Kanzlei passe. »Mein Mann wollte ihr per E-Mail absagen«, erinnerte sich Nadine.

»Er hat sie vergangenen Mittwoch gegen 19 Uhr in einem kleinen Lokal im 18. Bezirk getroffen, und noch am selben Abend hatten sie Sex in seinem Auto«, erklärte Jäger sachlich.

Der Detektiv hielt ihr Fotos hin. Sie zeigten, wie die junge Frau ihren Mann im Auto befriedigte. Mit dem Mund. Das Foto war eindeutig. Nadine drehte den Kopf weg.

»Und die andere?«, fragte sie mit leiser, ruhiger Stimme.

»Die ist 25 Jahre alt und ...«

»25?« Nadine schluckte.

Jäger nickte. »Sie arbeitet in einer Marketingagentur. Brünett, mittelgroß, ein paar Sommersprossen. Die Sache dürfte schon länger gehen. Sie wirkte verliebt. Er ist mit ihr in ihre Wohnung gegangen, am Montag, etwa gegen 17 Uhr. Zwei Stunden später kam er allein heraus.«

»Hatten sie Sex?«

»Ich weiß es nicht. Aber ich bin den beiden vergangenen Donnerstag dann noch in ein Lokal gefolgt. Sie hat sich auf seinen Schoss gesetzt, und sie haben sich geküsst. Es wirkte vertraut.« Jäger räusperte sich betreten.

Wie konnte Georg nur so unvorsichtig sein? Der Detektiv zeigte Nadine ein Foto. Darauf spielte die attraktive Brünette mit ihrer Zunge auf Georgs Wange. Nadine betrachtete das Foto sprachlos. Dann legte sie zweitausend Euro in einem Kuvert auf den Tisch, zehn 200-Euro-Scheine. 400 Euro mehr als ausgemacht. »Sie haben großartige Arbeit geleistet. Danke. Ich brauche keine Rechnung.«

»Es tut mir leid«, sagte der Detektiv mitfühlend.

»Das muss es nicht. Wie ich eingangs schon sagte, ist die Wahrheit dem Menschen zumutbar. Sie haben mir sehr geholfen.«

Mehr brachte sie nicht heraus. Nadine steckte das Kuvert mit den Fotos in ihren Birkin Bag, ließ das Geld für die beiden Espressi liegen und verließ die Konditorei. Nach wenigen Schritten bemerkte sie, dass sie ihren türkisfarbenen Gucci-Schirm in der Aida-Konditorei vergessen hatte, aber sie kehrte deswegen nicht um. Sie schaffte es einfach nicht. Dann blieb er eben, wo er war. Sollte sie eben nass werden. Egal. Darauf kam es auch nicht mehr an.

Noch vor kurzem, in Paris, dachte Nadine, dass Georg und sie noch eine Chance hätten. Dass sie vielleicht sogar noch ein Kind bekommen würde. Dass sie noch immer schön für ihn war, auch nach all den Jahren. Aber heute wünschte sie sich nichts sehnlicher, als tot umzufallen. Und Georg wünschte sie weitaus Schlimmeres.

55

Auch das noch!

Mir war kalt. Lüften in Krankenhäusern war wichtig, aber mussten sie es derart übertreiben? Es war Ende November, draußen hatte es Minusgrade, und ich fragte mich, wie viel Kälte ich noch aushalten würde. Mein Unterleib schmerzte. Ich hatte das Kind verloren. Da musste ich nicht erst das Ultraschall-Ergebnis abwarten.

Ich lag müde und frustriert in einem Bett in der Abteilung für Geburtshilfe des Wiener AKH, eines der größten Krankenhäuser Europas. Warum nur sah es hier wie in einer riesigen Leichenhalle aus? Überall grelles Licht. Ich spürte jede Falte und hoffte, niemandem zu begegnen, den ich kannte. Ich wollte nach Hause, und zwar sofort. Wenigstens würde Bruno hier nicht aufkreuzen. Er mochte das riesige AKH nicht. Viel zu unpersönlich, meinte er, kein guter Arbeitsplatz für ihn. Vielleicht hatte man ihm aber auch nur kein Angebot gemacht.

Ben kam mit einem Strauß Rosen. Als ich ihn sah, musste ich weinen. Als hätte er mich darum flehen gehört, schloss er instinktiv beide Fenster im Zimmer. »Du siehst gut aus«, sagte er, als ich ihm müde entgegenlächelte.

»Du machst mir Komplimente? In meinem Zustand?«

Er wollte mich aufheitern, doch der Versuch misslang. Ich weinte wieder.

»Greta, mach dir bitte nichts daraus, das passiert einfach. Besser jetzt als später«, sprach Ben weiter. Ich hatte ihm nichts von der Schwangerschaft erzählt, denn ich wollte sicher sein. Sicher, dass es von Dauer sein würde. Nun hatte es Ben über das Telefon erfahren, als ich ihn schluchzend aus dem Krankenhaus angerufen hatte. Ich war so schwach, dass ich mich nicht einmal fragte, ob Ben direkt ins Krankenhaus kommen oder nach dieser schlechten Nachricht ins nächstbeste Wettlokal fahren würde. Jetzt saß er vor mir und in seinen Augen lag kein Vorwurf, sondern Liebe.

»Vielleicht ist es gut so, wie es ist«, sagte Ben und ergriff meine Hand. »Wenn du wirklich noch ein Kind möchtest, bin ich dabei. Der Arzt meinte, wir sollen gleich weitermachen und es schon in zehn bis vierzehn Tagen wieder probieren. Da müsstest du deinen Eisprung haben, richtig?«

Es war nicht gerade das, was ich in meinem Zustand hören wollte, aber ich merkte, dass Ben versuchte, mir gut zuzureden. Er zog seine Steppjacke aus und legte sie hastig ans untere Bettende. Dann umarmte er mich und setzte sich zu mir. Er wirkte in seiner weiten Cargohose und der braunen Wohlfühl-Weste selbstsicher und zufrieden, wie einer dieser erfolgreichen Startup-Gründer. Der er im Grunde ja auch war. Wären da nur seine Spielsucht und die zahlungsunfähigen Kunden nicht gewesen.

»Der Arzt meinte sogar, Frauen seien nach einer Geburt, auch nach einer Fehlgeburt, besonders fruchtbar.« Ben schien sich zu freuen, mir diese Nachricht überbringen zu können.

Seit Monaten hatte ich ihn nicht mehr so hoffnungsvoll erlebt.

»Machst du bald eine Therapie?« Nach seinem ersten Anfall von Spielsucht, nach dem Tod seiner Eltern, hatten wir uns lange über dieses Thema gestritten. Ben meinte, er bräuchte keine Therapie. Ich glaubte ihm schließlich. Danach war das Thema tabu gewesen.

»Schon seit ein paar Wochen, Greta«, sagte Ben leise. »Ich weiß, dass meine Familie auf dem Spiel steht.«

Trotz meines Zustands verspürte ich eine Welle der Erleichterung durch meinen Körper schwappen. Wir hatten beide verstanden, was im Leben wirklich zählte. Wir zählten. Wir als Paar. Als Familie und als Eltern. Wir wollten gemeinsam alt werden, wie ich es Bonelli gesagt hatte.

»Ich konnte mir auch zum ersten Mal eingestehen, warum ich zu spielen begonnen habe.«

»Der Schmerz«, sagte ich. »Die Trauer über den Tod deiner Eltern. Ich verstehe dich. Aber du musst damit abschließen.« Fest drückte ich seine rechte Hand. Ich wollte ihm nah sein, ihn spüren.

»Das meine ich nicht, Greta. Ich meine die Schuld.«

»Welche Schuld?«

»Ich bin schuld an ihrem Tod.«

Was sagte er denn da? »Wie meinst du das?« Ich zog mich an dem dreieckigen Griff oberhalb meines Kopfes hoch. Die Dinge sind nicht immer so, wie sie scheinen. Wieder fielen mir die Worte meiner Mutter ein.

»Du erinnerst dich, dass ich an dem Abend bei meinen Eltern war?«, fragte Ben.

»Ja«, sagte ich.

»Und dass ich sehr aufgewühlt war, als ich nach Hause kam?«

Ich nickte.

Ben atmete tief durch. »In jener Nacht, als meine Eltern den Unfall hatten, habe ich heftig mit meinem Vater gestritten. Er hat mir vorgeworfen, zu wenig aus meinem Leben zu machen, er meinte, ich sei ein Versager, ein dummer Sunnyboy. Woraufhin ich ihn anschrie, er sei ein kranker Choleriker, ein unnützer Schwächling.« Er raufte sich die Haare, sein Gesicht zeigte seinen unglaublichen Schmerz. Ben tat mir in diesem Augenblick wahnsinnig leid. »Ich habe noch grausamere Sachen zu ihm gesagt. Dass ich wünschte, er wäre nicht mein Vater. Dass ich ihn hasse. Greta, es war so schlimm.«

Ben keuchte und senkte den Kopf, es fiel ihm offensichtlich schwer, weiterzusprechen.

»Ich wusste, dass er an diesem Abend mit meiner Mutter ins Theater fahren wollte. Ich Idiot! Warum habe ich nicht einfach meine Klappe gehalten? Ich habe ihn völlig aufgebracht ins Auto steigen lassen. Den Rest der Geschichte kennst du. Er ist gegen eine Leitplanke gerast. Mama und Papa waren sofort tot.« Der Schmerz verzerrte seine Stimme. »Wie soll ich damit leben, Greta?«

Auch das noch!

56

Rache

Nanu? Was war da los?

Verwundert sah sich Georg um. Mimi, Nadines getigerte Lieblingskatze, schlich siegessicher um ihn herum. Sie fauchte ihn an. »Blödes Vieh«, zischte Georg. Er hatte Mimi noch nie leiden können und sie ihn auch nicht. Die Katze wirkte seltsam schadenfroh, als sie durch das Katzenfenster ins Haus schlüpfte und im Wohnzimmer verschwand, während er draußen in der Kälte stand. Georg schüttelte verärgert den Kopf. Das bildete er sich doch nur ein.

Er schob den Schlüssel noch einmal ins Schloss, aber er passte nicht. Panisch versuchte er es wieder und wieder. Vergebens. Wie konnte das nur sein? So ein Mist. Noch dazu fühlten sich die Temperaturen bei dem eisigen Wind, der im winterlichen Wien ständig blies, noch niedriger an, als sie waren. Seine teure rote Daunenjacke wärmte enttäuschend schlecht, und die Wollhaube sah zwar gut aus, bedeckte seine Ohren aber nur zur Hälfte.

Es war kurz nach acht. Georg war bei seiner Geliebten gewesen und hatte sich im Auto noch schnell auf verräterische Spuren kontrolliert. Vanessa neigte dazu, zu viel pinkes Rouge aufzutragen. Sie wusste nichts von Nadine. Außerdem dachte sie, Georg sei Sportlehrer an einer Mittelschule. Das gefiel ihr, denn sie hatte eine ausgeprägte soziale Ader und liebte Kinder. Irgendwann würde sie auch welche wollen, mit ihm. Natürlich versprach er es ihr, wenn sie ihn mit ihrer flehenden Stimme darum bat. Dieses Versprechen war das Bindemittel ihrer Liebe und Anhänglichkeit, die Georg so genoss. Er war süchtig danach, angehimmelt zu werden. Natürlich meinte es er nicht ernst. Aber bis Vanessa das bemerken würde, hätte Georg sie schon längst durch eine neue junge Frau ersetzt.

Georg wurde immer unruhiger. Er rief Nadine an, aber sie hatte ihr Handy abgeschaltet. Verunsichert sah er sich um. Ausgerechnet jetzt musste das passieren. Kurz vor Weihnachten bei diesem Wetter. Was war mit dem Schloss? Plötzlich kam ihm ein ungemütlicher Gedanke. Hatte Nadine es etwa ausgetauscht? Aber warum sollte sie so etwas Unvernünftiges tun? Das passte nun wirklich nicht zu ihr.

Georg bemerkte ein Kuvert am oberen Ende der Tür. Zur Kälte mischte sich plötzlich eine schweißtreibende Hitze. Hastig zog er es hinaus und riss es ungestüm auf. Darin waren zwei Fotos. Ein Blowjob im Auto. Diese unglückselige Langzeit-Studentin! Mein Gott! Und Vanessa, die ihm gerade die Zunge ins Ohr steckte. Georg schlug sich mit der Hand auf die Stirn und strich sich über das Gesicht.

Er war sich immer sicher gewesen, er sei besser als andere Ehebrecher, weil er im Gegensatz zu ihnen nicht zu Prostituierten ging. Bis auf zwei- oder dreimal vielleicht, aber nur, weil es seine Klienten unbedingt wollten und sie die Rechnung übernahmen. Einer wie er musste für Sex nicht bezahlen.

Wie ein Junkie kreiste er jetzt um das Haus herum. Einbrechen wollte er nicht. Aber blieb ihm etwas anderes übrig?

Was, wenn die Alarmanlage losging? Die ganze Nachbarschaft würde es hören. Was sollte er nur machen? Wo sollte er hin? Er nahm das Smartphone aus seiner Jackentasche und wählte eine Nummer. »Ich muss dich sehen«, sagte er.

»Warum?« Ximena schnaufte ins Telefon. »Verpiss dich einfach, Georg!«

»Nadine weiß alles.«

»Sie weiß was?« Ximena wirkte beunruhigt. Vermutlich fürchtete sie, dass Georg seiner Frau von jener Nacht im Museumsquartier erzählt hatte.

»Sie weiß, dass ich fremdgehe. Sie dürfte einen Profi engagiert haben. Sie hat Fotos.«

»Wo ist sie jetzt?« Er hörte Ximena erleichtert aufatmen.

»Hör gut zu, Ximena«, sagte er. »Auf dich hört sie. Entweder du bringst sie dazu, mir zu vergeben und zurückzukommen, oder ich erzähle ihr alles. Auch das von dir und mir.«

Ximena legte auf. Georg zitterte. Er hatte Angst. Nadine würde ihn um alles bringen. Um sein Vermögen und um sein Ansehen. Sie saß am längeren Hebel, und sie wollte ihn zerstören, dessen war er sich sicher. Wie hatte er nur so unvorsichtig sein können? Er hasste sich, weil er seine Triebe nicht im Griff hatte. Er konnte nicht anders, so war er eben, er hatte es von seinem Vater geerbt, dachte er. Er konnte nicht anders, als ständig Frauen zu verführen. Liebe? Darauf hatte schon sein Vater wenig gegeben.

Als er sich überlegte, welches Fenster er doch noch einschlagen könnte, um ins Haus zu gelangen, packte ihn jemand am Hals. Mit einem Ruck riss der unbekannte Angreifer Georg zu Boden. Georg spürte, wie Fäuste gnadenlos auf ihn einschlugen, ein Tritt traf ihn in die Magengrube. Waren es gar zwei Männer? Sein Körper brannte vor Schmerzen. Georg verlor das Bewusstsein.

57

Hoffnung

Kaum öffnete mir mein Psychiater die Tür, fing ich an zu weinen.

»Setzen Sie sich bitte«, sagte Bonelli mit ruhiger Stimme. Ich folgte ihm ins Besprechungszimmer. Es roch nach Männerparfum. Weihnachten lag auch hier schon in der Luft.

»Ich hatte eine Fehlgeburt«, schluchzte ich, kaum hatte ich Platz genommen.

»Das tut mir leid.« Bonelli reichte mir ein Taschentuch. Ich bemerkte, dass er heute Anzug und Krawatte trug. Vermutlich ging er danach auf eine schicke Veranstaltung oder mit seiner Frau nett essen.

Das Weinen war befreiend. Beim Gynäkologen hatte ich mich stumpf gefühlt. Der hatte die ganze Zeit über mögliche Ursachen philosophiert, um schließlich festzustellen, dass ich den wahren Grund für die Fehlgeburt niemals erfahren würde.

»Ich will so gerne noch ein Kind.«

»Warum sollten Sie keines bekommen?« Bonelli wirkte zuversichtlich. Ganz im Gegensatz zu mir.

»Warum sollte ich eines bekommen? Warum glauben Sie das?« In meiner weiten grauen Thermohose fühlte ich mich wohl. Ich konnte mir im Augenblick nicht vorstellen, jemals wieder enge Jeans zu tragen.

»Weil Sie gerade schwanger waren. Ihr Körper zeigt Ihnen, dass es geht.«

»Vielleicht kann ich das Kind wieder nicht behalten«, hielt ich dagegen.

»Warum denn nicht? Sie dürfen jedenfalls darauf hoffen.«

»Hoffen?«

»Hoffen, dass alles wieder gut wird.« Bonelli sah mich freundlich an.

»Woher kommt Ihr Optimismus, Herr Doktor?«

»Hoffnung ist das Gegenteil von Pessimismus und Verzweiflung. Sie lebt von der Gewissheit, dass am Ende das Gute siegen wird, wovon ich überzeugt bin. Sehen Sie, Sie haben ein Kind, das Sie glücklich macht. Vielleicht bekommen Sie noch eines. Vielleicht passieren aber noch viele andere Dinge in Ihrem Leben, die Sie glücklich machen werden. Das ist nicht nur möglich, sondern sogar überaus wahrscheinlich.«

Ich weiß nicht, wie es Bonelli dieses Mal geschafft hatte, aber ich fühlte mich besser. Ich wollte hoffen, auch wenn ich wusste, es würde nicht leicht werden. Ben machte eine Therapie, aber seine Spielsucht war nicht besiegt. Seine Firma stand noch immer vor dem Ruin. Und was, wenn Bruno wieder auftauchen würde? Die Bestandteile meines Lebens waren zu Puzzlestücken geworden, die ich nicht mehr zusammensetzen konnte. Ich sah das Bild, das sie ergeben sollten, nicht mehr vor mir. »Herr Doktor, manchmal sind die Dinge nicht so, wie sie scheinen, oder?«

»Das haben schon viele bekannte Philosophen gesagt, und oft stimmt es auch. Wie kommen Sie darauf?«

»Ben fühlt sich für den Tod seiner Eltern verantwortlich. In der Nacht, als sie verunglückten, hatte er einen heftigen Streit mit seinem Vater. Wenig später prallte das Auto seiner Eltern gegen eine Leitplanke.« Es tat gut, dass einem unbeteiligten Zuhörer anzuvertrauen. Es fühlte sich plötzlich real an, real und beängstigend, aber ich wusste auch, dass nur reale Dinge überwunden werden konnten. Einbildungen und Gespenster konnte ich verdrängen, aber sie ließen mich nicht los. Vielleicht war das der erste Schritt, die Puzzlestücke zusammenzusetzen. Ben und ich mussten ehrlich sein. Zueinander und zu uns selbst.

»Wie geht er damit um?«, fragte mein Psychiater.

»Er glaubt, er sei ein Mörder. Damals hat seine Spielsucht begonnen. Er macht jetzt eine Therapie und will sein Leben ändern.«

Ich war überrascht, dass Bonelli lächelte. Hatte er mir nicht zugehört? Ben fühlte sich als Mörder.

»Er will sein Leben ändern«, wiederholte Bonelli. »Sehen Sie? Es gibt Grund zur Hoffnung.«

58

Gebärmaschinen

Oh mein Gott, wie schön das Leben doch sein konnte! Noch wenige Tage, dann war Weihnachten. Burglind hatte zwar immer wieder leichte Schmerzen im Unterbauch, vor allem, wenn sie Wasser ließ, was dieses Mal wohl an der kalten Jahreszeit lag, aber ansonsten durfte sie nicht meckern.

Jawohl, du hast alles richtig gemacht, Burglind, sagte sie lächelnd. Zufrieden saß sie in einem schwarzen Ledersessel und gratulierte sich selbst. Von ihrem modernen Schreibtisch blickte sie in ein etwa dreißig Meter großes Büro. Ein teures Gemälde des österreichischen Malers Voka zierte eine der Breitseiten. Greta hatte ihr erzählt, dass auch Bruno eines in seinem schicken Penthouse habe. Bei Burglind war es aber nicht Marilyn, sondern Bob Marley, der sie in leuchtenden Farben anlächelte. Ihr fiel auf, dass ihr Lippenstift ähnlich knallig war wie die Lippen Marleys. Burglind machte ein Foto des imposanten Gemäldes und postete es in die Gruppe.

»Das hier ist mein kleines Reich. Neuer Job, neues Leben, neues Glück!«

»Wow«, schrieb Ximena zurück. »Ich würde sofort mit dir tauschen.«

Burglind legte das Handy weg und lächelte. Dominik hatte tatsächlich alle ihre Forderungen erfüllt. Wie auch anders?

Schließlich hatte sie ihm bewiesen, dass sie gefährlich war und es ernst meinte.

Jetzt war sie Abteilungsleiterin, zuständig für soziale Medien und Online-Marketing. Sie hatte eine Assistentin. Das Büro war gleich groß wie Dominiks, vielleicht sogar eine Spur größer. Tamara hingegen war aus freien Stücken gegangen. Aber mit einem Vaterschaftstest in den Händen. Dank moderner Medizin ließ sie den Test pränatal nach der siebten Schwangerschaftswoche durchführen. Das Ergebnis war eindeutig. Dominik war der Vater. Jetzt waren sie und ihr Kind finanziell abgesichert.

Burglind fragte sich, was sie nun tun sollte. Arbeiten? Aber doch nicht an einem Tag wie diesem!

Es klopfte an der Tür. Es war Jusuf. Burglind war überrascht. Sie dachte, er wäre nach Syrien gereist. Angeblich heiratete einer seiner Brüder. Sollte sie ihn danach fragen? Was spielte das schon für eine Rolle.

»Tolles Büro«, sagte Jusuf begeistert, »und du siehst fantastisch aus.«

Burglind freute sich, ihn zu sehen. »Danke«, sagte sie lächelnd.

Hatte er bemerkt, dass Burglind ein paar Kilo abgenommen hatte? Sie passte endlich wieder in ihre schwarze Lederhose, die sie zur Feier des Tages angezogen hatte. Knapp, aber doch.

Jusuf zog an seinem Bart. Irgendwie nervte der Schnauzer. Jusuf sollte seinen Look endlich ändern, fand Burglind. Und am besten sein ganzes verlogenes Leben mit dazu. Sie spürte eine Wut in sich aufsteigen, die sie selbst überraschte. Dabei hatten ihre Freundinnen längst damit gerechnet. Jusuf hatte etwas von einem biederen Beamten, sein Gesicht rund, seine Schultern schmal, sein Blick der eines Dackels. Wie hatte sie ihn früher angehimmelt, diesen um 15 Jahre älteren Mann!

Zur Feier des Tages hatte sich Jusuf offenbar ein Sakko angezogen, was selten genug vorkam. Am liebsten trug er legere Hemden und Jeans. Jusuf schien von Burglinds Karrieresprung tatsächlich beeindruckt zu sein. Die Hintergründe kannte er natürlich nicht. Jusuf wusste auch nichts von Burglinds regem Liebesleben und schon gar nichts von Dominik, Tamara und ihrer Beschattungsaktion. Ihre Beziehung war seit jeher voller Geheimnisse, von beiden Seiten. Eines mehr oder weniger fiel da nicht ins Gewicht.

»Wie du es schaffst, Arbeit und Kinder zu vereinen, ist beeindruckend. Was habe ich nur für ein Glück mit meiner Frau!«

Jusuf schien sich aufrichtig zu freuen, aber Burglind missfiel sein Gerede mit jedem Wort mehr. »Frau? Ich bin nicht deine Frau«, sagte sie schroff.

Jusuf war Kritik von ihr nicht gewohnt. Burglind hatte das entscheidende Thema ihrer Beziehung in all den Jahren nie angesprochen. Jusuf schüttelte den Kopf und senkte irritiert den Blick. Er sah alt aus, fand Burglind. Warum war ihr das noch nie aufgefallen? Jusuf war in den vergangenen Jahren ergraut. Die vielen weißen Barthaare mussten in den letzten Wochen dazugekommen sein. Burglind fragte sich, ob er noch gut aussah. George Clooney alterte jedenfalls besser.

Jusuf sah sie mit wehleidigem Dackelblick an. Ach Gottchen, wieder dieses Getue. »So wollen wir nicht miteinander reden, nicht wahr?«, sagte er.

Er hasste Streit. Das wusste sie aus langer Erfahrung. Konflikten war er schon immer aus dem Weg gegangen.

»Du bist es, der nicht so reden will«, antwortete Burglind. »Aber keine Sorge. Ich mache dir keine Szene. Ich hätte die Dinge nur schon vor lange Zeit ehrlicher ansprechen sollen. Du bist der Vater meiner Kinder und du bist mein Liebhaber, mein Sexfreund, aber nicht mein Mann. Ich bin frei, du aber nicht. Du hast eine Frau.«

»Du bist frei?« Jusuf stand noch immer in seinem feinen grauen Sakko vor ihr. Seinen Hut hielt er mit beiden Händen fest, als sorgte er sich, der Wind könnte ihn holen. Vermutlich hatte er niemals an ihrer Treue gezweifelt. Bis jetzt.

»Natürlich bin ich frei. Oder siehst du einen Ring an meinem Finger? Holst du die Kinder heute ab?«

Er sah sie traurig an. Burglind wusste, dass Jusuf sie liebte, aber das war nicht genug. Nicht mehr. Seine Liebe gehörte nicht nur ihr. »Alles wie besprochen«, sagte Jusuf leise.

»Fein, dann danke für deinen Besuch. Ich muss jetzt weitermachen.«

Burglind wollte ihn loswerden. Sie war verletzt, obwohl er nichts Falsches gesagt oder getan hatte. Aber nichts war mehr gut. Nichts fühlte sich richtig an. Sie konnte nicht mehr so tun, als wäre ihre Welt heil. Das war sie nicht. Sie war eine alleinerziehende Mutter zweier Kinder. In wenigen Jahren würde sie fünfzig werden. Sie fühlte sich einsam und träumte davon, mit jemandem alt zu werden. So wie die meisten Menschen. Nur dass sie niemanden hatte, mit dem sie alt werden konnte. Jusuf blockierte sie. Er stand ihr dabei im Weg, ihr wahres Glück zu finden. Und Burglind war keine zwanzig mehr, auch keine dreißig. Sie war nicht mal mehr vierzig! Sie wollte keine Zeit verlieren. Sie wollte es auch, dieses tiefe Glück, das Greta in ihrem Leben mit Ben entdeckt hatte. Zumindest dachte sie das. Zum ersten Mal hatte sie Angst, dass ihr die Zeit davonlaufen würde.

Jusuf ging auf Burglind zu und wollte sie küssen, doch sie sprang vom Sessel auf und machte einen Schritt zurück. »Mir ist nicht danach.«

Wortlos verließ Jusuf das Büro.

Burglind sah durch das Fenster. Es schneite. Bis übermorgen, bis zum Heiligen Abend, würde der Schnee wieder geschmolzen sein, hatte der Wetterbericht angekündigt. Jusuf würde wie jedes Jahr für zwei Stunden vorbeikommen, sie und die Kinder beschenken, um dann gegen 18 Uhr zu seiner anderen Familie zu fahren. Mit seiner Frau hatte er einen mittlerweile erwachsenen Sohn.

Burglind sah durch das Fenster zu, wie zwei Mütter in der Kälte ihre Kinderwägen durch die Gegend schoben. »Wir Frauen sind arme Schweine«, dachte sie. »Wir sind Gebärmaschinen, und irgendwann werden wir betrogen und ersetzt.«

Da wusste Burglind auf einmal, was sie wollte. Sie wollte der Frau gegenüberstehen, deren Mann ein Doppelleben führte. Sie wollte wissen, wie sie aussah und ob sie einander mögen würden. Denn im Grunde war Jusufs Ehefrau Magdalena die Betrogene, nicht Burglind. Zum ersten Mal hatte Burglind ein schlechtes Gewissen. Sie verspürte Reue, späte Reue. Sie hatte sich zwischen ein Ehepaar gedrängt, ein Paar, das sich offensichtlich liebte, denn warum wäre Jusuf sonst noch bei seiner Frau?

Du musst einen alten Pfad verlassen, um einen neuen zu gehen, lautete eine alte Weisheit. Jusuf wollte den neuen Pfad niemals gehen. Stattdessen führte er ein Doppelleben und zerstörte, ohne es zu wollen, zwei Familien.

Burglind fasste einen Entschluss: Sie wollte sich bei Jusufs Frau entschuldigen.

Ihr Handy läutete. Sie kannte die Nummer nicht.

»Ja, bitte?«

»Hier Ordination Dr. Körner. Frau Rowinsky, der Herr Doktor hätte Sie gerne gesprochen.«

»Worum geht es, bitte?«

»Ihre Befunde sind da.«

59

Ein neuer Freund

Ximena sah sich noch einmal das Foto an, das Burglind in der Gruppe gepostet hatte. Burglinds neues Büro gefiel ihr. Sie bewunderte sie dafür. Erstaunlich, wie sie das wieder geschafft hatte. Ihre Freundin machte vieles richtig, fand Ximena. Sie hatte gute Freundinnen, einen nicht sonderlich zeitaufwendigen Job, liebe Kinder und jetzt auch noch ein schönes, neues Büro. Burglind war clever und ausgeschlafen. Und sie hatte Jusuf, zwar nicht immer, aber doch irgendwie. Vielleicht war Burglinds Lebensweise die bessere. Ungebunden. Frei. Selbstbestimmt.

Ximena fühlte sich in ihrer Haut gefangen. Ihr Leben gehörte der Arbeit, ihr Herz gehörte Willi, aber ihr Körper verzehrte sich nach einem unberechenbaren Mann. Sie wurde Thomas nicht los. Ihre Gedanken kreisten ständig um ihn. Nach dem letzten Sex hatte sie einen Schlussstrich gezogen. Die Sache war außer Kontrolle geraten. Er war in ihr gekommen, obwohl sie ihn gebeten hatte, es nicht zu tun, und er wusste, dass sie ihre fruchtbaren Tage hatte. Thomas wusste auch, dass sie verheiratet war. Wollte er sie mit einem Kind endgültig an sich binden? Er hatte schon viele ihrer Grenzen überschritten. Sie musste verrückt geworden sein. So verrückt, wie sie damals mit Georg gewesen war.

Sie hatte aufgelegt, als er am Telefon davon gesprochen hatte. Doch danach hatte sie lange nicht zu zittern aufhören können. Die Erinnerungen, die sie so sehr zu verdrängen versuchte, waren mit aller Kraft zurückgekommen.

Es war vor Jahren passiert. Ximena, Nadine und er waren auf einer Silvesterparty im Museumsquartier gewesen. Sie hatte schon ziemlich viel getrunken und die beiden aus den Augen verloren. Plötzlich spürte sie einen schweren Körper, der sich von hinten an sie drängte, und zwei große Hände, die sich auf ihre Brüste legten. Sie konnte fühlen, wie der Mann hinter ihr hart wurde.

Ximena drehte sich um. Doch bevor sie zum Schlag ausholen oder schreien konnte, beugte er sich vor und küsste sie. In dem kurzen Moment, bevor sich ihre Lippen berührten, hatte sie erkannt, wer der Unbekannte war: Georg, der Mann ihrer besten Freundin.

Ximena bewegte sich nicht. Sie stieß ihn nicht weg, wandte sich nicht um, spuckte ihm nicht ins Gesicht. Sie wartete. Etwas in ihr wollte wissen, was passierte. Es kam ihr vor, als befände sie sich in einem Film. Sie wusste nicht, wie es weitergehen würde, doch die Neugier brannte in ihr.

Rings um sie standen Menschen, lachten und tranken. Er schob sie in eine dunkle Ecke eines ruhigeren Nebenraums, hinter eine kleine Bühne. Dort zog er ihr Rock und Unterhose herunter und presste sie hart gegen die Wand. Sie fühlte den kalten, rauen Beton unter ihren Fingern. Ximena hörte, wie Georg an seinem Gürtel arbeitete, hörte das metallische Öffnen des Reißverschlusses und wie der Stoff seiner Jeans an seinen Beinen rieb, als er die Hose nach unten schob. Sie hörte ihn stöhnen. Sie schloss benommen die Augen, als er in sie eindrang.

Unglaublich, dachte sie. Das passierte also wirklich. Und das Schlimmste daran, das wurde ihr jedoch erst am nächsten Tag klar, war, dass sie es genoss. Nach drei oder vier Minuten war es vorüber, es war schnell und gut. Leise stöhnend schob sich Georg von ihrem Körper, zog sich die Hose hinauf und richtete sein Hemd. Ohne ein Wort zu sagen, war er gegangen und hatte Ximena allein in der dunklen, kalten Ecke gelassen. Sie hatten nie auch nur ein Wort darüber gesprochen. Bis jetzt.

Ximena musste ein paar Mal tief durchatmen, um wieder in die Gegenwart zurückzukehren. Eine Panikattacke konnte sie sich nicht leisten, immerhin wartete sie auf einen Video-Call mit dem Vorstandschef der Konzerngruppe. Die Lage im Unternehmen war nach wie vor ernst, aber es gab Zeichen der Hoffnung. Greta hatte recht. Überall lebte die Hoffnung, so hatte Bonelli, der Psychiater, es ihr gesagt. Das Luxussegment boomte und machte die Ausfälle im mittleren Bereich wett.

Doch Ximena konnte sich nicht von ihren Gedanken an Georg lösen. Dieses Schwein versuchte tatsächlich, sie zu erpressen. Ob er es Nadine sagen würde? Wäre es nicht besser, den ersten Schritt zu machen? Vielleicht bluffte Georg.

Noch acht Minuten bis zum Call. Zeit genug für ein kurzes Telefonat. Sie rief Nadine an. Nervös zupfte sie an ihrem Leopardenschal. Ob sie ihr die Sache mit Georg beichten sollte? War die Wahrheit den Menschen wirklich zumutbar? War es nicht manchmal besser, sie vor ihr zu beschützen?

»Ximena, schön, dass du anrufst«, sagte Nadine mit geknickter Stimme.

In diesem Augenblick wurde ihr klar, dass sie es Nadine niemals sagen würde. Sie wollte ihre Freundin nicht noch mehr verletzen. Was sollte sich schon ändern, wenn sie Nadine die Wahrheit über jene Nacht im Museumsquartier erzählte? Es würde alles nur schlimmer machen. Bestimmt wären auch Lilly, Greta und Burglind schockiert. Zu Recht.

»Süße, ich habe deine Nachrichten in unserer Gruppe gelesen. Georg ist ein Schwein! Wie geht es dir?«

»Ich komme ganz gut klar mit allem. Weihachten feiere ich mit meinem Bruder und seiner Familie. Mit Georg bin ich fertig. Er wird es noch bereuen, jemals geboren worden zu sein. Aber ich will nicht über ihn reden. Ximena, ich muss dich etwas fragen. Okay?«

»Was denn?«

Ximena schluckte. Ob sie es schon wusste? Hatte Georg es ihr womöglich erzählt?

»Du hast mir einmal gesagt, dass ich noch Kinder bekommen könnte. Ich weiß, dass die Wahrscheinlichkeit dafür mit 45 gering ist, aber ich will alles über die Möglichkeiten wissen. Deine Halbschwester hatte doch eine künstliche Befruchtung. Kannst du sie bitte nach guten Ärzten fragen?«

Ximena atmete erleichtert auf. Ja, genau, Tatjana kannte sich da aus. »Ich besorge dir den besten Arzt, den es gibt. Wir gehen die Sache gemeinsam an. Gib mir bitte bis Freitag Zeit. Ich muss jetzt Schluss machen, mein Boss ruft gleich an. Und Nadine, bitte sei froh, dass du Georg los bist.«

Ximena legte auf.

Als sie an diesem Abend nach Hause kam, saß Willi am Tisch und reparierte ihre Lieblingslampe. Greta hatte recht.

Das wahre Glück lag nicht in fremden Betten. Das wahre Glück war auch an kein Alter gebunden. Das wahre Glück waren die Menschen, die man liebte. »Ich mach dir etwas zu essen«, rief Ximena.

Kartoffelpuffer mit Salat. Das mochten sie beide. Während sie die Kartoffeln rieb, empfand sie eine tiefe Dankbarkeit für ihr Leben wie schon lange nicht mehr. Sie beobachtete Willi durch die halbverglaste Küchentür und lächelte. Sie wollte dieses Glück schützen, um jeden Preis. Wenn Sex, dann nur mit jemandem, für den sie keine Gefühle hatte, Rudi zum Beispiel. Thomas war ein zu großes Risiko. Vielleicht war es tatsächlich möglich, beides zu haben, eine Beziehung und Affären. Sie wusste es nicht, aber sie hoffte es. Sie war nun einmal, wie sie war, und sie konnte nichts daran ändern, davon war Ximena mittlerweile überzeugt. Es würde immer andere Männer geben.

Nächste Woche, noch vor Neujahr, würde sie Rudi anrufen, den Künstler. Er hatte es die Woche mehrmals bei ihr versucht. Wie der Sex mit ihm wohl sein würde? Ximena wischte sich die nassen Hände an ihrer roten Schürze ab.

Nach dem Abendessen setzte sie sich neben Willi auf die gemütliche Couch. Er legte den Arm um sie, drückte sie fest an sich und fragte liebevoll: »Was machen wir eigentlich zu Weihnachten, mein Schatz?«

»Was wir immer machen. Essen, Filme schauen, kuscheln. Nirgends hinfahren und niemandem die Tür öffnen.« Ihr Mann lächelte zufrieden. Er zog sich einen blauen Schlabberpulli über sein T-Shirt. Nach dem Essen hatte Ximena das Fenster geöffnet, um durchzulüften.

»Wie war dein Tag?«, wollte er wissen. Ximena erzählte von dem langen Video-Call mit ihrem Chef, von den Problemen in der Firma, aber auch von den wirtschaftlichen Hoffnungsfunken. Dass Georg sie erpresst hatte, erwähnte sie nicht. Zwar war sie damals, als sie Sex mit Georg gehabt hatte, noch nicht mit Willi zusammen gewesen, aber es war dennoch keine Geschichte, auf die sie stolz war.

»Was war bei dir?« Ximena legte ihren Kopf auf seinen Schoß, und Willi streichelte ihr sanft über die Haare.

»In der Schule läuft es super. Wir haben viele Buchungen für die Weihnachtsferien. Meine Leute spielen mich frei. Sie brauchen mich nicht mehr so viel wie früher und arbeiten eigenständig.«

»Das freut mich.« Sie schob ihre Hände unter sein T-Shirt und streichelte zärtlich seinen Bauch, was er liebte.

»Nach der Arbeit war ich übrigens wieder im Fitnesscenter. Ich versuche jetzt, dreimal die Woche zu trainieren. Es tut mir gut.«

Sie merkte, dass Willi in Stimmung war, er streichelte sanft ihre Brüste. »Daran sollte ich mir ein Beispiel nehmen«, sagte sie lächelnd, wobei sie wusste, dass daraus nichts werden würde.

»Danach war ich noch auf ein Bier«, sagte Willi, die Augen schon genussvoll geschlossen. »Ein Typ aus dem Fitnessstudio hat mich eingeladen.«

»Ach ja?« Ximena hatte sich ganz dicht an Willi geschmiegt, ihre Lippen berührten sachte seinen Hals.

»Netter Kerl, mit schrägen Ansätzen«, sagte Willi leise, während er ihre Aufmerksamkeit genoss. »Aber ich mochte ihn, er ist so gar nicht Mainstream. Du musst ihn mal kennenlernen. Ein Architekt.«

Kälte umfing Ximena, als hätte sie nicht bloß das Fenster geöffnet, sondern die ganze Hauswand eingerissen. Sie nahm ihre Lippen von Willis Ohr, ihre Körper trennten sich, sie waren nun wieder in zwei unterschiedlichen Sphären.

»Dieser Architekt«, flüsterte sie vorsichtig, »wie heißt er denn?«

Willis Augen waren noch immer geschlossen, sein Mund zu einem versonnenen Lächeln verzogen. Er wartete auf Ximenas sanfte Zunge, auf ihre stürmischen Lippen. Er spürte nichts von der Kälte, als er seinen Mund zu einer leisen Antwort öffnete.

»Thomas.«

60

Keine Lügen mehr

»Wie lange geht das mit dir und Anja schon?«

Lilly hatte sich ein langes, türkisfarbenes Kleid angezogen. Sie wusste, dass sie darin besonders gut aussah. Es betonte ihre hell funkelnden Augen. In der Wohnung duftete es nach Palatschinken. Wenn die Situation schon unangenehm werden würde, sollte es später wenigstens etwas Süßes zur Beruhigung geben.

»Was meinst du?«, fragte Stefan wie beiläufig.

Er hatte die Zwillinge später als sonst heimgebracht. Sie hatten gemeinsam noch neue Sportschuhe in der Shopping City Nord besorgt. Laura war gleich in ihrem Zimmer verschwunden, um ihre Hausaufgaben zu machen. Noah, ihr Bruder, lag auf der Couch. Er hatte sich mit Freunden zum Handyspielen verabredet. Brawl Stars. Lilly hasste das Spiel, aber irgendwie schaffte sie es nicht, es ihm zu verbieten. Noah konnte es stundenlang spielen, doch über die Family-App hatte Lilly seine Spielzeit zumindest auf eine Stunde pro Tag begrenzt. Ein Segen.

»Oh, bitte, steh doch dazu. Keine Lügen mehr.«

Stefan folgte Lilly schweigend ins Schlafzimmer und schloss die Tür hinter sich. Sie war sauer. Wie konnte er es nur wagen, ihr so dreist ins Gesicht zu lügen? Und wie hatte sie so lange übersehen können, was für eine jämmerliche Gestalt Stefan im Grunde doch war? Ihr Freund Michael hatte recht. Stefan war ein Schwächling, ein Verlierer. Lilly stand ihm jetzt selbstsicher gegenüber und sah ihn herausfordernd an.

»Es begann, als ich auszog«, sagte er und zuckte mit den Schultern. »Ich stehe dazu, Lilly. Du willst mich ja nicht mehr. Was sollte ich tun? Auf ein Wunder warten?«

Stefan war abgebrühter, als es Lilly je für möglich gehalten hätte. Sie verdrehte die Augen und lachte verächtlich.

»Ich sagte, keine Lügen mehr. Wie lange geht das schon mit Anja?«

Stefan wurde blass.

»Was meinst du?«

Lilly merkte, wie er versuchte, sich nichts anmerken zu lassen. Er war gut darin, er musste gut sein, immerhin hatte er sein zweites Leben jahrelang geheim halten können. Hätte Lilly ihren Mann und Anja nicht mit eigenen Augen gesehen, vielleicht hätte er es ihr ausreden können. Aber dafür war es zu spät.

»Ich frage dich noch einmal«, sagte Lilly kalt. »Wenn du mir jetzt nicht augenblicklich die Wahrheit sagst, wirst du die Kinder zu Weihnachten sicher nicht sehen, und das hier wird ein handfester Sorgerechtsstreit, bei dem du nach deinem Ehebruch keine Chance hast. Das garantiere ich dir.«

Stefan streifte wortlos seine ausgelatschten weißen Laufschuhe ab. Lilly wunderte sich, warum er das gerade jetzt tat. Die Jacke behielt er an. Frustriert setzte er sich aufs Bett und starrte die Wand an.

»Es geht schon länger«, gab er leise zu.

»Wie lange? Was für eine Scheiße, verdammt noch einmal! Sei wenigstens jetzt ein Mann und sag, was Sache ist!«

Sie wusste, sie hatte ihn verletzt. Sie wollte es nicht anders.

»Etwa drei Jahre.«

»Drei Jahre? Liebst du diese Frau?«

Lilly war außer sich. Niemals hätte sie ihm das zugetraut. Wenigstens hatte er es jetzt zugegeben. Er sah sie flehend an.

»Ich liebe nur dich.«

»Und dann hast du seit drei Jahren eine Freundin? Bist du irre?«

Lilly konnte sich nicht beruhigen. Dieser miese kleine drittklassige Banker! Dieser devote, angepasste Komplexler! Lilly war voller Verachtung. Am liebsten hätte sie ihm eine geknallt und ihn hinaus in den eiskalten Abend und das wilde Schneetreiben geworfen. Sollte sie? Vor den Kindern wollte sie die Fassung bewahren. Wo waren Stefans christliche Werte nur geblieben? Treue? Gegenseitiger Respekt? Ehrlichkeit? Vielleicht würde Gott ihm verzeihen, dem armen Sünder. Aber sie nicht. Nicht die neue Lilly. Die war voller Wut und würde nicht auch noch die zweite Wange hinhalten.

»Ich sehe doch, was los ist«, sagte Stefan zerknirscht. »Du nimmst mich schon lange nicht mehr als Mann wahr. Vielleicht hast du es noch nie getan. Ich weiß jetzt, dass du nicht gern mit mir schläfst. Dass dir bei mir etwas fehlt. Bei Anja ist das anders. Bei ihr fühle ich mich als echter Mann.«

»Raus!« Lilly wollte Stefan nicht mehr sehen. Sie wollte nichts mehr hören.

Stefan blieb sitzen.

»Ich sagte: raus!«

»Lilly, bitte, ich beende das mit Anja. Wir können eine Therapie machen ...«

»Du bist ein Lügner und ein Betrüger. Du wirst deine fixen Zeiten mit den Zwillingen bekommen, aber ich will dich hier nicht mehr sehen. Du kannst sie am 25. Dezember wieder abholen. Um elf Uhr unten vor der Tür. Am Heiligen Abend habe ich sie.«

Manchmal sind die Dinge nicht so, wie sie scheinen. Und das ziemlich oft, dachte Lilly. Wie recht Gretas Mutter doch hatte.

Lilly lief in die Küche und stürzte sich auf die Palatschinken. Sie hörte, wie Stefan die Tür hinter sich schloss. Nur nicht weinen. Nicht jetzt. Nicht vor den Kindern.

Sie dachte an Max. War es scheinheilig von ihr, Stefan eine Szene zu machen, während sie selbst vor kurzem in einem Salzburger Hotel mit einem jungen Mann gewesen war? Was war mit ihren christlichen Werten? Waren sie noch intakt? Aber sie hatte die Beziehung zu Max beendet, noch bevor sie richtig begonnen hatte. Sie hatte sich entschieden, zuallererst mit sich selbst ins Reine zu kommen. Ihrer Ehe mit Stefan noch eine Chance zu geben. Offenbar hatte Stefan das nicht getan. Stefan war nicht nur falsch abgebogen, er war mit Vollgas in die falsche Richtung gefahren. Und das seit Jahren.

Lilly wischte sich die Tränen aus dem Gesicht. Bald würde Noah mit dem Handyspielen aufhören. Lilly verschlang noch schnell eine Palatschinke und nahm dann ihr Telefon. Ihre Freundinnen hatten in die Gruppe geschrieben.

»Georg wurde zusammengeschlagen. Er liegt auf der Unfallambulanz. Er hat Blutungen im Gehirn und Brüche.«

Nadine hatte die Hiobsbotschaft emotionslos in der Gruppe verkündet.

»Um Himmels willen«, schrieb Greta betroffen.

»Wurde er überfallen?«, fragte Ximena.

»Vermutlich«, antwortete Nadine.

»Wer hat so etwas Schreckliches getan?«, wollte Burglind wissen.

»Ich weiß es nicht«, meinte Nadine.

Lilly glaubte ihr kein Wort.

61

Es ist vorbei

Heiligabend, kurz vor acht. Ximena war erleichtert, dass es aufgehört hatte zu schneien. Schneeflocken waren nicht gut für ihr Make-up. Thomas würde ihr auf seinem Weg zum Bus jeden Augenblick entgegenkommen. So hatte es begonnen, als sie nach einem Mann Ausschau gehalten hatte, der angeblich ein Schachspiel verkaufen wollte.

Ximena war nervös. Sie wusste nicht, ob sie die Kraft haben würde, ihm in die Augen zu sehen. Sie hatte sich schön hergerichtet, aber dieses Mal sah sie nicht sexy aus. Keine enge Hose, keine Bluse mit tiefem Dekolleté und auch kein kurzer Rock. Sie trug ein schwarzes Business-Kostüm, körperbetont, aber nicht provokant. Ein kalter Wind wirbelte den Straßenstaub auf. Es lag ein süßlicher Geruch in der Luft, irgendjemand in ihrer Nähe musste einen Joint rauchen. Da! Da war Thomas! Er ging auf sie zu und lächelte sie an.

»Bist du gar nicht überrascht, mich hier zu sehen?«, fragte sie.

»Ich hatte dich erwartet.«

Thomas sah gut aus in seiner blitzblauen Daunenjacke. Er war ihr unheimlich. Weil er ihr wahrscheinlich nachspioniert hatte, aber vor allem, weil er Kontakt zu Willi gesucht hatte.

»Lass meinen Mann in Ruhe.«

»Wie meinst du das?« Gespielt überrascht zog er die Augenbrauen hoch.

»Ich weiß, dass du Willi kennengelernt hast, im Fitnesscenter.«

»Ximena, bilde dir nichts ein. Das war ein Zufall.«

»Du weißt doch genau, dass er mein Mann ist.«

»Wir haben uns beim Trainieren kennengelernt, und als er meinte, er müsse nach Hause zu Ximena, war mir klar, wer er war. So häufig kommt dein Name in Wien nicht vor.«

Sie wusste nicht, was sie sagen sollte. Zwar fühlte sie immer noch eine pochende Lust auf ihn, aber die Sorge um ihre Ehe war stärker. »Bitte sag ihm nichts von uns.«

Er ging einen Schritt auf sie zu. Sein Gesicht war jetzt nur wenige Zentimeter von ihrem entfernt. Einen Augenblick lang dachte sie, er würde sie küssen.

»Du weißt, dass ich dich will«, sagte er. »Vom ersten Moment an, und ich weiß, dass du genauso fühlst.«

Sie liebte seinen Geruch. Thomas roch nach Männlichkeit, nach Sex und Überlegenheit. Er roch nach allem, wonach Ximena süchtig war.

»Du hast recht. Ich habe starke Gefühle für dich, und wenn ich mit dir schlafe, bin ich glücklich, frei, jung und fühle mich einfach großartig.« Sie bemühte sich, das Zittern in ihrer Stimme zu unterdrücken. »Aber wichtiger als all das sind mir meine Ehe und mein Leben, das so, wie es ist, gut funktioniert. Wenn du wirklich etwas für mich fühlst, dann lass mich gehen. Bitte.«

Sie konnte nicht sagen, was Thomas empfand. Er musterte sie, als würde er abschätzen wollen, wie ernst es ihr war. Dann lächelte er. Er hob die Hand. Ximena zuckte zusammen und schloss die Augen. Er würde doch nicht ... Sie fühlte etwas Weiches, Sanftes über ihre Wange streichen. Als sie die Augen öffnete, hatte Thomas seine Hand bereits zurückgezogen, sich umgedreht und war auf dem Weg zum Bus.

Er drehte sich nicht noch einmal um. Ximena rang mit den Tränen. Am liebsten wäre sie ihm nachgelaufen. Ihrer Jugend hinterher.

62

Die Frau aus dem Obstladen

Burglind stieg frustriert aus der U-Bahn. Heute war Weihnachten, und sie sah ungepflegt aus, was ihr aber reichlich egal war. Dabei war sie noch vor wenigen Tagen so stolz auf sich gewesen. Auf ihr neues Büro und darauf, dass sie abgenommen hatte. Aber seit Jusuf in der Firma aufgetaucht war, hatte sie nicht mehr geduscht, und das war immerhin zwei Tage her. Ihr brauner Lederrock hatte hinten einen Fleck, weil sie sich gestern auf ihre Füllfeder gesetzt hatte. Genervt bemerkte sie eine Laufmasche in ihrer Wollstrumpfhose.

Burglind hasste diese trostlose Weihnachtsstimmung, es hatte nicht einmal geschneit. Die letzten weißen Weihnachten in Wien waren gefühlt dreißig Jahre her, und wahrscheinlich waren selbst die nichts als ein verklärtes Fantasiebild. Mehr Nostalgie als Realität – genau wie ihr Leben.

Voller Groll fuhr sie die Rolltreppe hinauf zum Reumannplatz, wo Händler die letzten windschiefen Christbäume verkauften und sich vor Kälte die Hände rieben.

Vor einer kleinen Bäckerei blieb sie stehen. Sollte sie sich einen Vanillekrapfen gönnen? Kindchen, wann, wenn nicht jetzt, dachte sie trotzig.

Sie ließ sich gleich drei einpacken und ging weiter. Einen verschlang sie schnurstracks im Gehen. Sie wischte sich die mit Creme bekleckerten Hände an ihrer Jacke ab. Auch schon egal. Die sah ohnehin schrecklich aus.

Heute wollte sie die Sache durchziehen, und sei es mit fettigen Haaren und dreckigem Gewand. Entschlossen marschierte sie die Favoritenstraße entlang in Richtung Stadtzentrum. In die Steudelgasse bog sie ein. Hier irgendwo musste es sein, das kleine Obst- und Gemüsegeschäft von Jusufs Frau.

Diese Frau, die Burglind wie ein Schatten seit fünfzehn Jahren begleitete, besaß alles. Sie hatte eine Ehe, sie hatte Sicherheit, sie hatte einen Mann an ihrer Seite. Sie hatte all das, weil Burglind es nicht hatte. Weil sie zuerst gekommen war. Wut brodelte in Burglind wie Magma in einem Vulkan. Diese Ungerechtigkeit! Womit hatte sie das verdient? Was hatte diese Frau, was sie nicht hatte? War sie schöner? War sie einfühlsamer, besser im Bett, liebevoller? Die andere würde ihr perfektes Leben noch viele Jahrzehnte auskosten können. Und was blieb Burglind? Nicht auszudenken, dass sie sich bei dieser Frau hatte entschuldigen wollen!

Aber sie konnte für Gerechtigkeit sorgen. Hier und heute. Einen Teil des Schmerzes, den sie empfand, jedes Mal, wenn Jusuf ihr Haus verließ, um zu seiner »richtigen« Familie zurückzukehren, konnte sie aus sich herausreißen und dieser anderen Frau in den Rachen stopfen.

Burglind hatte den Laden gefunden, schneller als gedacht. Das Geschäft war keine 15 Quadratmeter groß. Alles war liebevoll gestaltet und ordentlich. Die wichtigsten Obst- und Gemüsesorten, Äpfel, Bananen, Weintrauben und Birnen, lagen fein säuberlich neben Kohl, Brokkoli und Karotten. Eine Reihe weiter oben gab es exotische Früchte wie grüne Papaya, orange glänzende Kaki und Ananas.

»Kann ich helfen?«

Eine Frau um die sechzig lächelte Burglind an. Die grauen Haare hatte sie hochgesteckt, ihre Stimme war sanft und angenehm.

Langsam ging sie auf Burglind zu, sie wollte ihr offenbar einige Früchte zur Kostprobe anbieten. Dabei schnürte sie ihren grauen Kittel ein wenig enger um ihre zierliche Gestalt und deutete dann auf einen kleinen Korb neben der Kassa, in dem sich einige Früchte befanden. »Nehmen Sie sich bitte etwas. Probieren Sie.«

Das also war sie, die große Unbekannte, Jusufs Frau. Und all die Wut, der Schmerz über die Ungerechtigkeit, der Hass fielen von ihr ab. Jetzt wusste Burglind, warum er sie liebte und warum er sie niemals verlassen würde. Sie war keine Sexbombe, sondern ungeschminkt und natürlich. Sie wirkte sanft und gutherzig, vornehm und bescheiden. Sie war ganz anders als Burglind. Kein bisschen schrill oder aufdringlich, sondern leise, angenehm und zurückhaltend. Sie war das genaue Gegenteil von ihr, und wahrscheinlich liebte er sie gerade deshalb. Vor allem aber lag kein Funken Bosheit in ihren Augen, sondern reine Güte.

»Vielen Dank«, sagte Burglind mit belegter Stimme. »Ich habe mein Geld vergessen. Ich komme später wieder.«

Ohne die Frau noch einmal anzusehen, verließ sie hastig den Laden.

63

Wir im besten Alter

Ich nippte am süßen Schaum meines Bananen-Smoothies. Im *Motto am Fluss* lärmte eine Reisegruppe aus den USA. Etwa dreißig Personen, verteilt auf fünf Tische, darunter eine Frau, deren Lachen klang wie das Wiehern eines großen Pferds. Hoffentlich würden sie bald gehen.

Um mich abzulenken, betrachtete ich meine neuen pinken Strumpfhosen mit den großen Tupfen. Wenn schon nicht die Nägel, dann die Füße. Ein bisschen Farbe musste sein. Mittlerweile war es mir wichtiger, mich selbst gut zu fühlen und gute Laune zu haben, als immer nur anderen zu gefallen. War das etwa die Weisheit der mittleren Jahre? Sie fühlte sich jedenfalls verdammt gut an.

Nadine und Ximena kamen gemeinsam ins Lokal. Nadine sah entspannt aus, Ximena traurig, was unschwer an ihrer eingesunkenen Körperhaltung zu erkennen war. Sie wirkte, als wäre sie am liebsten gleich wieder gegangen.

»Mädels! Was ist passiert? Wie geht es Georg?« Die Sache mit Nadines Mann beschäftigte mich. Ich hatte ihn noch nie gemocht, und seit Nadine die Fotos von seinen Affären in die Gruppe gepostet hatte, hatte sich meine Abneigung gegen diesen fiesen Typen einmal gesteigert. Andererseits wünschte ich es nicht einmal diesem Idioten, von Unbekannten verprügelt zu werden. Er würde ein lebenslanges Trauma mit sich herumtragen. Die ganze Sache war schrecklich.

»Ich weiß nicht, wie es ihm geht, und es ist mir ehrlich gesagt auch egal«, antwortete Nadine dagegen kalt. »Besuchen werde ich ihn nicht. Sein behandelnder Arzt hat mich angerufen und mir erzählt, Georg sei so richtig übel zusammengeschlagen worden. Beide Beine sind gebrochen, mehrere Rippen geprellt und er hat schwere Verletzungen im ...« Sie zögerte kurz, und ich meinte, ein zartes Lächeln zu erkennen, »... im Genitalbereich.«

Bevor wir weiter über Georg sprechen konnten, sah ich Lilly, die winkend auf uns zukam, und ich staunte wieder einmal, wie gut sie aussah. Eigentlich hatte ich erwartet, dass sie unter der Sache mit Stefan mehr leiden würde. Aber sie strahlte übers ganze Gesicht, trug ein langes, weinrotes Kleid und hatte sich offenbar wieder eine neue, diesmal kupferfarbene, Haartönung gegönnt.

Als hätte sie unsere überraschten Blicke bemerkt, lächelte Lilly, als sie sich setzte. »Ich verreise bald«, sagte sie. »Das Reisefieber hat mich schon gepackt.«

»Wohin denn?«, fragte Nadine überrascht.

»Mit wem?«, wollte Ximena wissen.

»Ich fliege mit Mario Soldo zu Michael und seinem Verlobten auf die Malediven. Mein Orgasmus-Seminar geht dort weiter. Ich bin zehn Tage weg, dann beginnt mein neuer Job im Sacher. Die Kinder werden abwechselnd bei Stefan und meiner Mutter sein.« Lillys gute Laune verwunderte mich. Hatte sie Stefan wirklich so schnell hinter sich gelassen?

»Was ist mit dir und Stefan?«, fragte Ximena, als hätte sie meine Gedanken gelesen.

»Meinst du den Mann, der beim Sex die Socken anlässt?«

Lilly machte sich über ihre schwere Ehekrise lustig. Sie war wie ausgewechselt. Wer war die Frau, die auf die Malediven flog, um dort Orgasmen zu erleben? Jedenfalls keine fromme, gottesfürchtige graue Maus mehr.

»Ich meine den Vater deiner Kinder«, konterte Ximena ein wenig überrascht.

»Was wollt ihr hören? Da ist ein Schmerz, sicher, aber da ist auch viel Hoffnung. Hoffnung auf ein neues Leben. Vielleicht treffe ich Max nach meiner Reise wieder. Vielleicht werden wir ein Paar, ich weiß es nicht.«

Ich war wirklich beeindruckt. »Hoffnung? Sagtest du Hoffnung?«

Mir fielen die Worte Bonellis ein. Hoffnung war überall. Heute, zu Weihnachten, ganz besonders. Auch ich war voller Hoffnung. Ben arbeitete seine Spielsucht in einer Therapie auf. Gemeinsam mit seinem Geschäftspartner hatte er einen Finanzberater aufgesucht. Er hatte sich die schwierige finanzielle Situation eingestanden und arbeitete an einer Lösung, anstatt bloß auf bessere Zeiten zu warten. Wir hatten viel miteinander gesprochen. Uns Zeit füreinander genommen. Und auch endlich wieder schöne Stunden im Bett verbracht, ohne Stress, ohne Druck. Waren damit alle Schwierigkeiten vorüber? Noch lange nicht. Aber es war ein Anfang. Eigentlich waren es viele kleine Anfänge.

Wie der, der in meinem Bauch stattfand. Schon im ersten Zyklus nach der Fehlgeburt durfte ich wieder hoffen. Ich sah mich um und bemerkte, dass mich das Wiehern der Amerikanerin überhaupt nicht mehr störte. Wie sehr wir uns mit

Oberflächlichkeiten aufhielten! Wen interessierten mein abgesplitterter Nagellack oder meine kleinen Fältchen? Das Leben, das echte Leben, spielte sich ganz woanders ab. Vielleicht hatte die emotionale Achterbahn der letzten Monate doch ein paar Erkenntnisse gebracht. Ich lächelte still in mich hinein. In wenigen Monaten würde ich der gehässigen Verkäuferin aus dem Fleischladen einen Besuch abstatten und ihr meinen bis dahin bestimmt schon stattlichen Babybauch zeigen, ganz beiläufig. Auf ihren Blick freute ich mich jetzt schon. Von wegen Oma!

Nadine richtete sich auf, als wolle sie eine große Rede schwingen. »Ich hoffe, dass ich noch ein Kind bekommen kann«, sagte sie auf einmal.

Wir sahen sie überrascht an. »Meine Blutbefunde sind gut«, fuhr sie fort. »Meine Eizellenreserve sieht erfreulich aus, sagt der Gynäkologe. Ich war auch schon auf der Samenbank und ...«

»Samenbank?« Ximena verzog das Gesicht und sagte ein wenig zu laut: »Eine Frau wie du braucht doch keine Samenbank. Mit dir will jeder normale Mann ins Bett.« Offenbar war auch ihr klar, wie übertrieben und wenig einfühlsam ihre Reaktion war. »Entschuldigt bitte, ich bin dieser Tage etwas durch den Wind«, gestand sie kleinlaut.

Bestimmt dachte sie wieder an diesen Thomas. An dem Mann war irgendetwas, was sie nicht losließ, etwas, was sie fesselte und gleichzeitig fertigmachte, etwas, was sie gerade in dieser Kombination süchtig nach ihm zu machen schien.

Nadine dachte anscheinend gerade das Gleiche wie ich. »Es ist gut, dass du die Sache mit Thomas beendet hast. Irgendwann hätte Willi davon erfahren, und du hättest ihn verloren.«

Nadine hatte recht, wie immer. In ihrer sachlichen, ehrlichen Art fand sie oft die richtigen Worte. Ich merkte, wie Ximena aufatmete. Sie hatte darauf gewartet, dass wir sie in ihrer Entscheidung, die Affäre zu beenden, bekräftigten. Lilly und ich nickten wohlwollend. Schließlich hatte der Typ sie eingesperrt. Wir alle hofften, dass sie stark bleiben würde.

Wo blieb Burglind nur? Als hätten meine Gedanken sie herbeigezaubert, stand sie unversehens neben unserem Tisch.

Burglind zog ihre Plüschjacke aus und hängte sie an die Sessellehne. Die Jacke hatte dringend einen Waschgang nötig. Burglind nahm an der Spitze des Tisches Platz, zwischen Ximena und mir. »Eine Flasche Sekt bitte«, rief sie dem Kellner zu, der weit hinten im Raum stand. »Wir stoßen jetzt auf meine Beförderung an!«

»Danke, Burglind«, sagte ich. »Für mich bitte keinen Alkohol. Ich nehme lieber noch einen Orangensaft.«

»Warum denn?«, fragte sie überrascht. »Bist du wieder schwanger?«

Alle starrten mich an.

»Es ist noch alles frisch, aber es sieht ganz gut aus. Ich bin über der Zeit, und ich spüre auch, dass es geklappt hat.« Ich lächelte. Es war schön zu sehen, dass sich alle freuten, auch Nadine, wofür ich sie bewunderte. Es war kein leichtes Thema für sie.

»Du hast sie dir also wiedergeholt, deine Jugend«, sagte Burglind in einem seltsam verbitterten Ton. »Du bist die Einzige von uns, die das geschafft hat. Unser Pakt. Nur bei dir hat er funktioniert. Bravo! Ein Hoch auf Greta!«

»Wie meinst du das?«, fragte Lilly überrascht. Auch Nadine und Ximena sahen sich ein wenig verstört an.

Ich merkte, dass Burglind traurig war. Wie hypnotisiert starrte sie auf die Sektflasche, die inzwischen gekommen war.

»Ihr wollt wissen, wie ich das meine? Oh Gott, Mädels! Sehen wir der Realität doch in die Augen! Nadine ist bald geschieden und ungewollt kinderlos. Lilly ist vermutlich auch bald geschieden und immer noch ohne Orgasmus. Ximena ist frustriert und trauert ihrem gestörten Psycho-Lover nach. Und ich bin so einsam wie nie zuvor. Trara! Unsere beste Zeit, die liegt wohl leider hinter uns!« Verbittert griff sie nach ihrem Glas Sekt und kippte den sprudelnden Inhalt in einem Zug in sich hinein.

Ich sah, wie Ximena zusammenzuckte. Burglind hatte ins Schwarze getroffen, mit jedem einzelnen Wort.

Nadine erhob ihre Stimme. »Jetzt sage ich euch einmal was. Dieses ganze Gerede vom Altern und Scheitern ist Unfug. Wollt ihr wirklich wieder jung sein? So jung, wie die Frauen, die Georg immer vögelt? Jung und unerfahren? Naiv und leichtgläubig? Älter zu werden hat auch Vorteile, vergessen wir das nicht! Wir werden reifer, überlegener und fokussierter. Wir wissen, was wir wollen. Und was und vor allem wen und was wir nicht wollen. Wir lassen uns nicht mehr verarschen!«

Hatte die vornehme, elegante, immer gefasste Nadine gerade verarschen gesagt? Energisch setzte sie ihre Rede fort: »Mit dem Alter lernen wir zu schätzen, was wir haben. Wir sind besser im Genießen, kennen unsere Körper und auch unsere Grenzen. Männer mit Stil, Männer mit Charakter, die wollen keine jungen Puppen im Bett. Die wollen erfahrene, kluge Frauen wie uns. Wir werden immer im besten Alter sein.«

»Das beste Alter!« Burglind lachte trocken. »Sag das meiner Gebärmutter, Nadine.«

»Was soll das heißen?«, fragte Nadine, die von Burglinds Aussage aus ihrem Redeschwall gerissen wurde.

»Gebärmutterhalskrebs«, sagte Burglind. »Ich habe die Diagnose gerade erst bekommen. Nächste Woche ist die Operation. Danach beginnt die Chemo.« Burglind lachte bitter auf. »Ich bin wahrscheinlich selbst schuld. Der Krebs wird von humanen Papillomviren des Typs 16 verursacht, hat mir der Arzt erklärt. Durch intimen Körperkontakt übertragen, wie er es ausdrückte. Und wie ihr alle wisst, hatte ich davon genug.«

Mit einem Mal war es an unserem Tisch still geworden. Ich fühlte mich, als hätte mir jemand ins Gesicht geschlagen. Die starke, selbstbewusste, unabhängige Burglind – Gebärmutterhalskrebs? Ich musste an ihre beiden Kinder denken, die mit Jusuf nicht gerade einen omnipräsenten Vater hatten. Sofort fühlte ich mich schlecht. An so etwas durfte ich gar nicht denken! Burglind würde wieder gesund werden. Sie musste einfach.

Lilly war bleich geworden und wirkte, als würde sie jeden Moment in Tränen ausbrechen. Ximena hielt die Hand vor ihren schönen Mund. Bloß Nadine hatte sich bereits wieder gefasst. Mit vorgeschobener Brust und ruhiger Stimme sagte sie: »Unsinn.«

Alle wandten wir uns ihr zu, selbst Burglind, die zusammengesunken war, richtete sich wieder auf.

»Es ist Unsinn, jetzt aufzugeben«, sagte Nadine bestimmt. Ihre Augen funkelten, als stünde eine Schlacht bevor, auf die sie sich freute, weil sie wusste, sie konnte nur gewinnen. »Burglind, hör mal, du hast schnell reagiert und kannst bald wieder gesund werden. Übrigens können die Papillomviren auch über bloße Küsse übertragen werden. Wo du dich angesteckt hast, spielt doch überhaupt keine Rolle. Und wenn du erst mal wieder gesund bist, erkennst du vielleicht endlich, wie wenig du einen wie Jusuf brauchst. Du schaffst das, du wirst schon sehen. Schließlich hast du ja uns, und die große Liebe, die kannst du auch noch in zehn Jahren finden.« Nadine lächelte, als hätte sie Harry Potters Stein der Weisen gefunden. »Und zu deinem restlichen Urteil, meine liebe Burglind, lass dir Folgendes gesagt sein: Ximena hat die richtige Wahl getroffen und weiß, was in ihrem Leben zählt, nämlich ihr lieber, treuer Willi. Lilly hat endlich eine Chance auf ein glückliches Leben, ohne einen Lügner wie Stefan an ihrer Seite. Und was mich betrifft, so lasst euch gesagt sein, dass ich fruchtbar bin! Ich bin im besten Alter, merkt euch das! So wie ihr auch!«

Ich war begeistert. Es war, als hätte sie ein Pamphlet über das Altern geschrieben und es uns jetzt voller Stolz vorgetragen. Nadine hatte recht. Und wie! Unsere Welt ließ sich auch ganz anders betrachten.

»Ich hoffe, deine Worte berühren mein Herz und meinen Verstand«, sagte Burglind ungewohnt leise und geradezu poetisch.

»Danke für deine Worte«, sagte Ximena. »Sie bauen mich auch auf.«

Ich wusste, was Ximena meinte. Sie konnte gar nicht ahnen, wie sehr. Denn auch ich lebte mit einer ständigen sexuellen Versuchung. Bruno passierte nicht zufällig. Genauso wenig wie Tibor, der Basketballtrainer meines Sohnes, oder der junge Kellner. Sie alle waren verborgene Wünsche. Sehnsüchte, die mich immer wieder einholen würden. Es war ein ständiger Kampf gegen meine inneren Dämonen. »Wir haben vorhin über Hoffnung gesprochen, Burglind«, sagte ich. »Mein Psychiater, Bonelli, sagt, die Hoffnung sei von zentraler Bedeutung. Sie gibt uns Kraft. Sie gibt uns eine gute Zukunft.«

Burglind trank schnell ihr zweites Glas Sekt aus und schenkte sich neuen ein. »Wisst ihr, was komisch ist?«, fragte sie.

»Was?«, wollte Ximena wissen.

»Wenn du in der Scheiße steckst, so richtig, wenn es um Leben oder Tod geht, dann spielt alles andere keine Rolle. Dann denkst du nur ans Überleben und an deine Kinder. Affären, Geld, ein toller Job und sonstiger Mist sind dir völlig egal. Ob du jung bist oder nicht, es spielt einfach keine Rolle mehr. Du willst leben, nur leben.«

Wir standen auf. Ximena machte den Anfang. Wir wussten nicht genau, warum, und wir wussten auch nicht, ob es vernünftig war, weil Burglind es vielleicht nicht wollte. Aber Ximena, Nadine, Lilly und ich, wir alle erhoben uns schweigend.

Im Hintergrund hörte ich, wie Hildegard Knef wieder *Für mich soll's rote Rosen regnen* sang. Wie an dem Tag, als Lilly ihren Unfall hatte. Knef hatte recht. Für uns sollte es rote Rosen regnen. Wir alle hatten unsere Verletzungen und Narben. Wir würden immer Probleme haben. Aber wir hatten einander. Für immer. Wir beugten uns zu Burglind hinunter und drückten sie fest an uns. Sie saß auf ihrem Sessel und bewegte sich nicht. Nur ein leises Schluchzen war zu hören. Es kam aber nicht nur von Burglind, wir weinten alle. Gemeinsam. Im besten Alter.

Ach herrje. Wie ich diese verrückten Frauen liebte!